〈京大発〉

専門分野の越え方

対話から生まれる学際の探求

萩原広道・佐野泰之・杉谷和哉 編著
須田智晴・谷川嘉浩
真鍋公希・三升寛人
総人のミカタ 編集協力

ナカニシヤ出版

序 章

学際性と共同性について考える

萩原広道〔発達科学・作業療法学〕

　本書は，「総人のミカタ」（以下，ミカタ）と呼ばれる，大学院生が主体となって取り組んだ教育・互助活動に端を発して編まれたものである。ミカタ自体は一つの事例にすぎないが，本書は単なる事例報告や活動紹介を行うものではない。むしろ，個別具体的な活動をみつめなおすことを通じて，より普遍的な問いを析出し，これに迫る──そうした試みを書籍として形にした。

　ミカタは，いわゆる「学際系」学部／大学院という特殊な環境のもとで生まれた（「総人」は，学部の名称「総合人間学部」を略したものだ）。専門分野も違う，興味関心もてんでばらばら。そんなメンバーが集い，「大学院生が学部生に模擬講義を行う」という活動をやり始めた。こうした特殊な事情のために，私たちは常に「異質な他者と共に何かに取り組むとはどういうことか」という問いにさらされることになった。

　本書では，この問いに対して，「学際性」と「共同性」という二つの視点から考察を加えていく。ミカタに中心的に関わってきたメンバーの論考に加えて，第一線で活躍する外部研究者を含めたさまざまな「他者」を巻き込みながら議論が展開される。ミカタという個別事例を題材に，どこまで普遍的な問いに迫ることができるのか。本書に込められた「熱」を読者のみなさんに少しでも感じていただけたら，編者としてこれ以上うれしいことはない。

1 「総人のミカタ」というちょっと変わった活動

　大学院生が学部生に模擬講義を行う。2017 年 4 月，京都大学の総合人間学部／大学院人間・環境学研究科でそんな活動が始まった。大学教員になるためのいわゆる

教育実習として，こうした取り組みを実施している先例はそれなりにある。活動内容だけをみれば，特段目新しいものはないかもしれない。ところが，ミカタには他の事例にはみられないちょっと変わった特徴がいくつかある。

　最大の特徴は，大学院生が自主的に，つまり「勝手に」この活動を始めたということだ。大学教員から「こういう活動をやりなさい」と言われたわけでも，大学院のカリキュラムに「教育実習Ⅰ」のような科目があるわけでもない。大学院生が勝手にシラバスを作り，勝手に講義内容を練って（教室は正規の手続きを踏んで借りて），毎週木曜５限に講義を行ってきた。この形式での活動は３年間続き，参加メンバーの数も増えていくなかで，ミカタは学部／大学院の準公式企画となった。

　また，ミカタの活動は全体として「学際」的になるよう設計されている。半期１クールで４〜５人の大学院生が講師役を務めるが，それぞれの専門分野は文理を超えて多岐にわたる。文化人類学の講義の翌週に生物学の講義があったり，文学専攻の大学院生と数学専攻の大学院生とが同じ回で議論したりする。そうやって各専門分野の「ものの見方」を伝え合い，比べ合うことを通じて，参加者が専門分野間の距離感を把握したり，自身の専門分野の位置づけを更新したりすること——すなわち学問の地理感覚を養うこと——を目指す。これが，ミカタが実践のなかで重視してきたことである。

　そして，さまざまな感情やモチベーションをもったメンバーが参画してきたこともミカタの特徴だといえる。「学部生のときに望んだ教育を受けられなかった」という恨みや憤りが動機づけの源泉となって，教員に頼らずに自ら教育を実践しようと意気込んで参加したメンバーもいれば，「所属研究室以外の大学院生と交流したい」「日常があまりに孤独なので，研究や生活のことを気軽に相談できる友達がほしい」「なんとなく面白そうだから関わってみよう」というように，孤独感や好奇心から参加したメンバーもいる。結果として，ミカタは大学院生や学部生にとっての互助組織，平たくいえばサークルのような機能を担うようになった。

　このように，ミカタは各専門分野における「ものの**見方**」を提示・比較するという教育実践を通じて，学部生や大学院生に寄り添う**味方**になることを目指す，多様な**味わい方**のできる場として存在してきた。

2 「ミカタの実践を他大学でも」とは考えていません

　いうまでもなく，ミカタは一つの個別具体的な活動であり，さまざまな条件が幸

運にも整ったからこそ生み出され，続いてきた偶然の産物である。したがって，も
し本書の主眼がミカタの活動広報や実践指南にあったなら――たとえば，「あなた
の大学でも同じことができます。ぜひやってみませんか？」と声高に提案していた
ら――，当然のように「いやいや，京大だから実現できた活動でしょ」と批判され
ていたに違いない[1]。

　ミカタは，ある特殊なコンテクストに支えられた，個別具体的な活動である。しかし，
その特殊性ゆえに，取り組みのなかでみえてきたこと，あるいは考えざるをえなかっ
たことがいくつかある。それらの事柄をより広いコンテクストのなかに位置づけて分
析・考察することによって，個別事例の単なる紹介や記述にとどまらない，普遍的な問
いへと迫ることができるかもしれない。本書で私たちが試みるのは，そういう作業だ。
具体的には，「**学際性**」と「**共同性**」という2本の柱を立てて議論を展開していく。

2-1　「学際性」を育て合う

　さまざまな専門分野のつながり方を変革するという意味で，「学際」という用語は
近年ますます多用されている（研究費の申請書でもかなりの頻度でみかける）。学
術的なコンテクストでいう「異分野融合」や，職業的なコンテクストでいう「多職
種連携」といった用語もこれに関連するだろう。しかし，たとえば異分野／他職種
の人とただ話すだけで，果たして学際的だといってしまっていいのだろうか。また，
異なる専門分野にばかり目を向けていては，本来足場となるはずの自分の専門分野
が疎かになってしまうのではないか。こうした批判は，ミカタそのものが内に外に
抱えてきた問いであり，「学際」を冠する他の取り組みでも議論されている。第1部
では，こうした専門分野同士のつながりについて考えていく。

2-2　「共同性」を育て合う

　ミカタは，大学院生にとっての教育訓練の場であるだけでなく，大学院生が学部
生と接する場，あるいは普段は接点のない大学院生同士・学部生同士が交流する場
でもある。このように，教育実践と互助組織という二つの側面が共存している点が
ミカタの特異性であり，そのなかでタテ・ヨコ・ナナメの対人関係が形成されてい

---

1) なお，ミカタの具体的な活動方法や実践例については，「「総人のミカタ」活動報告書
　2017年前期〜2018年前期」という資料をWeb上で無料公開している〈https://
　repository.kulib.kyoto-u.ac.jp/dspace/handle/2433/235245（最終確認日：2022年5月
　20日）〉。

る。この活動形態ゆえに，ミカタのメンバーは幾度となく以下のような問いにさらされることになった。もう学部生ではなく，かといって大学教員でもない大学院生が後進育成に取り組むことにはどのような意義があるか。制度に規定されない自主的でインフォーマルなコミュニティにはどのような可能性があるか。第2部では，ミカタの特殊性を出発点としながら，こうした人間同士のつながりをつくる場の形成や維持・発展について考えていく。

3　多様な「他者」を巻き込みながら問いを深める

　本書には，実際にミカタの活動を主導し，執筆時点で京都大学大学院人間・環境学研究科に大学院生として在籍していた者も多く論考を寄せている。ミカタの活動をメタに捉え直し，個別事例から普遍的な問いを抽出しようとする本書の態度は，ともすれば「大学院生には荷が重いのでは？」「そういう議論は高等教育論の専門家に任せた方がよいのでは？」などと批判されるかもしれない。実際に，ミカタメンバーの執筆者たちは，ときに背伸びし，悩み，もがきながら各論考をまとめてきた（悩みすぎて1年以上筆が進まなかったメンバーもいた）。しかし，あえてこのような無理難題に挑戦することは，普段のミカタの実践と地続きの営みであると私たちは考えている。ミカタでは，異なる属性をもつ他者との相互作用を通じて自分の専門分野を相対化し，捉え直すことを絶えず行ってきた。本書で挑戦するのは，その取り組みの抽象度を一段上げて，「ミカタという活動そのものを相対化したときに，どのような議論ができるかやってみよう」という試みである。

　そして，本書の構成それ自体にも，ミカタの活動から得られたエッセンスが色濃く反映されている。内輪にしか通用しない狭い議論になったり，大風呂敷を広げただけの独善的な議論に陥ったりしないように，随所に「他者」が存在するという仕掛けを施した。

　第一に，ミカタメンバーの各論考には，執筆者とは異なる3名のメンバーからそれぞれコメンタリーを寄せてもらった。専門分野や学年など，異なる属性をもつ他者から批判的なコメントを受け取り，それらに対する執筆者自身のレスポンスを併せて掲載することで，議論が執筆者だけに閉じないようにした。第二に，「学際性」および「共同性」という本書のテーマをめぐって，外部の研究者を迎えて実施したシンポジウムでの議論を収録した。シンポジウムには，ミカタと直接的な接点をもたないが，これらのテーマについて一家言あると思われる第一線の研究者にも登壇

を依頼した。その結果，コミュニケーション論や宇宙物理学，哲学，高等教育論といった異なる専門性をもつ登壇者が集まり，さらに，他大学の教員や在野研究者からも話題を提供してもらうことができた。第三に，シンポジウムに登壇した外部専門家に，シンポジウムでの議論を踏まえたうえでの寄稿を依頼した。これらの寄稿は，「学際性」や「共同性」に関する議論の射程を拡げることに加えて，ミカタの活動から何を汲み取ることができるかという点について豊かな示唆を与えてくれた。第四に，ミカタの発足に多大な影響を及ぼした先達，そして初期メンバーの去った後にミカタを担ってくれている教員・大学院生にも執筆を依頼した。彼らからの寄稿は，異なる時期・時点からみたときに，ミカタのあり方がどのように映るかについて新たな視座をもたらしてくれる。

　このように，本書では多様な「他者」がいたるところで登場し議論に参加する。こうした仕掛けが私たちのねらいどおりに機能しているとすれば，本書で展開される議論は，ミカタを含めたさまざまな活動に通底したものになっており，何らかの新しい気づきをもたらすものになっているはずだ。きっと，大学に所属する人びとにとどまらず，医療や福祉などの現場で働く臨床家や，ビジネスの現場で職務に当たる企業人など，「異なる属性をもつ人と共同して何かに取り組む」という営みに関わるあらゆる人びとにとって，役に立つ内容が詰まっていると信じている。

　なお，複数のテーマを扱うという特質上，必ずしも本書を目次どおりの順に読む必要はないことを付言しておく。第1章「「総人のミカタ」とは」で基本的な事柄を押さえてもらえれば，その後は関心のある箇所から読み進めてもらって構わない。

4　本書の構成

　あくまで一つのガイドとして，本書の構成について簡単に紹介しておこう。まず，第1章では，ミカタの活動背景や理念，具体的な実践の内容について概説する。ミカタに関わるキーワードや議論の前提となる情報を網羅的に記したので，本書を読み進めるなかで時折参照する，辞書的な機能をもつ章だと思ってもらうとよいだろう。続く第2章では，ミカタの活動母体である京都大学総合人間学部／大学院人間・環境学研究科で新たな教育理念の立案を担ってきた高橋由典氏に寄稿を依頼した。同学部／大学院が掲げる「研究を語る」という教育理念に照らして，ミカタの活動がどのように位置づけられるかを知ることで，個別具体的な事例から普遍的な問いに迫るための一つの足がかりが得られると期待される。

　その後は，第1部と第2部にてそれぞれ議論が展開される。前者では「学際性」が，後者では「共同性」が中心的なテーマとなる。各部の序盤には，ミカタメンバーによる論考に続き，当該論考に対する他メンバーからのコメンタリーとレスポンスが連なっている。中盤には，外部研究者を招聘し行ったシンポジウムの様子を記載した。そして各部の終盤に収められているのは，シンポジウムに登壇した外部研究者からの寄稿である。

　第1部では，「学際性」に焦点が当たる。萩原論考（第3章）は，従来の学際の概念と対比するかたちで，ミカタにおける「学際」のあり方を定式化し，その具体的な実践について論じている。それに対して，村上論考（第4章）は，学際と裏表の関係にある専門分野に目を向け，ミカタの実践が自己の専門性を深めることにどのように寄与するかという問題に真正面から取り組んでいる。これらの論考を下敷きとしたシンポジウム「「学際性」を育て合う」では，学際をめぐるさまざまな論点について白熱した議論が展開される（第5章）。シンポジウムでの議論を踏まえ，磯部洋明氏（宇宙物理学）からは，自然科学の研究者と人文・社会科学の研究者とが協働することの学術的・教育的意義や相互作用について，具体的な事例をもとにした考察を寄せていただいた（第6章）。高梨克也氏（コミュニケーション科学）からの寄稿では，学際の実践において重要なのは，専門分野間の知識の相違を解消することではなく，「他者の関心に対する関心」を育むことであるという問題が提起されている（第7章）。佐野泰之氏（哲学・倫理学）には，「学際」概念が誕生し発展してきた学術的・社会的歴史を振り返り，その学説史のなかでミカタの活動にどのような意義が認められるかという論点で寄稿をいただいた（第8章）。

　第2部で扱うテーマは「共同性」である。他者との共同の過程で開発される能力とは何かという点に着目した谷川論考（第9章）は，学部生や大学院生にとってミカタがどのような教育効果をもちうるかを，国内外の先行事例との比較から浮き彫りにしている。続く杉谷論考（第10章）は，特殊な状況下で一過的に生じたミカタという活動が，どのようにしてコミュニティとしての機能を創出・保持してきたのかを分析している。外部研究者を迎えて行ったシンポジウム「「共同性」を育て合う」では，異なる能力や関心をもつ人同士がともに事にあたる際に生じる種々の問題について，数々の重要な指摘がなされた（第11章）。シンポジウムでの議論をさらに発展させるかたちで，大山牧子氏（教育工学・大学教育学）の寄稿では，単なる研究者や教育者ではなく，「学者」として大学教員を養成するという観点からミカタの意義が論じられている（第12章）。成瀬尚志氏（哲学・高等教育）からは，他

者との共同による目標達成を重視した課題解決的アプローチと，他者との関わりの過程そのものを重視するソーシャルアクション的アプローチとの対比から，ミカタの魅力に迫る論考を寄せていただいた（第13章）。二つのシンポジウムのどちらにも参加してくださった朱喜哲氏（哲学）の寄稿は，それぞれのシンポジウムでの議論を総括したうえで，ミカタを目的でも手法でもなく「関心」によって紐帯された「探求の共同体」として捉える視座を提供している（第14章）。

　終章は，ミカタの初代代表である真鍋公希の論考である。本書全体の内容を踏まえたうえで，あらためてミカタの活動を振り返り，自分が属する専門分野やコミュニティの選択を駆動する「関心」それ自体の開発と変容に光を当てる。

5　「つながり」に支えられて

　「学際性」と「共同性」について考えることは，専門分野同士の，そして人間同士のつながりについてあらためて考えるという行為だ。そして，ミカタの活動を通して醸成されたこの「つながり」のお陰で，無事に本書を出版することができた。直接執筆に携わった人数だけでも総勢28名おり，それ以外にも実に多くの「つながり」に陰に陽に支えられて，この出版プロジェクト（とその母体であるミカタの活動）は続いてきた。個々に名前を挙げることは紙幅の都合かなわないが，編者一同心から感謝している。

　正直に告白すれば，本書は当初，2020年夏に刊行される予定だった。しかし，いくつかの要因が重なって出版はおよそ2年半も遅れることになった。最大の要因は，新型コロナウイルス感染症のまん延である。この2年半という時間の隔たりは，ミカタをめぐるさまざまな状況を変えてしまった。たとえば，対面での活動ができなくなりオンラインでの実施に移行した結果，学部生にせよ大学院生にせよ新しい参加者が集まりにくくなった。また，ミカタの立ち上げに関わったメンバーのほとんど全員が京都大学を去り，論考の執筆者はみな，現在は新たな環境に身を置いている。

　そうした時の経過のために，本書で語られるミカタのあり様は，現行のミカタとは異なる箇所もある。しかし，議論の本質的な部分には何ら影響ないと考え，本書を世に送り出すことに決めた。

　　　＊　＊　＊

　日本の大学の未来は暗い。大学院生のときから感じていたが，ポスドクになった今，この暗澹たる認識はさらに現実味を増してしまった（具体的な体験についてはここでは触れない）。けれども，ミカタに参画するなかで得られた多様な「つながり」に支えられて，何とか日々を元気に過ごせているし，もう少し踏ん張ってみようとも思える。このわずかばかりの勇気の火種が，十分な希望を抱けずにいる大学関係者を少しでも元気づけることを，そして，アカデミアかどうかにかかわらず，それぞれの場で奮闘する読者の皆さんに届くことを，心から祈っている。

目　　次

第2部　「共同性」を育て合う

第9章　学際教育のなかの「地図作成」と，その制度化をめぐって

第1章

「総人のミカタ」とは

須田智晴〔応用数学・力学系〕

　本章では，まず「総人のミカタ」（以下，ミカタ）という私たちの活動が生まれる背景となった，京都大学総合人間学部，大学院人間・環境学研究科が抱える特有の事情について説明し，ミカタの活動理念，目的や活動内容について解説する。

　本章の性質上，読者は，他章と比較して個別具体的な記述が多いという印象を受けるかもしれないが，「学際性」や「共同性」についてメンバーが考えるきっかけとなったミカタの活動が，どのような問題意識を共有したうえで取り組まれているかを知るための一助となれば幸いである。

1　イントロダクション

1-1　「総人のミカタ」とは

　「総人のミカタ」（以下，ミカタ）とは，京都大学大学院人間・環境学研究科の大学院生が，主に京都大学総合人間学部の学部生向けにリレー形式で模擬講義を行う企画である。ホームページなどには「領域交差型院生FD[1]」という文言が冠されている[2]ように，ミカタは学部の後援のもとで大学院生が自主的に運営しているもので，その内容はさまざまな専門分野にわたり，いわゆる「学際」的なあり方が目指されている。

　しかし，なぜ，大学院生が自主的にこのような取り組みを始めることになったのか。そこには，京都大学の総合人間学部や大学院人間・環境学研究科という環境に

---

1)　ファカルティ・デベロップメント（FD）：教員が授業内容・方法を改善し向上させるための組織的な取組の総称。詳しくは下記HPを参照〈https://www.mext.go.jp/b_menu/shingi/chukyo/chukyo4/003/gijiroku/06102415/004.htm（最終確認日：2023年1月27日）〉

2)　総人のミカタ HP〈https://sojin-no-mikata.jimdofree.com（最終確認日：2022年5月11日）〉

特有の事情が大きく関わっている。

1-2　総合人間学部の抱える課題

　総合人間学部はいわゆる学際系学部であり，入試時の文理の区分こそあれ，入学後は何を学んでもよいという制度になっている。必修科目も語学以外はほとんど設定されておらず，専門の別なく，どの講義科目も平等に単位に算入される[3]。ある意味，「カリキュラムの不在」というカリキュラムが設定されているといってもよいだろう。こうした制度のあり方は，さまざまな学問を幅広く学びたい人や，大学入学時点ではまだ将来どのような方向に進むのかを決定したくない人には非常に魅力的だが，一方で問題も抱えている。次に引用する文章のような状況はきわめて典型的なもので，総合人間学部のような区分のあいまいな学部を卒業した人間なら誰もがおそらく似た経験をしていることだろう。

　　「総人って，なにを勉強するところなの？」
　　自己紹介のたびにこの質問を投げかけられるのに，学部生のときの私は一度も，うまく答えることができなかった気がする。いろんな分野の「ごった煮」状態の総人をひとことで説明することなんてできないから，私はいつも仕方なく，自分の専門を説明していたのだけれど，そうすると今度は，「それは他の学部と何が違うの？」と質問され，どう言ったらいいのか分からなくなって適当にお茶を濁していたからだ。
　　総合人間学部は学際的な学部だといっても，学生の研究は結局のところ，ゼミで教わっている先生の専門に収まることになるのだから，私が質問に窮したこんな経験はある意味当然なわけで，多くの総人生が直面していることだと思う[4]。

　つまり，総合人間学部では，「何を勉強してもよい」がゆえに，「何を勉強するところ」なのかがわからないのだ。これは奇妙なことではないだろうか。本来，学部というのは何かに特化しているがゆえに「学部」として成立しているはずである。学際を目指すにしても，たとえば「環境」や「情報」といったキーワードをあらかじめ用意しておき，それに沿ったカリキュラムを設定することもできたはずだ。しかし，この

3）総合人間学部に接続する人間・環境学研究科は一般教養教育の主な担当部局である。また，総合人間学部において，一般教養科目の一部は専門科目として認定される。
4）https://sojin-no-mikata.jimdofree.com/ 背景と活動目標／（最終確認日：2022 年 5 月 6 日）

学部では「何を勉強してもよい」ということに特化してしまったため，学生は目的意識がよほどはっきりしていない限り，ある意味，何者にもなれなくなっている。また，目的をもって入学してくる学生はたいてい総合人間学部の掲げる「学際性」に惹かれており，実際に講義や卒業研究の指導を担当する教員とのミスマッチが生じている。なぜなら，教員は多くの場合学際系学部の出身ではなく，自分の指導する学生には専門性を身につけることを求めるためである。さらに，厳密な意味でのカリキュラムが存在しないために，学生同士のコミュニティが形成されづらくなってしまうという問題も重大だ。他学部の場合，同じ講義を受けるクラスメイトから人間関係を広げてゆくということは普通であるし，上回生の様子をみて自らの進路の参考にするといったこともよくある。しかし，それは同学年・他学年の学生との交流の機会があってはじめて可能なことだろう。こうしたタテ・ヨコのつながりは多くの場合，必修科目を軸として形成されるものである以上，総合人間学部では望むべくもない。

　こうした状況はこの学部ができた当初からある問題点であり，また，「学際系」を謳う学部ならどこでも多かれ少なかれ抱えている課題だと思われる。もちろん，何の対策もされてこなかったわけではなく，総合人間学部においても教育組織やコース設計の改編が試みられたこともあった。しかし，その原因がカリキュラムが存在しないことにある以上，解決のためにはどのような学生を育てたいのかという理念から問い直す必要がある。

　総合人間学部はいったい何をする学部なのかがわからない，すなわち，学部の理念が明確でないということの深刻さは 2012 年秋の「国際高等教育院騒動」を契機にあらためて認識されることとなった。これは，人間・環境学研究科と理学研究科に所属する教員のポストを移動して，「国際高等教育院」という主に一般教養教育を担当する部局を新設するという，大学執行部の構想が明らかになったことを発端とする騒動である。総合人間学部の学生の指導は人間・環境学研究科の教員が担当することとなっていたため，これは同学部が事実上解体され，さらに，本来教授会がもっているはずの人事権が奪われることを意味する。それゆえ，学生・教員の両方にとって非常に深刻な危機として受け止められた。この騒動自体は教員組織と大学執行部側との妥協が成立したことにより収束したが，総合人間学部にとっては大きな課題が残った。学部解体の危機に際して，この学部の強みは何か，残すべき理由は何かと問われても，ただちに答えることができなかったのである。学部の理念が明確でないことが浮き彫りとなった。こうして，総合人間学部がどうあるべきなのかについて，議論が本格的になされるようになった。

1-3 「研究を語る」という理念

　この流れのなかで提案されたのが「「研究を語る」ことのできる学生を育てる」という理念である。これは 2015 年に当時の人間・環境学研究科長であった高橋由典氏が提唱したもので，総合人間学部に特有の教育のあり方として，旧来の学際的な理念に加えて，学問的な前提を共有しない「他者」に自らの専門を語ることを目標にするという案だ。総合人間学部はたしかに学際的な性格があり，カリキュラムもそれを可能とするかたちで計画されている。しかし，それは京都大学の他の部局でも行われていることであり，また卒業研究（論文）の指導なども専門性を志向したものである以上，学際性のみを本学部に特有の理念とすることは現実的ではなく，これに代わる柱を用意する必要がある。そこで，総合人間学部が一般教養教育の主な担当部局であるという性質を活かして，「教養」を新たな教育の方針にしよう，という提案である。現在ではこの方針に基づき，学部生が自らの卒業研究を，専門分野が異なる教員に発表するという制度や，大学院生の全学共通科目（一般教養科目）における教育実習という試みが行われている。

　ミカタは，この「研究を語る」という理念に呼応するかたちで誕生したものである。学部生に対して自らの専門分野の基礎的な内容を解説するという内容は，まさにこの理念の趣旨に沿ったものだが，しかし，それを単になぞるわけではない。そこでは後景に追いやられてしまった「学際」という観点を中心においているという点が最大の違いである。もとより何らかの学問分野の専門家である教員とは違い，総合人間学部を卒業した大学院生たちには，多かれ少なかれ「学際」というものにあこがれをもって入学し，多数の専門分野が相互作用なく並列されていることをもってそのように称する現状を知り失望した，という経験がある。こうした入学時の期待と学部の実情のミスマッチは「専門を語る」ことのみでは解決されない。そこで，自らが学部生のときに受けたかったような，真に「学際的」な科目を今の学部生に提供しよう，というねらいがミカタが企画された最大の理由である。また先述したとおり，総合人間学部では同学年・他学年を問わず学生同士のつながりに乏しい。特に，本来は「上の」研究科であるはずの人間・環境学研究科の学生が学部生と何かの交流をもつことはきわめて稀である。ミカタはこうした現状を改善することも目的としている。もちろん，このような「利他的」な思惑のみではなく，大学院生にとって教育経験はキャリア形成のうえで重要であることも，ミカタが立案されるにいたった要因の一つである。

1-4 「総人のミカタ」の活動内容

　こうした意図のもと生まれたミカタであるが，具体的には次の2点を主な活動内容としている。ここでは各項目の概要について述べるだけにとどめ，詳細については後ほど説明する。

1）模擬講義

　模擬講義は本企画の根幹をなす部分で，毎回の流れは表1-1のようになっている。

2）異分野ディスカッション

　異分野ディスカッションは，分野の異なる大学院生があらかじめ定められた題材に関して議論を行うというものである。その様子を学部生にみせることにより，異分野間の差異や類似点について理解を深めることをねらいとしている。

　こうした活動は前期・後期ともにほぼ毎週，定期的に行われているが（表1-2を参照），これに加えてシンポジウムや学振の申請書（研究計画書）の検討会などといった特別企画も開催している。こうした企画はファカルティ・デベロップメントというコンセプトからは若干はずれるが，「総人のミカタ」という企画の意図を実現するうえで，通常の活動では不十分な部分を補う目的で行われている。また，活動に興味がありつつも普段は都合が合わない人でも，こうした不定期開催のイベントには参加できることがあるということも特別企画を行う理由である。

　幸いなことに，これまでに多くの学部生・大学院生がミカタに参加し，その人数は年々増加傾向にある。しかし，冒頭に述べたように，学部側の後援こそあれ，ミカタの運営は大学院生有志が自主的に行っており，参加が単位に認定されるわけで

表1-1　模擬講義の流れ

①模擬講義（60分）	講師役の大学院生が，自身の専門分野の基本的な考え方や方法論がわかるよう，その基礎的な内容について説明する。
②院生質疑（5分）	分野を異にする大学院生が他分野の観点から，講師の講義内容について質問を投げかける。ここでのねらいは，他の専門分野の視点から講義内容を相対化することである。
③フリートーク（25分）	大学院生と学部生がその日の講義の内容に関連した議論を行ったり，その他さまざまな事柄について自由に会話を行う。単に講義内容の理解を深めるのみならず，参加している学生・大学院生相互の交流の機会とすることにより，コミュニティの形成を行うこともここでのねらいである。
④検討会（30～60分）	その日の講義について，参加している大学院生が内容・教授法の両方についてコメントや質問を通して検討を行い，講義の改善を目指す。

6

表1-2　2018年度前期のスケジュール例

時期	活動内容
～3月	前期の講義担当者の確定，シラバスの作成
4/12	ガイダンス①　人環の先輩の話を聞いてみよう !!――進路選択について
4/19	ガイダンス②　人環の先輩の話を聞いてみよう !!――研究内容について
4/26	講義（文化人類学）禁忌と両義性の人類学
5/10	講義（海洋生物自然史学）海洋生物の自然史――生物の多様性と様々な共生系1
5/17	講義（文化人類学）セックス・アンド・ザ・アンソロポロジー
5/24	講義（日本文学）文学のミカタ①――「文学」の定義とその研究方法
5/31	講義（数学）数学における解析学
6/7	ディスカッション（文化人類学・海洋生物自然史学）フィールドの風景・探究の現場
6/14	講義（数学）フラクタルと呼ばれる図形
6/21	講義（日本文学）文学のミカタ②――「文学」の役割とその未来を考える
6/28	講義（観光学）どこからが観光？どこまでが移動？――観光学入門
7/5	講義（海洋生物自然史学）海洋生物の自然史――生物の多様性と様々な共生系2
7/12	ディスカッション（日本文学・数学）

もないため，新規のメンバーを得ることはそれほど容易ではない。さまざまな専門分野の大学院生が模擬講義を行うことが必要不可欠なミカタにとって，これは死活問題である。さらに，活動資金の大部分は教員からのカンパから拠出されているため，長期的な活動の見通しが立てづらいことも課題である。将来的にミカタをどのようなかたちで続けてゆくのが望ましいのかについては，現在検討がなされている。

2　「総人のミカタ」の理念と目的

　ミカタの概要について知っていただいたところで，その目的についてもう少し詳しく説明したい。ホームページには「活動目標」として，次のような項目が掲げられている。

〈活動目標〉
1　参加した学部生の興味を引き出し，進路決定の参考になる講義を計画・実行すること
2　総人生と人環院生の持続的な交流の場を提供し，総人・人環の活性化に貢

　献すること
3　講義の計画・実行・反省を通して，院生自身の研究に対する理解を深めること
4　院生の教育技能の向上をはかること
5　企画の制度化を前提に学部や研究科と協力や交渉を重ねていくことで，総人・人環の将来設計の中に，学生の視点を取り入れていくこと[5]

　ここでは具体的な目標というかたちで述べられているが，その目指すところは大まかにいって，総合人間学部や人間・環境学研究科に関わる三つの主体，すなわち学部学生・大学院生・教員組織のそれぞれが現状抱えている問題について，その改善を図るということにある。
　まず，総合人間学部の学生は往々にして，将来どうしたらよいのかわからなくなるという問題を抱えている。これは先述したとおり，はっきりとしたカリキュラムがないために進路をうまく決定できないことに加えて，同学年・他学年を問わず相互に交流する機会が少ないという状況が原因であると考えられる。そこで，さまざまな専門分野に関する模擬講義を提供することにより，専門選択の参考にしてもらうのみならず，他学年の学生や大学院生との持続的な交流を確保することで，ある種のロールモデルを提示することもねらいとしている。
　次に，大学院生は教育経験が要求されるにもかかわらず，その機会が少ないという問題を抱えている。これは昨今ポスドクや大学院生を対象としたプレFDの試みが出現した背景でもあるが，そうした企画においてさえ，大学院生が実地に授業を担当する機会はあったとしても限定的である。特に，聴講者からのフィードバックをもとに教育法を改善することはきわめて有効であるが，これが可能な状況はあまり多くない。そこで，ミカタでは一人の大学院生が複数回の講義を担当することで，教育経験をできるだけ多く得ることを目指した設計とした。
　そして教員組織に関しては，総合人間学部や人間・環境学研究科では学生とのあいだに距離があったため，学生がどの程度「学際的」な教育を望んでいるのか，といった基本的な事柄についても現状の把握が難しいという問題を抱えていた。そこで，ミカタや類似の取り組みが正規の授業科目に取り入れられるように学部側との

5）https://sojin-no-mikata.jimdofree.com/ 背景と活動目標／（最終確認日：2022年5月6日）

交渉を行うことで，学生の視点を学部の運営に反映してもらう，ということもミカタのねらいの一つである。

　ここまでに説明した目標はファカルティ・デベロップメントという観点からの，いわば形式的な面での目標である。これらは運営の方針ではあるが，この活動の目的そのものというわけではない。ミカタの真の目的は，「学問の地図」をみせることにより，学際的な教養教育の一つのあり方を提示することである。

　学問とは通常，樹状の構造をもったものであると解釈される。これはたとえば，人文科学・自然科学・社会科学という三つの太い幹がさらに細かいディシプリン（専門分野）に枝分かれしていくというかたちのイメージである。旧来のいわゆる「一文字学部」からなる大学の構造は，こうした理解を前提としたものと考えられる。また，文献の分類などもこのようなかたちで行われる。しかし，こうした図式は知のあり方の実際をどの程度反映したものなのだろうか。実は，樹状になっているという理解はそれほど正確ではなく，学問はむしろ網状の構造をもっている，といったほうが正しいようである。たとえば，論文に用いられる単語の類似性や引用・被引用という関係に基づいてディシプリン同士の関係を再検討した研究（Dias et al., 2018）では，このような傾向が見受けられる。樹状の構造とは違い，網状の構造ではディシプリン間の遠近という概念が重要な意味をもつ。前者でもある二つの分野が遠い・近いという言い方は可能であるが，それは枝分かれの回数を数えただけであり，その末端で分野同士がどの程度接近しているのかは問題になっていない。たとえば，論理学は哲学として研究することも，数学として研究することもできるが，もし学問を樹というかたちで理解するなら，同じ論理というものを扱っていながらも，きわめて遠くに配置されてしまうことになってしまう。

　こうしたディシプリンのネットワークとしての学問観を採るならば，「学際」という概念に関する考え方もおのずから変更を要請される。いわゆる「学際」というと，二つ以上の異なる分野がそれぞれの要素を持ち寄って新たな研究を形成するという状況が想定されがちだ。これは複数の枝をつなげて新たな枝を作るようなイメージだと思われる。一方，はっきりとしたカテゴリーのない構造を想定するならば，それは離れた地点と新しい道でつながるということに他ならない。研究とは多くの場合，すでに知られているもの同士の新しい関連性を発見することから始まるものであるから，この後者の状況は常態である。結局のところ，「学際」に特有なのは「つなげる先が遠い」という点のみではないだろうか。それゆえ，「学際」とは，ある学問領域に特有の性質というよりは，学問同士のなす関係性に近いものであると考え

られる。本質的には研究者が遠くのディシプリンの知見を受け入れるかという態度の問題に帰着されるともいえるだろう。また，このことは「特定の専門をもたないと学際は実現できない」という逆説も含意する。

　ここまでの話は研究に関するものだが，「学際」教育に関しても多少違った考え方が必要になる。多くの場合，こうしたタイプのカリキュラムでは，複数のディシプリンの内容をそれなりに深く学ぶということで「学際」的な教育を実現しよう，という方針が採用される。これは複数の異なる分野の方法論を学ぶことにより，個人のなかに学際的な知を実現しようという考え方だ。複数のディシプリンの枝をまとめることで学際を実現するという設計であり，樹状の学問構造に基づいた発想であるといえるだろう。しかし，ある分野に特有の思考法や研究法といったものは一つの体系をなしており，それゆえ「つまみ食い」を許さないものである。結局，よほど学生にやる気と能力がない限り，基本的な考え方や方法論の大きく異なる学問を同時に複数習得しようとしても労多くして益少なし，となりやすい。

　一方，「学際」とはディシプリン間のつながり方のことである，という観点から考えれば，「学際」教育が行うべきことは，知の体系における学生個人の立ち位置をはっきりさせるとともに，可能な限りその「地理感覚」を身につけてもらうことであると考えられる。こうした「学際」観は，いわゆる一般教養教育の理念ときわめて親和性の高いものである。そこでは，教養とは多くを知っていることではなく，どこに行けばどのような知識が得られるのかを知っていることとされる。それゆえ，教養教育は本質的にはいろいろな場所を「観光」してもらうことを目的とするといえる。

　以上のような理解のもと，ミカタでは「学問の地図」をみせることを目的としている。これは，まだ自身の専門分野を決めていない学部学生に対して，この世の中にはどのような学問があり，それぞれがどのようにつながっているのかという「地理感覚」を身につけてもらうということである。さらに，そこにとどまらず，専門家という立場で参加している大学院生にも，自らの専門をこうしたネットワーク構造のうえに位置づけてもらうということでもある。

3　模擬講義から検討会までの流れ

　ミカタの活動の根幹は，大学院生が模擬講義を行うことにある。ここでは，その準備から報告書の作成に至るまで，具体的な流れを説明する。

　まず，模擬講義とは何を目指したものなのだろうか。先述のとおり，ミカタは「学問の地図」を提示することを最大の目的にしている。それゆえ，講義を担当する大学院生には，単に自分の研究を紹介するのではなく，自分の専門分野の「ものの見方」や「考え方」を伝えられるような講義内容を計画し，実践することが求められる。したがって，単なる講義の練習以上のことが要求されているといえるだろう。

　なお，初回の反省点を2回目に生かして改善を行うため，模擬講義は通常2回行うこととなっている。

3-1　模擬講義の流れ
1）担当者の決定
　模擬講義企画は協力してくれる大学院生を探すところから始まる。定期的に参加しているメンバーに適任者がいればよいが，必ずしもみつかるわけではないため，多くの場合は知り合いを経由して人を集めることになる。この際重要なのは，可能な限り模擬講義の担当者の専門分野が偏らないようにすることである。具体的には，総合人間学部の各学系[6]に対して少なくとも一人は担当者がいる状況を目指す。特に，いわゆる理系の学問に関しては，大学院生の大半は実験系の研究室に所属しているため忙しく，参加可能な候補者を探す作業は難航しがちである。

2）シラバスの作成
　講義担当者は模擬講義の概要を記した「シラバス」（表1-3）を学期前に提出する。この準備は前期担当者なら2・3月の春休み期間，後期担当者なら8・9月の夏休み期間に行う。シラバスは所定のフォーマットが用意されているのでそこに書き込むことになるが，この準備には相当時間がかかることが多いようである。また，シラバスは2回分用意する。

3）模擬講義の準備
　模擬講義の準備の時期や方法は講義担当者によりまちまちである。多くの場合，準備は講義日の1～2週間前から行われる。講義の進め方・形式に関しては自由であり担当者に任せられているが，各専門分野での慣習に従うことが多い（図1-1）。

6）総合人間学部は人間科学・認知情報学・国際文明学・文化環境学・自然科学の5学系から構成され，学生はこのなかから主専攻・副専攻を2年進級時に選択する。

表1-3 シラバスの具体例

①講義担当者名（分野）	崔昌幸（社会学）	
②講義タイトル	「公共」とは何だろうか	
③概要	さてみなさん。「公共」とは一体何を指す言葉だと思いますか。昨今、「公共」という言葉をよく耳にする機会が増えたかと思います。公共事業や公共放送などがその典型例です。また、日本国憲法にも「公共の福祉」という文言がありますし、2022年度からは高校の教科として新たに「公共」という科目が順次新設される予定です。このように見ても、「公共」という言葉が非常に多義的であるということが分かるかと思います。それでは社会（科）学における「公共」とは一体何を意味するのでしょうか。少なくとも日本の社会学の世界においては、2012年には社会学者の盛山和夫・上野千鶴子らによって『公共社会学』という著書が出版されています。それ以前にも、「公共社会学」を謳う論文はいくつか散見されます。しかしながら世界を見渡せば、社会（科）学におけるこの「公共」という問題は第二次大戦後から今日まで依然として盛んに論じられている、ホットな話題なのです。今回は社会（科）学の視点から、この「公共」という「問題」を紐解いていきましょう！	
講義で伝達したい要点・目標	「公共」という言葉が何を意味するのかについて、社会（科）学の視点から検討することによって、二回目の講義に関する理解を深めやすくする。	
内容と手段について	～15分	「公共」という言葉の定義を社会（科）学の視点から定式化し、学生とともに確認する。基本的にはパワーポイントを用いるが、学生たちにはグループを作ってもらい、適宜質問を投げかけ、グループで考えさせる。
	～30分	ハンナ・アーレントによる『人間の条件』をもとに、公共性論（アーレントでいうところの「公共領域」概念）について、パワーポイントを用いて簡単に説明する。
	～45分	ユルゲン・ハーバーマスによる『公共性の構造転換』をもとに、公共性論（ハーバーマスでいうところの「公共圏」概念）について、パワーポイントを用いて簡単に説明する。
	～60分	作ってもらったグループで、現代社会において公共性が現れる場を考えてもらい、発表してもらう。またそれを踏まえたうえで、改めて社会（科）学における「公共」の定義を確認する。

配布物等がある場合、事前にミカタの運営委員にファイルを送付すれば、印刷したものが当日用意されることとなっている。この準備も特に初回では非常に労力を要することが多いようである。

4）模擬講義

準備した資料などを用いて模擬講義を行う。時間は60分となっているが、そのほかは特に形式の制約はなく、担当者の工夫に任せられている。また、模擬講義で

①スライドを利用するもの

②レジュメや資料を利用するもの

③板書を利用するもの

図1-1　さまざまな講義スタイル

は参加した学部生にアンケートを配るとともに，聴講している大学院生にコメント
シートを配り，フィードバックが得られるようにしている。模擬講義終了後に検討
会が行われ，その回の内容や教授法などについて，聴講していた大学院生が質問や
意見交換を行う（この点については後ほど説明する）。また，模擬講義の様子はビデ
オカメラにより記録されている。講義担当者の身振りや話し方といった事柄は講義
のわかりやすさ，学生のなじみやすさに大きく寄与する点であるため，後から確認
できるようにしている。

　模擬講義の運営は後述する院生アシスタントが補佐するが，その進行は司会役を
用意して行う。

5）報告の執筆・Web掲載

　模擬講義終了後，講義の報告を講義風景の写真や補足資料などとともにホーム
ページ上に掲載する（図1-2）。この報告は，原則1週間以内に所定の形式で記入す

講義を終えて

　今回、「「文学」の定義とその研究方法」というテーマを選んだ理由は、大学の講義では
（特に日本文学系の授業において）、あまり扱われていないテーマだったからです。個別の
文学作品をとり上げ、教員が自分の研究方法を示してみせること、あるいは、受講生各自に
先行研究やゼミでの議論を通して学ばせることも非常に大切です。しかし、私個人の体験と
して、個々の作品を扱うだけでは、全体的な、所謂ジャンルとしての「文学」の定義や研究
方法そのもののあり方にまで、なかなか思索を巡らせることができませんでした。そこで、
今回はこのテーマを選びました。

　本来、これは60分の授業には相応しくない大きなテーマです。そのため、情報量が多く、
進行速度も速かったため、受講生の皆さんには難しい印象を与えてしまいました。また、文
字が主体である「文学」を扱うと、どうしても文字数が多くなり、PowerPointでは読み難
いと感じられた方が多かったようです。レジュメを中心とした授業を行うべきだったと思い
ます。取り上げた作品の概要や専門用語の説明も不足しており、入門的な授業としては不親
切であったと反省しています。

　反省点の多い講義となりましたが、講義後、研究方法のあり方について、独自の疑問を持
ってくれた受講生が少なからずいたことを嬉しく思いました。授業でも述べたように、文学
研究は、自分独自の研究方法・文学理論を作ることでもあります。そのためには、まず、従
来の方法に疑問を持つことが必要です。自分の中に生まれた問いを大切にして、ぜひ育てて
みてください。

　次回は、今回の反省点を踏まえ、レジュメを中心とした授業形式に変更しようと思いま
す。もっと情報量を絞り、語句の説明を含め、わかりやすい構成を心掛けたいと思います。

図 1-2　講義報告の具体例 [7]

ることとなっている。

3-2　院生アシスタントと院生質疑

　院生アシスタントは模擬講義の補佐を行う大学院生のことであり，ミカタの運営
上非常に大きな役割を果たしている。会場の設営などの準備を補佐するという点で
もそうだが，何よりも，院生質疑の担当者であるという点で重要である。専門分野

7）https://sojin-no-mikata.jimdofree.com/ 講義 /2018 年度前期 /6- 文学のミカタ① /（最終
　確認日：2022 年 4 月 26 日）

の異なる大学院生が質問を投げかけることで，分野間の相違点や類似点，すなわち
距離感を浮き彫りにすることがここでのねらいである。

1）院生アシスタント

　院生アシスタントは毎回の準備の補佐をする。具体的にはフリートークで提供さ
れるお菓子や飲み物の買い出し，ビデオカメラの準備などを行う。お菓子などの予
算は 1000 円程度で，必ずしも毎週購入するわけではなく，前週の残りがあれば行
わないこともある。院生アシスタントの担当の割り振りは，模擬講義の担当者が決
まった後で行う。この際，可能な限り，講義担当者と院生アシスタントの専門分野
が遠くなるようにする。これは後述する院生質疑をできるだけ「内輪」のものにし
ないための工夫である。

2）院生質疑

　院生質疑は，異なる学問間の距離感を提示するという意味で，ミカタの「学際性」
を担保している機構の一つである。ここでは院生アシスタントが，自身の専門分野
の観点から講義担当者に質問を行う。この質問の内容は可能な限り，その分野に典
型的であることが要求される。これは，異なる分野の着眼点や思考方法の違い，あ
るいは類似点があらわになるような質問が求められているからである。また，講義
担当者に事前に質問を通告することは行っておらず，アシスタントは講義を聴きな
がら質問の内容を考える。

3）アシスタントコメント

　院生アシスタントは後日，院生質疑の質問の意図やその内容，さらに講義自体に
ついてのコメントを所定の形式で入力する（図 1-3）。講義担当者にフィードバック
を行うという目的は後述する検討会と同様であるが，専門分野の相違点がわかるよ
うなコメントが要求されているため，こちらの方がより講義の題材に関連したもの
となっている。

3-3　フリートーク

　模擬講義と院生質疑が終わった後はフリートークの時間を設け，参加している大
学院生と学部生がインフォーマルな雰囲気のもとで，その日の講義の題材やその他
学生生活に関わることなどを自由に話し合う。ここで重要なことは，「授業」らしく

1. アシスタント氏名：村上絢一
2. 講義担当者氏名：伊縫寛治
3. 講義実施日：2018-06-14
4. 質問内容はどういったものでしたか？：
   ①論文の文体は？　②数学者がふれる「神秘」とは？
5. その質問の意図はどのようなものですか？：
   ①歴史学の論文を執筆している中で高校数学の証明と論理の組み立て方がよく似ていると思ったから。
   ②対象に魅了される瞬間を聞きたかったから。また，数学の素人である私にはフラクタルの話が自然界に隠された秩序を見つける学問に思われたから。
6. それに対する返答はどのようなものでしたか？：
   ①ある議論を前提に論理を展開する。まったく独自の論理を構築するものもある。
   ②大学入学以来フラクタルが面白いと思い，研究を続けてきた。
7. 講義・検討会を終えてのコメント（300字程度）：
   対数のたの字も忘れた文系院生の私にも面白く聞かせて頂きました。フラクタルを提唱したMandelbrotから丁寧に学説を説明されたこと，受講者みずから図形を描き「手を動かす」講義にされたこと，レジュメを読み上げず受講者との対話の中でお話されたこと，などが今回の講義が成功した理由として挙げられます。大学1・2回生にも程よい質と量の内容でした。ところで，吉田南構内では「フラクタル日よけ」「シェルピンスキーの森」が知られますが，思わぬ形で応用されるフラクタルにはまだまだ議論を展開する余地がありそうです。総人のミカタとしても異分野との接点になる論題としてまたお話をうかがいたいと思います。
8. 次回アシスタントへ：ジュース購入（2本），カメラ・HDD用意

図1-3　アシスタントコメントの例

しないことである。学部の学生にとって大学院生はかなり年上のことが多く，それゆえに会話が弾みづらい。そこで，お菓子や飲み物も提供して，気楽に話せる状況を作る。また，学部生は教室で座っている席の遠近や交友関係にしたがって自然に少人数のグループを形成するので，各グループに大学院生が少なくとも一人入っている状態を作ることで，可能な限り交流を確保する。こうした工夫により，講義の際に質問できなかったことを講師役の大学院生に直接尋ねる，あるいは専門の異なる大学院生と議論することによってより多角的な観点から議論を深める，といったことも行いやすくなっているものと思われる。

　このフリートークという制度は「学際性」を担保すると同時に，総合人間学部と人間・環境学研究科の問題点であったコミュニティの不在に対する解決策としても導入されている。学部生は必修科目というものがほとんど存在しないため，2回生以上になると交流が途絶えがちである。また，大学院生は専門分野が違えば没交渉になってしまう。そこで，参加している学生が自由に会話できる機会を設けること

で，人間関係を形成できるようにしている。

3-4　検討会

フリートーク終了後，大学院生は別室に移動してその日の模擬講義の検討会を行う。聴講している大学院生は講義の内容・進行などについて質問やコメントを行い，講義担当者の教授法の改善につなげる。この際，模擬講義の前に，参加している大学院生にはコメントシート（図 1-4）が配られているため，それを参考に発言を行う。

教授法に関して指摘されるのは話し方やスライドの使い方などに関する事柄が多

総人のミカタ　院生入力シート

講義担当者　（　　　　）入力者（　　　　）アシスタント（　　　　）

初学者向けの講義としてのチェックポイント

Q1　語彙の選択の平易さは適切だと思いますか（4が適切）

難しすぎる　1　2　3　4　5　6　7　簡単すぎる

Q2　講義内容の情報量としては適切でしたか（4が適切）

多すぎる　1　2　3　4　5　6　7　少なすぎる

Q3　講義全体の構成は分かりやすいものでしたか

わかりづらかった　1　2　3　4　5　6　7　わかりやすかった

Q4　その他、学生への配慮や工夫について、気づいた点などがあれば記入してください

総人のミカタのコンセプトに照らしたチェックポイント

Q1　分野の「ものの見方」が提示されていたと思いますか

提示されていなかった　1　2　3　4　5　6　7　提示されていた

Q2　今回の内容の分野内での位置づけがわかる内容だったと思いますか

わかりずらい　1　2　3　4　5　6　7　わかりやすい

Q3　今回の内容や分野と、近接する学問領域との距離感が伝わる内容だったと思いますか

わかりずらい　1　2　3　4　5　6　7　わかりやすい

Q4　その他、気づいたことを記入してください

院生質疑について

Q1　講義内容の分野とアシスタントの分野との対比があったと思いますか

なかった　1　2　3　4　5　6　7　あった

Q2　今回の授業内容を相対化するような質問になっていたと思いますか

なっていなかった　1　2　3　4　5　6　7　なっていた

Q3　その他、気づいたことを記入してください

※　欄が足りない場合は裏面に記入してください

図 1-4　コメントシートの例

いようである。また，専門分野の近い参加者がいた場合は，内容に関してより詳細な指摘が行われることもある。この検討会では発言内容を録音するとともに，院生アシスタントが書記として議事録を作成する。

　ミカタの運営に関する話し合いは，この検討会が終わった後で行われる。

3-5　検討会の実例

　日常会話における「誤解」をキーワードに，ことばの理解とコミュニケーションについて紹介した講義の検討会では，表1-4のようなコメントが参加した大学院生から述べられた。

表1-4　検討会でのコメント（一部）[8]

良かった点	・誤解という観点から，文学やお笑いなどはどう考えられるかなど連想が拡がった（ナンセンス的なお笑いは，理解・誤解という観点では扱えなさそう。老い的なボケとお笑いのボケとの違いは，演技や意図が関係しそう etc.）。 ・スライドに目次があり，前回よりわかりやすかった。 ・受講生とのインタラクションが効果的だった。 ・国語の先生の解釈をめぐる問題（院生質疑）は面白い。国語の授業は，多くにとって共通体験なので「使える」エピソード。
改善すべき点	・込み入った内容を説明するときほど，受講生の反応を見るべきだが，講義慣れしていないので難しい。1回目の講義は事例ベースだったが，今回は理論中心にしたので前回より不安を感じた。 ・院生質疑での答えは，根本的に個人的な回答でなく，講義に沿って答えることもできた。どちらが良いか自覚的に選べると良かった。 ・冒頭の会話例は口頭ではわかりにくい。該当するドラマや映画を利用する，スクリプトを用意して演じてもらう，PPTのアニメーションを使うなどいろいろ手段はある。 ・「知識状態」は一般的な用語か（一般的ではない）。 ・自信度の端的な定義がほしかった。 ・しゃべり方が同じトーンなので，落ち着いているのは良い反面，メリハリがないのは惜しかった。トーンを変えたり，繰り返しをすると重要なポイントが分かるから良い。 ・会話参与者の前提知識は，会話文例の前に提示した方が良い。

8）人間・環境学研究科院生による総合人間学部生向け模擬講義企画「総人のミカタ」運営委員会（2018: 69）より引用。

4 異分野ディスカッション

　異分野ディスカッションは，院生質疑と同様に分野間の相違点や類似点をみせることが目的である。しかし，こちらは単なる比較にとどまらず，異分野間における対話の機会となることも目標としている。ディスカッションのテーマは毎回，司会役に指名された大学院生が決めることとなっている。可能な限りその回の登壇者の専門分野の違い・類似点がみえやすいテーマが望ましいが，これはなかなか難しく工夫が要求される。

　たとえば，2018 年 7 月 12 日に行われた文学と数学のディスカッションの回では，次のような流れでテーマが決定された。

　まず，ディスカッションの登壇予定者と議論することで論点の案などを考える。この際に，司会担当者自身の疑問点や登壇者の意見を拾い上げて，可能なテーマを大まかに洗い出す。

（5 月 24 日）
司会をつとめます萩原です。ぼくには荷が重いと思いつつ……でも，楽しく頑張ります。
今日の検討会であがったことのメモを置いておきます。論点，差異や共通点が浮き彫りになるようなトピックなどのアイディアがあれば，ぜひ書き込みをお願いします。
【論点の案】
・文学も数学も，人間が作り出したもの
・どちらも言語を対象にする（文学≒感性的，数学≒論理的？）
・どちらも「構造主義」との関連がある（歴史背景）
・どちらも「役に立たない」学問の典型？
　　　　⇒研究のモチベーション，スタンス，目的（社会的使命）は？
【気になること】
・文学と「文学研究」は違う。文学と数学は近い（生み出す／言語をつくる）が，文学研究はむしろ応用学問的？（物理や工学に近い？）
・普段なにをやっている？院生の生態が知りたい
・何が楽しくて研究しているの？
・（萩原メモ）山根さんの「数学は避けてきた」というのが印象的でした。文学を避けてきた人は少ない気がする。その違いは？

　こうしてできた素案をもとに，さらに参加者とのミーティングを行い論点を絞り込んでいく。これは全体のテーマだけではなく，議論の流れを決めるうえでも重要な作業である。

> （6月15日）
> ミーティングメモ
> 論点の案
> ①抽象：どちらも実学からは距離のある学問
> ②直観：どちらも直観を重視する
> ③断絶：どちらもある時点までは鑑賞者。研究者になると景色・位相が変わる
> ・「今夜くらべてみました」形式にするのはどうか？
> ・全体を繋ぐストーリーがあると良い。「文学と数学——味わい方の変遷」とか？
> ・全体の構成とタイトルを考える（萩原）

　ここまでの議論をもとにタイトルと告知文が用意されるが，この時点では当日の議論の具体的な中身に関してはまだ検討が行われていない。

> （6月18日）
> タイトルと告知文を考えました。敲いて揉んでいただけるとありがたいです。
> タイトル：文理の双極："似"て"非"？　"非"て"似"？
> 告知文：文理選択——。大学までの学びの過程で，ほとんどの人が一度はこの選択に迫られたことでしょう。文系・理系のそれぞれのイメージは広く共有されており，それらは互いに大きく隔たったもののように扱われています。しかし，学問の地平において，文理の極はそんなに離れた位置にあるのでしょうか。
> そんな疑問を胸に，今回のディスカッションでは，まさに文系・理系の代表格ともいえる「文学」と「数学」をさまざまな切り口から見比べてみたいと思います。日本近代文学の山根さん，解析学の伊縫さんのお二人にご登壇いただき，研究の方法論から鑑賞者・研究者としての態度に至るまで，相違点や共通点を浮き彫りにしていくことに挑戦します。果たして，文理の双極はどのような点で接点をもちうるのでしょうか。議論の行方が楽しみです。
> 文責・司会　萩原広道（発達科学・リハビリテーション学）

　その後，さらなる議論や司会担当者の検討に基づき，当日の流れが決定される。

> （7月3日）
> 当日の流れは以下のようにしたいと思います。
> 16：30　イントロ（萩原）
> 16：35　研究者の生態＋研究者になろうと思ったきっかけ（5分ずつ）
> 16：45　論点①　消費者から研究者へ
> 16：55　論点②　研究のスタンス：一義か多義か
> 17：05　論点③　理論と実証（「哲学－文学」と「数学－物理」の類比関係）
> 17：15　休憩
> 17：25　フロアとのディスカッション（院生に開く〜学部生にも）
> 17：45　アウトロ

高校の学びと大学の学び：国語教育と数学教育
役に立つ／立たない問題：文学研究・数学の社会的意義
結局のところの研究目的は？：学問分野として，一研究者として

　こうして当日のディスカッションの計画が完成するが，この後も議論の打ち合わせなどの作業は本番の直前まで続く。

　このように，異分野ディスカッションは多くの労力を要するが，専門分野の並列ではない「学際」の機会を作るためには必要不可欠である。通常，いわゆるリレー講義ではこのような試みが行われることは稀であり，ミカタの大きな特徴の一つであるといえるだろう。

5　「総人のミカタ」の運営体制と派生企画

5-1　「総人のミカタ」の運営体制

　以上に述べてきたミカタの活動は現在，人間・環境学研究科の学際教育研究部の後援のもと，十数名程度の大学院生からなる組織によって運営されている。その運営に関する役割分担のうち，これまでに述べていなかったものについてその概要を表1-5にまとめる。

　事務連絡などは初めメーリングリストを用いていたが，最近ではオンラインです

表1-5　「総人のミカタ」の運営に関する役割分担

マネージャー	半期の計画を立案し，講義予定の日程を調整することを主な役割とする。アシスタントや司会の割り振りも行う。
Web・広報	「総人のミカタ」のホームページの管理や，ポスターなどの作成を行う。講義予定や講義後の報告などを更新することが通常の業務である。
会　計	「総人のミカタ」の予算を管理する。毎回のお菓子や飲み物代の清算や，集めたカンパの取りまとめを行う。
渉　外	Webの問い合わせフォームやメールアドレスへの連絡に対応する。
代表・副代表	上記のどれかと兼任するかたちで，代表・副代表という役職を置く。これは全体の統括や，イレギュラーな事態への対応などを行うためである。

べて完結する Slack などのサービスに移行されている。

5-2　特別企画・派生企画

　ミカタでは，以上に述べてきた通常の活動に加えて，種々の特別企画や派生的な
企画を多数開催するようになっている（表1-6）。これらはあくまでもオプショナル
な企画であり，興味関心のある人が参加するというかたちで運営されている。

表 1-6　「総人のミカタ」の特別企画・派生企画

シンポジウム （初年度末，九大，北大）	「総人のミカタ」での実践の経験を対外的に発信すると同時に，総合人間学部や人間・環境学研究科の将来像について議論する機会として，年に一度程度シンポジウムを開催している。
学部生卒論構想検討会，卒業生企画，学振申請書検討会	通常の活動よりも学生の実益に直結するような企画として，学部生向けの卒論構想の検討会や，就職した卒業生を招いた講演の企画を行っている。さらに，大学院生向けには学振申請書検討会も開催している。
「大学問題」共有ゲーム	大学に関わる問題をその利害関係者に理解してもらうことを趣旨として，ロールプレイングゲームを開発している。これは京都大学生協の企画である X-academy との共同で行っており，京都大学学際研究着想コンテストにて最優秀賞を受賞した。
入門科目アンケート，意見書作成	現在，総合人間学部の学際教育は「入門科目」という，各学系に属する教員がリレー講義を行う必修科目により担保されている。その改善に資するための企画として，学部生に関するアンケートを取り，その結果を意見書として取りまとめた。
総人合宿	毎年総合人間学部の新入生向けに，「総人合宿」という企画が開催されている。この会場に大学院生を派遣して，入学時の興味関心や進路の希望などに関するアンケート調査を行うとともに，その簡単な分析を実演している。
図書館とのコラボ	京都大学吉田南図書館では卒業論文・修士論文の執筆支援企画として，過去の卒業生の論文を展示するとともに，執筆の体験談をまとめた資料を作成している。「総人のミカタ」とのコラボ企画として，卒論執筆時の体験を学部生に語る座談会を図書館と共催した。
学際教育研究部とのコラボ	「総人のミカタ」を後援している人間・環境学研究科の学際教育研究部では，「総人・人環・学際セミナー」として，さまざまな分野を専門とする登壇者が特定のテーマについて講演を行うシンポジウムを開催している。「総人のミカタ」では，その質疑応答に特定質問者としてメンバーを派遣するかたちでコラボレーションを行った。

6 今後の課題

　ミカタの今後の課題として最も大きいのは，その運営をどのように安定的に続けていくのかという問題である。現状では参加している大学院生にとって負担が大きく，単位も出ない非公式の企画となっている。そのため，今後も同様の活動を続けていくためにはどのような運営体制が望ましいのかについて，学部の教務担当者を交えたかたちで議論が行われている。

【引用・参考文献】
人間・環境学研究科院生による総合人間学部生向け模擬講義企画「総人のミカタ」運営委員会［編］(2018).『「総人のミカタ」活動報告書　2017 年度前期〜 2018 年度前期』京都大学大学院人間・環境学研究科 学際教育研究部〈https://repository.kulib.kyoto-u.ac.jp/dspace/bitstream/2433/235245/1/sojin_mikata_2017-2018.pdf（最終確認日：2022 年 4 月 26 日）〉
真鍋公希 (2018).「人間・環境学研究科における院生発案型プレFD「総人のミカタ」」京都大学FD 研究検討委員会『2017 京都大学のFD──京都大学の教育を，語り合う』, 12.
「特集　領域交差型院生FD 総人のミカタ」『京都大学総合人間学部広報』59: 3-14.
Dias, L., M. Gerlach, J. Scharloth, & E. G. Altmann (2018). Using text analysis to quantify the similarity and evolution of scientific disciplines. *Royal Society Open Science,* 5(1): 171545.〈http://dx.doi.org/10.1098/rsos.171545〉

第2章

「研究を語る」と総人のミカタ

高橋由典〔社会学〕

1 はじめに

　総人のミカタの創設メンバーの一人である真鍋公希さんから，「〈研究を語る〉という教育理念を提示された立場から，総人のミカタのこれまでの活動や今回の書籍に対するコメントをお願いしたい」との依頼をいただいた。私がこれまでしてきた提案や発言が，執筆依頼の理由となっているようなので，お引き受けすることにした。

　といっても，今これを読んでいるほとんどの人は，私のこれまでの「提案や発言」など何も知らない。だから当事者でもない人間がしゃしゃり出ることを訝しく思う人もいるにちがいない。なぜこの人が出てくるのか。それは至極まっとうな反応だ。そのような反応があることを想定して，最初に，本書の終章で真鍋さんが言及している「研究を語る」について述べてみようと思う。「研究を語る」の中身がはっきりすれば，私と総人のミカタとの関係もみえてくるかもしれない。それを期待しよう。そのうえで，本書所収の論考を読んだ感想を記すことにしたい。

　読めばすぐわかるように，以下で取り上げられる話題は徹頭徹尾ローカルである。そもそも私の「提案や発言」など関係者しか知らないし，総人のミカタの認知度も限定的である。話がローカルになるのは避けられない。ただ，ローカルな話をローカルな読者に向けて語っても何の意味もないことは，はっきりしている。「京都大学の一部局の関係者しかわからない」では話にならない。ここではなるべく，京大とも，あるいは大学一般とも縁のない人にも興味をもってもらえるような仕方で，語ってみようと思う。自分は京大とも大学とも関係ないが，何だか面白そうだ。そう思ってもらえるように努力してみたい。なぜこうした話法を目指すのか。取り上げる事象はたしかに一大学の一部局で生じたことなのだが，そこには大学教育一般

を考えるうえで無視できない内容が含まれていると考えるからだ。

2 「研究を語る」とは何か

2-1 教育の問題

　私は2014年10月から2016年3月まで京都大学総合人間学部長／人間・環境学研究科長という立場にあった。真鍋さんが「〈研究を語る〉という教育理念を提示」した，と言っている（☞本書257頁）のは，その学部長／研究科長時代に私が行った提案のことを指している。在任中，「研究を語る」以外にもいくつか学部・大学院の教育についての提案をした。

　人間・環境学研究科の教員集団というのは，京都大学における教養教育（語学教育，理系基礎教育を含む広義の教養教育）の実施という重責を担っている。それは人間・環境学研究科，総合人間学部の前身が教養部であったことと深く関係するが[1]，ともかくこの教員集団においては，全員がほぼ平等に相当程度の教育負担を負っている。私が部局長に就任した当時，この教員集団内部では教養教育の意義についておよその合意が成立していた。すなわち教養教育には固有の教育的意義があること，そして教養教育はその意義をよく認識した教員集団（自分たち）によって担われるべきこと，という合意である。この合意に至るまでにはそれなりの歴史があるのだが，ここでは触れない[2]。ともかくこの時点では，この点について部局はほぼ一枚岩的なまとまりを示していたように思う。

　その前提に立ちつつ翻って部局固有の教育，つまり人間・環境学研究科や総合人間学部の教育をながめてみると，大変心もとない状況といわざるをえなかった。人間・環境学研究科は文系から理系まで幅広い専門を有するのが特徴だったが，個々の専門（ディシプリン）の多くは京都大学の他研究科にも存在しており（物理学は理学研究科に，社会学は文学研究科にあるなど），それらとどのように差異化していくかが長年の懸案事項であった[3]。

---

1) 人間・環境学研究科は1991年4月，総合人間学部は1992年10月に創設され，それに伴い，教養部は廃止された（1993年3月）。
2) この点については，高橋（2015a）を参照されたい。

2-2　総合人間学部

　他方総合人間学部もまた同様の課題を抱えていた。大学院教育の場合は（今述べた問題点はあるにせよ），ともかく個々のディシプリンの専門家を養成するという目標は確固として存在している。だが学部教育の場合はそうはいかない。たしかに，人によっては4年間の学部教育は研究者への道のはじまりという意味をもつ。その人にとっては，学部教育は大学院での勉学の準備にほかならない。しかしそのことを理由に学部側が「専門家養成」を教育目標とするわけにはいかない。学部は大学院に下属しているわけではないからだ。実際，学部の4年間を終えると大学と縁がなくなる人も結構いる。学部には学部固有の教育目標がなくてはならない。この学部は，4年間の教育によってどのような卒業生を世に送り出そうとしているのか。学生の側からいえば，総合人間学部で4年間学んで，他の学部とは異なるどのような学習をしたといえるのか。要するに，総合人間学部の学部としてのアイデンティティ如何の問題である。

　大学院と同じく多様な専門分野をもつという条件下にありながら，ここでは専門家養成という切り札が使えない。そうである以上，学部教育の方が問題としてはより深刻だったといえるかもしれない。いうまでもなく，学部創設以来，この種の問いに関してはさまざまな答えが試みられてきた。しかし現実を冷静にみるなら，「これが総合人間学部の教育の中心！」といえるようなものがみつかっているとはとても思えない。学生のあいだにも教員のあいだにもそのことについての不充足感が色濃く漂っている。これが学部長就任時点での私の率直な印象だった。

2-3　「研究を語る」というアイディア

　「研究を語る」というアイディアは，総合人間学部がそのような状況下にあるという認識のもとで，その状況打開の一助となるべく提案されたものであった。幸いこの提案は，その後引き継がれ，現在では，学部内でほぼ制度化されるまでに至っていると聞く。私は現行制度の詳細については承知していないので，ここでは提案時に提案者の頭のなかにあったことだけにフォーカスして語ることにしたい[4]。

---

3) これは人間・環境学研究科の教育機関としてのアイデンティティ問題だが，行論上本文ではこれ以上の言及は難しいので，簡単に補足をしておく。この問題については，「教養教育のできる研究者」を育成する研究科というアイディアを提示し，博士後期課程の大学院生に全学共通科目の教育実習を課すことを提案した。この提案内容は，現在「教養教育実習」という名称で人間・環境学研究科内で制度化されている。

　提案内容は卒業論文（ないし卒業研究，以下，一括して「卒論」と表記）に関するごく簡単なものだ。卒論を執筆した学生は，その内容を公聴会などで口頭発表し，その場で指導教員の指導を受ける。ここまでは，卒論を卒業要件としているどの大学のどの学部でも似たようなものだろう。総合人間学部においては，この通常の審査に加えて，自身の卒論の概要を，専門領域を異にする教員，つまりその専門に関してはまったくの素人に向かって語ってみるというプロセスを付加してみてはどうか。これが「研究を語る」という提案の骨子である。

　このアイディアがなぜ総合人間学部の現下の状況を打開することにつながるのか。この問いに答えるには，もう少し詳しく「研究を語る」を説明しておく必要がある。

2-4　異分野の専門家に向かって語る

　学生は卒論を書くにあたって，特定の専門分野の教員に指導教員になってもらい，指導・助言を受ける。そしてその専門分野で「論文」と呼ばれるものに近づけるべく努力を重ね，長い時間をかけて一つの研究を仕上げる。そのとき学生の頭から離れないのは，ともかく自分の書いているもののクオリティを上げるということだろう。クオリティが低ければ卒論審査をパスしないかもしれない。だからこそ専門家（指導教員）の胸を借りてクオリティを上げることに腐心する。

　他方「研究を語る」で求められるのは，これとはまったく別種の努力である。そこでは卒論が一応仕上げられていることが出発点となる。その書き上げられた卒論の内容を異分野の教員に説明せよ。これがそこで求められていることなのだ。説明の聞き手となる異分野の教員は，書かれた卒論の専門分野のことは何も知らない。その意味ではまったくの素人といってよい。しかしむろんただの素人ではない。その人は別の専門分野のプロであり，その知性の質は折り紙つきだ。つまり学生は，市民の知性を代表する聞き手に自分の卒論の説明をするという立場に置かれていることになる。

　学生は求めに応じて，硬い言葉で表現された内容をできるだけ易しい言葉で表現してみようとするだろう。しかしこの方式はなかなかうまくいかない。素人としての聞き手がまず知りたいのは，記述内容の詳細ではなく，卒論そのものの基本動機だからだ。なぜその問いを立てたのか，その問いを探究することにどんな意味があるのか，その問いは私（聞き手）と何か関係があるのか。これらの問いを素通りして，硬い言葉を柔らかい言葉に置き換えたところで，聞き手は少しも頷かない。

4）提案内容は高橋（2015b〔2017〕）にまとめられている。

2-5 基本動機を語る

基本動機を説明するにはどうしたらよいか。まずその卒論が置かれている専門分野の文脈を離れてみる。卒論の学術上の背景とか，先行研究とか，その分野の用語系とかをともかくいったんカッコに入れる。そのうえで自分の立てた問いをもう一度よくながめてみる。いうまでもないことだが，学術をカッコに入れたこの学生が立っている場所は，専門分野の外である。つまり「研究を語る」の聞き手がいる場所にほかならない。その場所からみて，自分の立てた問いが本当に意味ある問いとなっているか。そのことを徹底的に考える。平たい言葉でいえば，「だから何」「それがどうした」という素人ならではの不躾な問いに自らの卒論をさらしてみる，ということだ。

不躾な問いとの格闘の結果，意味ある問いになっていると確信がもてたなら，聞き手にその内容を披歴したらよい。聞き手と同じ場所に立って問いの有意味性を語るのだから，話はきっと通じる。聞き手との共通の土壌ができたなら，今度は安心して卒論内容の説明に入っていく。「研究を語る」の中心的な課題はこれでクリアされたことになる。

卒論指導を受けるとき，学生は指導教員およびその教員が代表している専門家の共同体にできるだけ近づこうとする。指導教員のようにその共同体の用語系を自在に使えるようになれば，卒論のクオリティは上がる。そのように考えているかのようだ。指導を受けるとはまさにこのようなことなのだろう。これに対し，「研究を語る」においては，学生は指導教員の影響圏からいったん遠ざかる。そして専門の外にいる聞き手の立ち位置に身を置き，そこから自身の研究を語ろうとする。このような仮想的な空間移動を通して，学生は自らの知的達成を専門外の他者の観点からながめる術を身につけていく。

2-6 学術を社会に返す

「研究を語る」が以上のようなものだとして，このプロセスにはいったいどのような教育上の意味があるのだろうか。

「研究を語る」というプロセスが加わると，卒論執筆者は否応なく，専門分野の外にいる他者の目に自分の研究がどう映るかを考えざるをえなくなる。そしてその他者に通じる言葉を必死で探そうとするにちがいない。それは要するに，卒論執筆者が自らの研究を相対化し，ふつうの人でもわかるようにする努力である。「ふつうの人でもわかるようにする」とは，やや大げさにいうなら，学術を社会にお返しする

（還元する）ことにほかならない。こうした努力の積み重ねは，学術を社会へ開くことに鋭敏な精神を育てるだろう。このことの教育的な意味は大きいのではないか。

　通常の卒論指導は，二者関係（指導教員−指導学生）の枠組みで行われるのに対し，「研究を語る」で想定されているのは，指導教員−指導学生−聞き手（異分野の専門家である教員）からなる三者関係の枠組みである。この三者関係において，社会への還元という意味でキーパーソンとなるのは，むろん聞き手である。聞き手は卒論内容に何らかの進展・深化を付与すべくそこにいるわけではない。卒論がふつうの人（専門外の人間）の目で見て意味あるものとなっているかをチェックすること。これが聞き手に期待されている役割である。聞き手がこの役割期待に十分に応えるなら，聞き手は指導教員とは別種の教育を当該学生に対して行っていることになる。

2-7　再び総合人間学部へ

　「研究を語る」の内容が確認できたので，このあたりで先ほどの問いに戻ろう。「研究を語る」は総合人間学部の現状を打開するための一方策として提案された。なぜ「研究を語る」が現状打開につながるのか。これが先ほどの問いだった。

　総合人間学部が抱える教育上の課題についてはすでに述べた。学部教育の固有性が問題なのだった。総合人間学部の有する多様な専門分野の多くは，他学部にも存在するので，専門分野ごとの教育によって固有性を主張することは難しい。総合人間学部の場合，学部教育の固有性は，専門分野の違いを超えて成り立つような教育内容のなかに見出すほかない。

　「研究を語る」はその候補となりうるのではないか。提案の時点で私はそのように考えた。これまで述べてきたように，この教育プログラムは，専門横断的な性格をもち，学部全体を包括する。加えて，学術を社会に開くという意味で，専門教育に欠けがちな環を補填する。となれば，「研究を語る」は，総合人間学部の学部教育の固有性を主張する有力な根拠となりうる。総合人間学部の学生はすべて二者関係での教育を受けると同時に，三者関係の枠組みでの教育を必須のものとして経験する。キーパーソンである聞き手とのあいだで，期待どおりのコミュニケーションがなされるなら，この学部固有のユニークな達成がなされたことになるだろう。

　以上が，「研究を語る」が総合人間学部の現状打開の一方策となりうると考えた理由である。

2-8　教養教育

　「研究を語る」の話の最後に，教養教育について触れておきたい。人間・環境学研究科の教員が全員教養教育を担当していることについては先に述べた。総合人間学部の教育も彼らによって担われている。

　教養教育とはひと言でいえば，「学術の専門家（教員）と，その授業のテーマに関して専門家になる可能性のほとんどない学生，という組み合わせでなされる教育」（高橋 2013: 53）のことである。この教育を成り立たせるために，教員サイドが満たさなくてはいけない条件が二つある。その一，自分自身の研究を本当に面白いと思ってしていること，その二，授業では，聞く側に知的触発が起こることを目指すこと。ここでは後者の条件に話を絞ろう。教養教育においては，当該の学術に関して，教える側と教えられる側のあいだに圧倒的な知的落差がある。一方は第一線の研究者，他方は（本章でいう）素人なのだから，これは致し方ない。教養教育の成否は，教員の側がこの知的落差という資源を有効活用できるか否かにかかっている。有効活用とは，この場合，講義を聞く学生の知的触発のためにこの落差を活用することを指す。知的落差を有効活用できれば，聞く学生のあいだに驚きや知的興奮が広がる。

　有効活用の意義を知っている教員は，より高い効果を求めてさまざまな工夫をするだろう。その工夫が空回りしないためには，相手をよく知らないといけない。聞く側，つまり学生の目に，自分の立てる問いや論理がどう映るかを正確に把握している必要がある。そうでないと，とんだ一人芝居に終わる。

　教養教育を担当する教員は，このように，一方で自らの研究を最前線で行いつつ，その研究を含む学術の成果を常に外側（専門の外）の視点からながめそして語る。ときには「だから何」「それがどうした」という不躾な問いを自らに課してみたりもする。そうでないと学生とのあいだで有効なコミュニケーションは行えないからだ。

　こう考えてくると，「研究を語る」の当事者として学生がしていることと，その学生の指導教員や聞き手が，教員として日々していることは質的に変わりがないことに気づく。学術の先端にいながら，同時に学術を社会に開く。総合人間学部は学部全体で同質のことを実行しているわけだ。

　このことを事柄の成り立ちに即してもう少し正確に表現しよう。いうまでもなく，総合人間学部／人間・環境学研究科の教員は，「研究を語る」が始まる前から教養教育に携わっていた。そのような場のただなかで「研究を語る」が構想されたのであった。そのような場でなければこの構想は生まれなかったにちがいない。教養教育は「研究を語る」のモデルなのだ。「研究を語る」の当事者である学生は，日々非専門家

（学生）に向かって語っている教員を一つのロールモデルとみなすにちがいない。このようにして学生と教員が同質のことに参与するという事態が実現していく。

3 「研究を語る」から総人のミカタをみる

3-1 「研究を語る」と総人のミカタ

ここまで「研究を語る」について語ってきた。その趣旨や構造について詳しく語ったのは，それらを参照点とすれば，総人のミカタへのコメントがしやすくなるのではないかと考えたからだ。一応準備ができたので，本題である総人のミカタの話に入ることにしたい。

総人のミカタの活動は 2017 年度に始まったと聞く。「研究を語る」の提案は 2015 年になされ，学部の実際の動きはそのあとに続いた。したがって，総人のミカタの始まりにあたって，「研究を語る」が多少の影響を与えたということはあったかもしれない。これまでの記述からわかるように，「研究を語る」は総合人間学部のアイデンティティ問題と深く関係する試みであるし，他方総人のミカタの活動もまた，このアイデンティティ問題抜きには語れない。また双方とも自分自身の研究を無関係な第三者に語るという発想を基盤にしており，その点にも似たものを感じる。この最後の点に着目すれば，総人のミカタも教養教育，つまり〈研究と無関係な第三者を相手にする教育〉を活動モデルとしているといってよいだろう。

ただいうまでもなく，場の設定はかなり違う。「研究を語る」では，卒論を書いた学生が専門外の教員を聞き手として語るのに対し，総人のミカタでは，大学院生が自身の研究を学部学生および専門を異にする大学院生に語る。総人のミカタの活動はプレ FD と位置づけられており，そこで行われている講義も模擬講義と呼ばれる。教員の行うほんものの講義の模擬という意味だ。「研究を語る」と同様，ここでも教員がロールモデルなのだが，場の設定が異なる以上，語られる内容や語り手の意識，話の方向性，あるいは事後の議論などに多少の違いが出てくるだろう。「研究を語る」サイドから総人のミカタをみようとするなら，この違いに目をつけることが賢明であるように思う。

といっても，実のところ，私自身は総人のミカタのことをよく知っているわけではない。総人のミカタの活動開始時には，私はすでに人間・環境学研究科の教員ではなくなっていた。そのせいもあって，総人のミカタの活動の実際については，活動報告書（人間・環境学研究科院生による総合人間学部生向け模擬講義企画「総人

のミカタ」運営委員会, 2018）や本書所収の論考などで知るだけである。ここでは本書に収められた論考を読んだ感想を記すことを主たる任務としたい。ここで感想というのは，個々の論考に対する感想というよりは，論考全体に対するそれである。今の段階では，論考を全体として捉えることの方が優先順位が高いと判断した。話はやや具体性に欠けることになってしまうが，ご容赦願いたい。

　私は総人のミカタのような学生諸君の自発的な活動に好意的である。「大変好意的である」といってもよいかもしれない。ただその価値評価を，これから述べることのなかに紛れ込ますのはあまりよくない。やはり事実と価値は分けた方がよい。そこで以下では，私自身の価値評価はわきにおいて，あくまで事実次元の話をしてみたいと思う。

3-2　学際への関心／教養教育への関心

　論考を通読すると執筆者たちの学際への関心の強さが印象に残る。各論考のテーマは多岐にわたるが，学際が中心テーマの一つであることはまちがいない。もう一つ印象的なのは，教養教育への言及がほとんどない点である。書かれた言葉だけで判断するなら，総人のミカタは教養教育についてあまり関心を抱いていない。

　総人のミカタの活動の主動機の一つが総合人間学部／人間・環境学研究科のアイデンティティ問題であること，また活動の目的が「総人・人環における交流の活性化」にあることなどを考えると，学際がキーワードになるのは当然なのかもしれない。さまざまな専門分野の学生諸君が，研究や教育を焦点として集合し交流するときに，学部・研究科の教育理念としての学際が話題になることは自然だろう。教養教育についての関心が低いことも，この論理で説明ができそうだ。教養教育については，学部・研究科の理念として公式に語られることが少ない。つまりアイデンティティ問題のテーマとしては認識されていない。だから低い関心にとどまっている，といったように。

　ところで先ほどから語ってきたことを振り返ってみると，「研究を語る」の構想においては，学際はテーマになっていなかった。また「研究を語る」が教養教育をモデルとして構想されたことも先に確認した。つまり「研究を語る」では，学際に対して関心が薄く，教養教育に対して熱い関心がある。総人のミカタと「研究を語る」はどちらも部局のアイデンティティ問題に端を発した試みであり，同じように第三者に語ることを活動の主内容にしている。また教員の教育実践（教養教育）が範型の意味をもつという点でもよく似ている。にもかかわらず，学際および教養教育へ

の関心という点では際立った違いを示す。念のためもう一度いっておけば,「研究を語る」では教養教育に対して高い関心があり,学際への関心は低い。他方総人のミカタでは学際に高い関心があり,教養教育への関心は低い。この違いには両者の構造の違いが絡んでいるように思える。一応そのように想定して,この違いを手がかりにして「「研究を語る」から総人のミカタを語る」という作業を進めよう。

3-3 聞き手としての大学院生

総人のミカタについて語るというのがここでの課題なので,総人のミカタについての問いを出発点とした方がよいだろう。総人のミカタにおいては,なぜ学際への関心が高く,教養教育への関心が低いのか。

総人のミカタでは毎回,模擬講義→フリートーク→検討会・フィードバックという順に進行するプログラムが組まれている。模擬講義を行う大学院生は,講義を始めるとき,「研究を語る」の卒論執筆学生と同じポジションに立っている。学部学生を主たる聞き手として,語り手が属する専門分野の「ものの見方」が明らかになるような話が期待されているようだ(人間・環境学研究科院生による総合人間学部生向け模擬講義企画「総人のミカタ」運営委員会, 2018: 2-4)。実際そのような心づもりで講義がなされるのだろう。

聞き手の方に目を移そう。模擬講義の聞き手のなかには,別の機会に模擬講義を担当する予定の大学院生もいる。その人たちは今講義をしている大学院生とは専門を異にするが,研究マインドを有する点,また講義担当予定者としての自覚がある点,そして何よりもそもそも大学院生であるという点で,学部学生とは区別される。模擬講義担当者−聞き手の大学院生−学部学生と並べてみると,聞き手の大学院生の位置は,学部学生よりは模擬講義担当者に近い。

3-4 学際の現実化

講義担当者と聞き手(の一部)との近接性は,講義後の議論や場の雰囲気に独特の影響を与えるのではないか。講義担当者からみれば,聞き手としての大学院生はたしかに専門外の人間だが,学部学生からみれば両者は明確に同じ括りに入る。そのことを自覚する聞き手としての大学院生は,専門外の人間としての質問やコメントと同時に,同じ講義担当(予定)者としての質問やコメントにも力を入れるだろう。学部学生との差異化を意識して,少しでも「気の利いた」あるいは「的を射た」質問やコメントをしようと思う人がいても不思議はない。

　本書に収められた諸論考を読むと，そこで実際に有意味なコメントや質問がなされることも多い様子である。専門外の人間が特定の専門分野にとって有意味なコメントを発している。こうした事態はそこに参加する個人のタレントによって支えられている側面もあるだろうが，制度の力も無視できないのではないかと思う。制度とは，この場合，総合人間学部や人間・環境学研究科において，学際という観念の正当性が共有されているということを指す。専門分野の垣根を越えて，あるいは専門分野の分化以前に遡って問いを発することには，学術上の意義がある。そのように考えられているからこそ，専門外の分野についての質問やコメントにも力が入るのだろう。

　ともかく学際観念の支援を受けつつ，質疑応答がなされ，的確なコメントが発せられる。そのことによって，観念でしかなかった学際がまさにその場で現実化することになる。学際観念がその場を下支えし，発言を促すのだが，発言がなされ，やりとりがなされるまさにそのことによって，学際観念の正当性が再生産されていく。その場にいてこのような循環を経験した人が，学際に強い関心を抱くのは当然であるように思える。

　総人のミカタの例会は，今みたようなかたちで，学際を中心に回っていくと想像される。大学院生たちにとっては，学際の実践すなわち専門の枠を超えた活発な議論は，研究次元の問題として把握されることだろう。ここには他研究科にはない，独自の研究の可能性が広がっている。講義後の議論が白熱すればするほど，研究マインドは大きな刺激を受ける。つまり総人のミカタでは，講義と研究は，学際というワードを介して密接不可分な関係になっているといってよい。そしてこの特徴は，講義担当者と聞き手（の一部）との近接性という，総人のミカタ固有の構造から生まれてくるものと考えられる。

3-5　研究との分離

　総人のミカタの上記の構造の固有性を確認するため，「研究を語る」に戻ってみよう。「研究を語る」は，むろん講義担当者と聞き手（の一部）との近接性という構造上の特性をもたない。聞き手は教員であり，語り手とのあいだにはカテゴリー上の区別がある。そしてこのことは，研究と「研究を語る」との分離という事態と相関している。

　「研究を語る」が，研究そのものの進展・深化を第一義としてはいないことについてはすでに触れた。聞き手にはその役割は期待されてはいないし，学生もまたそ

のことを十分自覚している。学生の立場からすれば，研究そのものの本丸は二者関係（指導教員−指導学生）にある。三者関係の教育においては，研究それ自体というよりは，研究の公共性とでもいうべきものがテーマである。学生が，「ふつうの人でもわかる」ことを念頭に置いて自らの問いや論理を精査するのは，まさにそのためである。ともかく「研究を語る」成立の前提は，二者関係と三者関係の分離である。両者の機能分化は明瞭である。

　ついでにいうと，教養教育を担当する教員についても同じようなことがいえる。彼らの場合も，まず自身の研究が先行する。そしてそれを背景にもちつつ，ときに「だから何」「それがどうした」という問いにまで遡りつつ講義を展開する。こうした問いに遡及し，聞き手（学生）たちの目に映る自分に敏感であることが，知的触発のカギである。このように，彼らにおいても，研究と講義は分離している。まず研究があり，そのあとに講義が来る。むろんときには聞き手たちの反応は研究にフィードバックされる。それは講義の醍醐味の一つといってよい。しかし，だとしても，研究と講義は二つの別の事柄である。

3-6　教養教育への関心の低さ

「研究を語る」と対比すると，総人のミカタの研究への傾斜が目立つ。両者は同じように教養教育をモデルにしているのだが，構造上の理由から道が分かれてしまうようだ。

　総人のミカタにおける研究ないし学際への傾斜は，教養教育への関心の低さという総人のミカタのもう一つの特徴と連動するだろう。専門家予備軍（大学院生）相互の専門の枠を超えた議論のなかに入ると，専門家予備軍総体の外からの声は発しにくい。まったくの素人の観点から，「だから何」「それがどうした」といった問いを提出することは憚られる。

　こうした問いが出されないまま議論が推移するということは，こうした不躾な問いなど「なくても平気」「あっては邪魔」，といった雰囲気を自ら作り出していることにほかならない。不躾な問いはそれ相応の重みにおいては受けとめられていない。少なくとも第三者の目にはそのようにみえる[5]。

　ところで教養教育においては，「だから何」「それがどうした」という問いが重要なのだった。こうした問いを尊重することで知的触発に通じる道が開ける。それゆえ，このような問いをスルーすることは，そうすることにおいて教養教育への関心の低さを表示することになってしまう[6]。

4 おわりに

　この章の前半では「研究を語る」について語り，後半ではその内容を参照しながら，総人のミカタについて語ってきた。総人のミカタと「研究を語る」は，いずれも総合人間学部と人間・環境学研究科のアイデンティティ問題にその起源を有し，教養教育を活動モデルとしながら，その構造上の違いから，学際と教養教育という面で対照的な特徴を示す。これが本章での結論であった。

　稿を閉じるにあたって，「研究を語る」が置かれたもう一つの文脈について触れておきたい。本章で総人のミカタを論じるとき，学際と教養教育の対比から出発した。私自身にとっては，この対比は，本書所収の諸論考を読んだ際の素直な反応にほかならないのだが，真鍋公希によると，この二つの概念の対比には相当長い歴史がある。真鍋は林哲介の論考（林, 2013）を下敷きにして，教養部時代から総合人間学部，人間・環境学研究科の設立を経て現在に至るまでの歴史を手際よくまとめた（真鍋, 2018）。その際真鍋は，この歴史を学際と教養教育という二つの焦点をもつ楕円軌道の歴史として描いた。二つの概念を軸に捉えるというこの認識は，教養部以来の長い歴史の本質をよく捉えているように思える。本章で紹介した「研究を語る」はその歴史のどこに位置づけられるか。真鍋によれば，「研究を語る」は，「〈学際〉から離れて〈教養教育〉へもう一度回帰しようとするもの」として理解されるという（真鍋, 2018: 10）。総合人間学部，人間・環境学研究科の設立以来学際が強調されてきたが，「研究を語る」においては，教養教育への揺り戻しが起きているというわけだ。

　この理解にさほど異論があるわけではないのだが，「研究を語る」を提案した当事者として，このアイディアには当初から新たな学際のイメージも込められていたことを強調しておきたい。

　「研究を語る」は，何よりも学部・研究科のアイデンティティ問題に関する提案だったが，実は当時，この提案に関してもう一つ考えていたことがあった。それは

---

5) むろんそのことは総人のミカタが初学者を軽視していることにはならない。むしろ逆だろう。たとえば村上絢一は，初学者の反応が本質的な問いを喚起させると述べる（☞第4章）。ただそこでいわれる「本質的な問い」と本文でいう不躾な問いとは，次元を異にしているように思う。

6) 先にも述べたとおり，私自身が総人のミカタについて保有しているデータは限定的である。本文では，教養教育への関心の低さを示すために，模擬講義の場を再現するような書き方になっているが，いうまでもなくそれは私自身の想像の産物である。その点お断りしておきたい。

総合人間学部，人間・環境学研究科設立以来の学際をめぐる研究・教育の歴史である。学部・研究科創設から二十余年のあいだ，さまざまな学際研究の試みがなされてきた。ときには組織を挙げてそれに取り組んだりもした。教育面でも副専攻の活用など多くの工夫がなされてきた。さらに総合人間学といった新しいディシプリンへの模索も行われた。それらの試みはいずれも貴重な内容を含むが，学部・研究科の中核を形成するうえでの決定打とはならなかった。そこで私は従来型のこうした学際にはいったん見切りをつけたらどうかと考えた。従来型に代わる新たな学際のあり方を考えたらどうか。学際を謳う部局が京都大学内にいくつも出現しているという現実も，この発想を後押しした。「研究を語る」は，こうした発想の延長上にも置かれている。「研究を語る」は，少なくとも教育面では，新たな学際の可能性を示していると考えたのである。語り手（卒論の書き手である学生）が異分野の専門家（聞き手である異分野の教員）との有効なコミュニケーションを目指すという意味で，「研究を語る」はたしかに学際をめぐる新たな構想の提示でもあった。

【引用・参考文献】
高橋由典（2013).「教養教育について今考えること」安達千李・新井翔太・大久保杏奈・竹内彩帆・萩原広道・柳田真弘［編］『ゆとり京大生の大学論――教員のホンネ，学生のギモン』ナカニシヤ出版, pp.52–56.
高橋由典（2015a).「はじめに」京都大学大学院人間・環境学研究科［編］『人環レビュー2013――教育研究活動の自己評価』, pp.4–5.
高橋由典（2015b〔2017〕)「「研究を語る」という教育課題――総合人間学部の新たな試み」臼田泰如・佐野泰之・瑞慶覧長空・須田智晴・寺山　慧・萩原広道・渡邉浩一［編］『学際系学部の教養教育 報告書――教員にとっての学際／学生にとっての学際』京都大学大学院人間・環境学研究科 学際教育研究部, pp.50–57.
人間・環境学研究科院生による総合人間学部生向け模擬講義企画「総人のミカタ」運営委員会［編］(2018).『「総人のミカタ」活動報告書　2017年度前期～2018年度前期』京都大学大学院人間・環境学研究科 学際教育研究部〈https://repository.kulib.kyoto-u.ac.jp/dspace/bitstream/2433/235245/1/sojin_mikata_2017-2018.pdf（最終確認日：2022年4月26日）〉
林　哲介（2013).『教養教育の思想性』ナカニシヤ出版
真鍋公希（2018).「「総人のミカタ」について――部局の歴史における位置づけと中心理念をめぐって」人間・環境学研究科院生による総合人間学部生向け模擬講義企画「総人のミカタ」運営委員会［編］『「総人のミカタ」活動報告書――2017年度前期～2018年度前期』京都大学大学院人間・環境学研究科 学際教育研究部, pp.5–15.

第1部
「学際性」を育て合う

第3章

専門分野の底流にあるものとしての〈学際〉

萩原広道〔発達科学・作業療法学〕

　総人のミカタでは，それぞれの専門分野に身を置く大学院生が，学部生への模擬講義というコンテンツを共有しながら活動に携わっている。複数の専門分野の大学院生が協同しているのだから，それはまさに学際的な取り組みだと思われるかもしれない。しかし，ミカタにおける学際の本質は，「単に複数の専門分野が協同すること」とはおよそかけ離れたところにある。すなわち，ミカタが目指す〈学際〉とは，「自分の専門分野が，異なる専門分野との相互依存関係のうえではじめて成り立っている」ということを前提として，「学問全体の地平を表現する多様な「学問の地図」を描くことを通じて，自己の専門分野とは何かを問うこと」をいう。本章では，専門分野は自立的である一方で，学際は付加的であるとする従来の学際観に対し，専門分野と学際との関係性を転倒させた新しい学際のあり方の可能性を探っていく。そして，これをさらに深め定式化したミカタなりの〈学際〉を提起し，具体的なやりとりと現状での限界に触れながら，このような〈学際〉観がもつ意義や価値について論じる。まだ試論の域を出ないが，従来の見解がもつ位置から，学際の概念の重心をずらすことに専心したい。

1　専門と学際

　学生として学問に触れたことがあれば，自分の専門分野を答えたり，所属する学部や学科がどんな専門分野から構成されているかを説明したりするのにさほど困難は生じないだろう。知っている専門分野の名前を挙げよといわれたら，文学や化学など「○○学」と呼ばれる何かしらの名称が頭に浮かぶはずだ。もう少し細かく，物性物理学や公共政策学などと答えたり，保育学や経営学など，より実学的な専門分野を挙げたりする人もあるかもしれない。

専門分野（discipline）とは，特定の探究対象，概念と理論，および方法論をもった知識の集合体あるいはそれらを共有する特定の学術集団をいう（Repko & Szostak, 2016）。さらに，それらの知識の集合体は教授可能であることが前提とされる（CERI, 1972）。専門分野はそのまま学部や学科の名称とされることも多く，研究者のコミュニティ，すなわち学会を見渡しても，専門分野の名前を冠するものが大半を占める。このように，専門分野ははっきりとした輪郭をもつ学問の単位として扱われる。

これと対置される用語に「学際（inter-disciplinary）」がある。学際は，「世界の国々が関わり合う様子を「国際」と表現するように，いくつかの異なった学問の専門分野が関わる様子を意味する言葉として生まれた」（赤司, 1997: 11）。つまり，複数の専門分野（discipline）のあいだをつなぐ（inter-）営みを，最も素朴な意味で学際という。今日，特に inter-disciplinary として学際を語るときには，いくつかの専門分野が単に相互作用するだけでなく，相互作用のなかで知が統合される過程にいっそうの力点が置かれており，これを強調するために「異分野融合」などの用語が好んで使われている。また，学際の概念をより明確にするために，異分野協同のあり方を区分することもある。たとえば，多様な専門分野が並置されているだけで，共通の対象や目的に対してそれぞれにアプローチするような「タテ割り」的な異分野協同を multi-disciplinary，「産学連携」のように学問の外側にある活動と学問的な専門分野とが相互作用する異分野協同を trans-disciplinary と呼ぶ（de Greef et al., 2017）。

筆者は当初，さまざまな専門分野が交流し合って新たな知を生み出すというこの学際の概念に非常に魅力を感じていた。しかし，「総人のミカタ」（以下，ミカタ）への参与を通じて，従来の学際のあり方に疑問を抱くようになり，ついにはその捉え方が大きく変わってしまった（なお，学際にまつわる筆者の原体験は萩原（2014）を参照）。本章で取り組む学際の概念的再考は，このような筆者自身の体験が背景にある。さて，本章では以下のように議論を進める。まず，2節では，学際的な態度や活動が重視される理由と，それらが批判される文脈について簡単に触れる。次いで，3節では，専門分野は自立的である一方で，学際は付加的であるとする従来の学際観に対し，専門分野と学際との関係性を転倒させた新しい〈学際〉のあり方を探る。4節では，ミカタにおける〈学際〉の実践について，事例や限界に触れながら論じる。まだ試論の域を出ないが，従来の見解がもつ位置から，学際の概念の重心をずらすことに本章では専心してみたい。

2 学際の理想と現実：言うは易く行うは難し

　一般に，あらゆる専門分野は，人文科学，社会科学，自然科学の三つに大別される。学際の概念は，このうち社会科学に端を発するとされ，やがて学問全体に関わる概念として発展した（渡邉ほか, 2017）。たしかに，環境問題や人種差別などの社会問題を解決するためには，単一の専門分野だけでなく複数の専門分野が協同することが急務であり，したがって，社会科学に属する専門分野は特に学際への動機づけが高かったといえる（三菱総合研究所, 2012）。加えて，学際は特定の研究領域の重要性や意義を主張するための売り文句として，学問全体のあらゆる場面でもてはやされるようになった。赤司（1997）は，これを「暖流と寒流とが出合う場所に多くの種類の魚たちが集まり，豊かな良い漁場ができるように，異なったものどうしが出合う「際」には，新しい創造の鍵や現実問題打開の道があるのではないかと考えられてきた」と説明している（赤司, 1997: 44）。専門分野の細分化が進み，分野間の自然な相互交流が希薄になってしまった現代の学問において，学際的な態度や活動は現実の問題を解決するために必要かつ重要であり，学問が発展するための新たな源泉たりうるとして大いに期待された。実際に，「総合科学」「メディアコミュニケーション」など，学際を売り文句とする学部や学科も多く新設された（隠岐, 2018）。

　一方で，いざ学際を実践しようとすると，研究者はさまざまな困難に直面することになった。中根（1988）は，学際を標榜する研究会やシンポジウムに行くと，軽率かつ中途半端に異分野に手を出してしまう研究者や，自分の専門分野に浸りすぎて異分野の研究者とうまくやりとりできない研究者をよくみかけると嘆いている。前者は往々にして自分の専門が疎かになりがちで，後者は自分の専門分野を特権的に扱ったり，異分野には通じないジャーゴン（専門用語）を並べ立てたりする。中根は，いずれの研究者も真の学際的な態度からはほど遠いと一蹴し，学際研究を遂行するための条件として，各研究者がしっかりとした専門分野をもつこと，そのうえで，各専門分野に特有の用語や概念，基本的アプローチの特徴を異分野の研究者に適切に伝えることの2点が必要だと主張した。

　また，宮野（2019）は，さまざまな専門分野の研究者を単に同じテーブルに座らせて議論させたところで，異分野の知見が統合されるような学際など到底生じないと鋭く指摘し，学際の達成が容易ではないことを主張している。酒井（2019）も，学際を標榜する「総合人間学部」が京都大学に新設された当時を回顧して，教員側

に専門分野の細分化が加速することへの危機意識はあったものの，その流れに抗する「異分野融合」を可能にするような教育の具体的なイメージがなかったために，入学してきた学生からは抗議の声が上がったと述べている（学際と学士課程教育との関連については，渡邉ほか（2017）を参照）。

　かくして，現実の学際は往々にして，本来の「各専門分野の相互作用をもとにした知の統合」という理念に比べると中途半端な形態に陥りがちとなった。単なる意見交換会や，一過性の共同研究，学際を謳っておきながら実際には内部で没交渉になっている組織など，「学際風」な光景がそこかしこに見受けられるようになった（筆者自身もこの光景をよく目にする）。加えて，肯定的か否定的かを問わず単なる印象だけで異分野を評し合ったり（「哲学をやっている人は何でも知っていてすごい」など），自分の専門分野のなかだけにとどまったまま異分野の概念や方法論に手を出したために，誤った解釈がその専門分野のなかで流通し定着してしまったりすることもある（統計学の誤用など）。このような現状を目の当たりにして，学際への憧れがいつしか失望に変わり，もとの専門分野に帰巣した研究者も多いことだろう。

3　学際の重心をずらす

3-1　学際の実践は専門分野の細分化を加速させる

　学際は，個々の専門分野では太刀打ちできない喫緊の問題を解決する糸口であり，また，新たな知を創造する可能性を秘めた原石であることを示す用語として，さまざまな研究領域の売り文句にされてきた。たとえば，日本認知科学会の Web ページ [1] には，「日本認知科学会（Japanese Cognitive Science Society）は「知」の総合的な科学を構築するための学際的な研究交流の場として 1983 年に設立されました。心理学，人工知能，言語学，脳神経科学，哲学，社会学などさまざまな背景をもつ会員が知の総合科学を目指して，活発な研究活動を行っています」とある。国が推進する「卓越大学院プログラム」という大学院改革プログラムの公募領域にも「文理融合領域」「学際領域」が設定されている（文部科学省, 2019）。

　たしかに，専門分野の細分化が加速し，自分の専門分野のなかに閉じこもることへの窮屈さを感じていた研究者にとって，学際の謳い文句はさぞ魅力的だったことだろう。その一方で，専門分野の細分化こそ，学際の賜物だともいえる。学際が

1）https://www.jcss.gr.jp/joinus（最終確認日：2022 年 5 月 16 日）

たしかに達成されたといえる典型的な成功例は，複数の専門分野の「際」に新たなニッチを形成すること，すなわち新たな専門分野を創造することにほかならないからだ。認知科学はその好例といえる（筆者の専門分野である発達科学の教科書に『発達認知神経科学』（ジョンソン & デ・ハーン, 2014）があるが，これもその一例といえるだろう）。真剣に学際を達成しようとすれば，皮肉にも専門分野の細分化が加速してしまう。専門分野がこれほどまでに細分化され，乱立している現状は，学際をもてはやした必然の結果ともいえるのだ。

　なかには，新たな専門分野の誕生によって，淘汰され解体される専門分野もあるかもしれないが，実際にはなかなかそうはならない。一度確立してしまった専門分野には，それまでの蓄積としての知識の集合体があり，さらにそれらを継承・発展させるための社会的共同体（学部や学科，学術団体など）があり，そしてそこに参与する研究者や学生がいる。これらすべてが新しく誕生したニッチに流れ込むことはそうそうないので，多少やせ細りしたとしても，既存の専門分野は一定の割合で生き残る場合が多い。たとえば，心理学の各種学会の連携を図る日本心理学諸学会連合という組織には，2019 年 7 月現在，大小合わせて 55 もの学会が加盟している（日本心理学諸学会連合, 2019）。やはり学際を実践すればするほど，同時に専門分野の細分化にも貢献してしまうのだ。

3-2　「専門が先，学際はあと」は自明か？

　これまでみてきたとおり，学際とは一般に専門分野の存立を前提としている。しかし，確固たる専門分野の上に，それら同士の相互作用である学際が成り立つという見解は，そもそも自明だろうか。もう少し問いを絞ろう。個々の専門分野が「自立的である」とは，どのような状態をいうのだろうか。

　この問題について考えるために，熊谷 (2013) の「依存先の分散としての自立」という概念を紹介したい。彼は，依存と自立という二つの概念が対義的に扱われることを踏まえたうえで，逆説的にもみえる以下のような主張を展開している。

　　そして私の考えでは，多くの人が「自立」と呼んでいる状況というのは，何ものにも依存していない状況ではなく，「依存先を増やすことで，一つ一つの依存先への依存度が極小となり，あたかも何ものにも依存していないかのような幻想を持てている状況」なのである。（熊谷, 2013: 113）

　たとえば，2階建ての建物の1階に，車椅子で移動する障害者と，定型発達者の二人がいたとしよう。前者が2階に行くには，原則エレベーターに乗るほかない。一方で後者には，エスカレーターや階段という選択肢もある。利用できる環境の「支え」が多いのだ。熊谷はこのような事例を取り上げて，前者を「ひとつの依存先への依存度が大きい状態」，後者を「依存先が多く個々の依存先への依存度が小さい状態」と説明する。そして，自立している状態とは，この「依存‐支え」の関係が潜在化しているために，自分が普段どのような支えに依存しているかに無自覚でいられるような状態のことを指すという。

　「自立している」といわれる人が，この「依存‐支え」の関係を自覚する瞬間がある。災害などの非常時だ。この状況下では，いわゆるインフラに相当する水道や電気，情報網など，環境における「支え」の多くが機能不全に陥る。自分は自立していると思っていた人びとは，このときはじめて，「自分たちの行為や知覚が，いかに脆弱で不公平な支えの上に成り立っていたか」に気がつく（熊谷, 2013: 111）。

　文脈は大きく異なるが，筆者は，専門分野の自立性に対しても，熊谷が主張する自立のあり方が当てはまると考えている。つまり，専門分野が「自立的である」とは，本当に他の専門分野から切り離され独立しているということではなくて，他の専門分野との相互的な依存関係が潜在化し，表層からは知覚されなくなっているために，見かけ上あたかも独立しているかのようにみえる地位を得ている，ということだ。少し考えてみれば，これは当たり前だと気づく。たとえば，心理学に習熟しようとすれば，通常は知覚心理学や進化心理学，発達心理学などの下位分野について，一定水準の教育を受けることになる。そして，このうち知覚心理学では生理学や神経科学などの，進化心理学では生物学や動物行動学などの知見をそれぞれ参照しながら教育がなされるのだから，これらの下位分野は異分野と分かちがたく関連し合っている。こうした専門化される教育の過程を追えば，心理学が他の専門分野から完全に自立しているとは到底いえない。程度の差こそあれ，哲学や数学のような，より伝統的な専門分野も同様と思われる。個々の専門分野は，学問全体の地平を構成する複雑に編み込まれたネットワークの「部分」であって，相互に依存し合い，もたれ合っている。もし，その部分だけを全体から完全に切り離してしまったら，その専門分野はもはや存続できないだろう。

　個々の専門分野に明確な輪郭があり，ゆえにその境界に「際」が生まれるという前提は，従来の学際では自明視されてきた。しかし，そのような輪郭は，実のところ曖昧で脆く，見かけ上のものにすぎない。つまり，専門分野の存在が常に学際に

先行するのではなく，少なくとも「学問全体の地平で相互に依存し合いながら個々の専門分野が存在している」という点においては，むしろ学際が専門分野に先行する。なお，本章とは異なる理路によってではあるが，宮野（2019）も，専門分野のうえに学際が成り立つという従来の学際のあり方に懐疑を向けている。

3-3　infra-disciplinary として〈学際〉を捉える

　従来の学際は，専門分野を堅固なものと考え，その存立を自明視してきた。これに対し，「それぞれの専門分野は，異なる専門分野との相互依存関係のうえではじめて成り立ちうる」というように，専門分野を明確な輪郭のない曖昧なものとして捉え直してみると，学際の概念にもおのずと修正が要請される。考えうる修正案の一つは，おそらく次のようになろう。すなわち，「一見すると自立しているかのように振る舞う専門分野同士の，表面からは知覚されないもたれ合いの関係を顕在化する行為を，新たに学際と呼べるのではないか」というものだ。別の言い方をするなら，学際とは，学問全体のネットワークのなかで，個々の専門分野がどのように位置づけられるのかを知る過程であるといえる。このような新しい学際の見方を，従来のものと区別して〈学際〉と表記しておこう。この〈学際〉は，専門分野同士の底流にある表層からはみえない相互の関係性に着目し，これを前景化するという意味で，infra-disciplinary と呼べるかもしれない。後述する論点も含めて，従来の学際と本章で提案する〈学際〉との対比を表 3-1 にまとめておこう。

　ちなみに，学問全体のネットワークの可視化は，計量書誌学などですでに試みられている。具体的には，ある論文が異分野の学術雑誌でどのくらい引用されたかや，論文の共著者の所属組織がどのくらい多様かといったことを指標として用いることで，専門分野同士のもたれ合いの関係を調べる類のものだ。たとえば，文部科学省の科学技術・学術政策研究所（2018）は，脳・神経疾患研究や素粒子・宇宙論研究といった研究領域同士の関係性を「サイエンスマップ」として図示している。また，分野横断型の学術雑誌を対象に相互の引用状況を調べることで，どの専門分野同士が win-win の関係にあるかといったことを調べた研究もある（Larivière et al., 2015）。

　ほかに，研究キーワードの一致・不一致という指標を用いて，学問全体のネットワークを図示しようとした例もある。京都大学学際融合教育研究推進センター（2018）は，約 1,800 人の研究者から収集した研究キーワードをもとに，専門分野同士のつながりを「Schola Scope」として可視化した。これによって，たとえば生態

表3-1　従来の学際とミカタにおける〈学際〉の対比

	従来の学際 inter-disciplinary	ミカタにおける〈学際〉 infra-disciplinary
概要	複数の専門分野が相互作用することを通して，既存の知を統合し新たな知を生み出すこと	専門分野同士のみえない依存関係を顕在化することを通して，自己の専門分野とは何かを問うこと
専門分野の自立性	自明（堅固で明確な輪郭をもつ）	非自明（実は曖昧で脆い）
異分野との相互作用	付加的（確固たる専門分野の上に学際が成り立つ）	前提（異分野とのもたれ合いの上に専門分野が成り立つ）
期待される成果	・単一の専門分野だけでは太刀打ちできない問題を解決する ・学問の発展に寄与する新たな知の源泉を生み出す	・自分の専門分野の「よき案内人」になる ・異分野の特質を適切に測量する能力を育む
問題点・課題	・内実を伴わない中途半端な形態に陥りやすい ・専門分野の細分化を加速する	・体系的な教育プログラムが整備されていない ・培われた能力が汎用的とは限らない

学や文化人類学は多様な専門分野をつなぐハブになっていることや，「気候変動」に関心を寄せている研究者は大気科学や気象学に限らず，宗教学や国際関係学などの分野にも存在することなどが示唆された。

　ここで紹介したような，専門分野同士のネットワークを可視化する試みは，学問全体の地平を大雑把に見渡したり，専門分野の「カタログ」を作ったりしたいときにはそれなりに有効だろう。けれども，可視化のために使用された指標そのものは，何回引用されたかとか，同じ研究キーワードを使ったか否かというように，専門分野同士の関係性のごく一側面を取り出しているにすぎず，上で述べた〈学際〉の実践としては不十分である。当然，専門分野同士の知覚されない関係性を知るためには，もっと多様な指標の選び方があるはずで，調べたい専門分野同士の関係性に応じて，適切な指標も異なってくると考えられる。たとえば，国際的な学術雑誌の引用状況をいくら詳しく調べたところで，日本文学と哲学の関係はほとんどわからないだろう。したがって，現在提案されている学問のネットワークから，ただちに個々の専門分野を特徴づけるものは何かを論じたり，ある専門分野を他の専門分野から区別する要因を特定したり，ある専門分野があたかも自立しているかのように振る舞っているのはいかなる異分野との関係性によるものなのかを明らかにしたりすることは不可能といえる。

4 「総人のミカタ」における〈学際〉の実践

4-1 専門分野同士の関係を知るための「測量技術」を磨く

　前節では，それぞれの専門分野同士の潜在的な関係性を前景化する営みを，新たな〈学際〉として提起した。しかし，このような関係性を知るための既存の指標はきわめて一面的であり，多様性に乏しいことを確認した。

　では，ミカタはどのように〈学際〉を実践しようとしたのか。ミカタは，専門分野同士の潜在的な関係性を顕在化するための「測量技術」を磨くことに注力する道を選んだ。つまり，参加する学生が，それぞれの専門分野がもつ相互の関係性を浮き彫りにするために，どのような点に着目すればよいか探索したり，多様な指標の立て方を学んだりする行為そのものを，〈学際〉の実践と結びつけたのだ。その際，探究の対象や志向性，方法論などを切り口にすることが有効な場合もあれば，別の専門分野の特徴や概念を補助線として用いることで，ある専門分野同士の関係をうまく整理できる場合もあるだろう。このような〈学際〉の実践は，学問全体のネットワークを最初から俯瞰的にながめようとする態度とは一線を画する。いうなれば，ミカタにおける〈学際〉の実践とは，専門分野同士の関係を実地で測るような行為なのだ。ミカタでは，模擬講義，院生質疑，検討会，異分野ディスカッションなどのさまざまな段階で，このような測量の機会を幾度も設けている。

　特に大学院生にとって，このような〈学際〉の実践は，自己の専門分野を相対化し，学問の地平における自己の専門分野の位置取りを更新していく営みにもなる。ミカタのある回では，文化人類学と海洋生物学との関係性を知るために，「探究の現場としてのフィールドワーク」という視点から議論が展開された。海洋生物学を専門とする大学院生は，講義後のコメントで次のように述べている。

　「天候」に左右される自然系フィールドワークに対する，「人」に左右される文系フィールドワーク。人との交渉や駆け引きは本当に難しそうだと思いましたが，その大変な実地調査のお話を熱を込めて語る福田さんは楽しそうで，フィールドワークに対する熱意を感じました。文理それぞれの，一見縁遠いフィールドワークにも，たくさんの共通点がある。現地に行って，その人たちの暮らしに溶け込む。海に行って，海洋生物と同じ潮の満ち引きのリズムで行動する。ちょっと無理やりでしょうか？　「あの土地が好き」「あの人たちの生活が気になる」「海が綺麗」「あの生き物の形の意味は？」気になるから，好き

だから，その土地に飛び込む。机上に本とペンを投げだして（フィールドノートはしっかり持って）現地に飛びこんだ探求者の考え方は，意外と似ているのかもしれないと思いました。（福田ほか, 2018）

　フィールドワークという研究プロセスを切り口として専門分野同士の関係性を測った結果，この大学院生は，自身の専門分野を相対化するとともに，自身が研究活動に駆り立てられる理由をメタな視点から捉えようと試みている。実際の研究活動だけでは，データ収集や論文執筆などに追われてしまい，このような視点は往々にして失われていくだろう。それに対して，〈学際〉の場は，自己の専門分野に対する捉え方を更新し，さらには「なぜ研究するのか」という問いをめぐり，自己の内面と対話する機会をも拓く。学問の地平を実地で，一人称的に探索しながら測量技術を磨くというミカタ流の〈学際〉の実践は，より深く「自己の専門分野を知ること」につながるのだ。

4-2　〈学際〉はわれわれに何をもたらすか
　〈学際〉の実践がもたらす利点には，少なくとも次の2点が挙げられる。一つめは，研究内容を単に平易に説明することを超えて，自分の専門分野の特質を，外部の人びとに対して適切に表現できるようになることだ。二つめは，単なる印象論を超えて，ある専門分野と特定の異分野との違いを適切な指標を用いて測量できるようになることだ。ミカタでの事例を挙げつつ，順にみていこう。

1）自分の専門分野の「よき案内人」になる
　そもそも〈学際〉を実践するためには，自分の専門分野は堅固に存立するという錯覚から身を剥がす必要がある。そのための最適な方法は，上述したように，非常事態に身を投じることだ。ミカタの場合，模擬講義や院生質疑などでのやりとりのなかで，専門分野のなかに安住しているときには起こらない非常事態が発生する。社会学を専門とする大学院生は，模擬講義の反省点を以下のように述べている。

その中でも，私自身が一番痛感したこととしては「講義の内容が抽象的で，にも関わらず具体例がきちんと示されていない」ということです。（崔・浪花, 2019）

　社会学では，抽象度の高い理論や概念を扱うことは常態で，特に具体例がなくとも問題なくコミュニケーションが成り立つという。また，具体例のつもりで話している事柄が，依然として抽象度の高い話にとどまっていることもあるようだ。このような分野の特徴は，専門分野の常識がまかり通らない状況に直面してはじめて当人に自覚される。模擬講義としては反省点だろうが，それと引き換えに，彼は自分の専門分野の特徴を表現する指標として，「抽象−具体」という切り口を獲得したともいえる。

　異分野の大学院生や特定の専門分野をもたない学部生と接触するなかで，大学院生は，自分の専門分野はどのような特徴をもって記述できるか，専門分野外の他者に自分の専門分野をよく理解してもらうにはどうしたらよいか，といったことを模索する必要に迫られる。これこそ，自分の専門分野と異分野との潜在的な関係性をうまく測量する技術を養うことにほかならない。自己の専門分野を相対化することを通じて，自己の専門分野を特徴づけるうまい表現や指標，あるいは専門分野の本質と呼べるようなものが見出されることが期待される。

　ただし，このようなメタな視点の涵養が，模擬講義を一度担当するだけで本当に可能なのは定かでない。また，模擬講義において，話術やパフォーマンスの巧みさのために非常事態が発生しないままやり過ごされてしまった場合や，異分野ディスカッションにおいて，適切な比較指標を設定できなかったために専門分野の表面的な特徴を単に並置するだけになってしまった場合にも，このような測量技術は培われないだろう。これらの問題点に対して，ミカタはまだ十分な対策を講じられていない。

2）異分野の特質を適切につかむ

　ミカタでは，専門分野同士の関係性を浮き彫りにするために，特定の指標をその場でこしらえることが要求される。たとえば，歴史学の模擬講義における院生質疑で，無機材料化学を専門とする大学院生は次のような切り口を見出した。

　　私が専攻する無機材料化学は，様々な元素の組み合わせから生み出される無機材料の物性について研究する学問である。根底には研究を進める上で欠かせない「元素周期表」がいわゆる海図として存在しており，それに従ってユニークな物性を見いだすことで我々の生活を豊かにするような新規（奇）材料を開発することを目的としている。［…］無機材料化学では周期表にあたるものが

歴史学では何に相当するのか，そしてそこから何を目指しているのかということが気になり質問した。（奥田・北川, 2019）

　このように，異なる専門分野の特質を理解する測量手法の一つとして，自分の専門分野における基本概念や研究プロセスに対応するような，異分野の要素を突き止めることが挙げられるだろう（なお，筆者自身も，哲学と発達科学とを対比するなかで類似の体験を得た。これについては谷川・萩原（2019）にて論じた）。

　異分野の特質を，適切な指標に基づいて測量し抽出する力を養うことは，自分の専門分野における価値観のみによって異分野を暴力的に評価することを防止すると考えられる。自分の専門分野で重視される評価項目が，異分野でも同様だとは限らない。この一見すると当然の事実を，研究者は往々にして見落としてしまう。たとえば，広島大学では「徹底した大学のモニタリング」と称して，各教員の研究や教育の成果を数値化し，それによって大学全体の目標達成度合を明確化しようと試みている [2]。しかし，数値化の根拠となる指標は，国際的な学術雑誌に掲載された論文数や，外部から獲得した研究資金額，留学生の受け入れ人数というような，特定の（主に理工系の）専門分野の評価基準にひどく偏ったものだ。異分野の事情を考慮せず，自分の専門分野の見方のみによって学問全体を測ることは，「学問の共生」を脅かしかねない。

　なお，専門分野同士の関係性を見出すような測量技術の涵養について，体系だった教育プログラムが実装できているかといえば，現状のミカタはまだその段階にない。また，測量に用いられる多様な指標を整理したり，どのような場合にどの指標が有効であるかを特定したりすることも今後の課題といえる。さらには，学問の地平におけるこのような〈学際〉の実践が，学問の外側でも利用できるような汎用性の高い教育効果をもつかという問いも，議論する余地があろう（大学教育における「型」の習得とその汎用性については，坂本（2017）が論じている）。

　以上，〈学際〉の実践がもたらす二つの実りについて，ミカタでの事例を挙げながら考察してきた。専門分野間の関係性を見出す測量技術の涵養は，自分の専門分野の，または異分野の特質をうまく把握し表現する能力の修得につながる。このような能力こそ，「知の統合」を目指すような従来の学際を実践するために，研究者に求

2）広島大学「徹底した大学のモニタリング」〈https://www.hiroshima-u.ac.jp/sgu/page02_02（最終確認日：2022 年 4 月 26 日）〉

められてきた資質にほかならない（佐野ほか, 2017）。そして，〈学際〉を実践することは，中根（1988）が問題視したような中途半端な学際研究者を生むことをも防止するだろう。従来の学際を目指す代わりに，別の〈学際〉的な態度の養成を希求した結果，逆説的にも，従来の学際を実践しうる研究者の土壌が形成されるのだ。

5　おわりに

　専門分野の自立性そのものに疑いの目を向ける〈学際〉の概念は，従来の「知の統合」を掲げた学際の概念に比べると何だか後ろ向きな印象を与えるかもしれない。本章で提起した〈学際〉は，自己の専門分野と異分野との比較や関係性の認識を強く要請する一方で，異分野との共同研究や融合を求めているわけではないからだ。それでも，〈学際〉の実践は，学問の明るい将来に寄与すると筆者は信じている。その意味で，ミカタの取り組みは，研究者や大学人に勇気を与える活動であると思われるが，それは贔屓目のすぎる見解だろうか。

【引用・参考文献】
赤司秀明（1997）.『学際研究入門──超情報化時代のキーワード』コスモトゥーワン
隠岐さや香（2018）.『文系と理系はなぜ分かれたのか』星海社
奥田俊介・北川裕貴（2019）.「「外交史研究」とは何か？（2019年5月16日実施）」〈https://sojin-no-mikata.jimdo.com/ 講義/2019年度前期/5-外交史研究-とは何か/〉（最終確認日：2022年4月26日）〉
京都大学学際融合教育研究推進センター（2018）.『ナビスコラに回答頂いた研究者たちはどの分野に？』〈http://www.cpier.kyoto-u.ac.jp/update/navischola_to_researcher/〉（最終確認日：2022年4月26日）〉
熊谷晋一郎（2013）.「依存先の分散としての自立」村田純一［編］『技術──身体を取り囲む人工環境』東京大学出版会, pp.109-136.
酒井　敏（2019）.『京大的アホがなぜ必要か──カオスな世界の生存戦略』集英社
坂本尚志（2018）.「専門教育は汎用的でありえるか──ジェネリック・スキルとバカロレア哲学試験」藤本夕衣・古川雄嗣・渡邉浩一［編］『反「大学改革」論──若手からの問題提起』ナカニシヤ出版, pp.171-187.
佐野泰之・萩原広道・真鍋公希・谷川嘉浩・杉谷和哉・須田智晴・近藤　望（2017）.「学際性を養成するプレFD──京都大学大学院人間・環境学研究科における院生発案型プレFD「総人のミカタ」をめぐって」『大学教育学会2017年度課題研究集会』, 16.
ジョンソン, M. H., & M. デ・ハーン／鹿取廣人・鳥居修晃［監訳］／鹿取廣人・鳥居修晃

・望月登志子・岡田　隆［訳］(2014).『発達認知神経科学　原著第3版』東京大学出版会（Johnson, M. H., & M. De Haan（2010）. *Developmental cognitive neuroscience: An introduction.* 3rd ed. Wiley-Blackwell.)

谷川嘉浩・萩原広道（2019）.「哲学研究が共同研究に関わること――アナログゲーム制作／研究プロジェクトの事例を通じて」『フィルカル』*4*(1): 370–389.

崔昌幸・浪花晋平（2019）.「「公共」とは何だろうか（2019年5月9日実施）」〈https://sojin-no-mikata.jimdo.com/ 講義/2019年度前期/4-公共-とは何だろうか/（最終確認日：2022年5月16日）〉

中根千枝（1988）.「学際研究とは？」『学術月報』*41*(8): 5.

日本心理学諸学会連合（2019）.「加盟学会」〈https://jupa.jp/category2（最終確認日：2022年4月26日）〉

日本認知科学会（n.d.）.「日本認知科学会について」〈https://www.jcss.gr.jp/about（最終確認日：2022年4月26日）〉

萩原広道（2014）.「"鶏鳴狗盗"な総人」『integral』1: 29–30.

福田真郷・山守瑠奈・村上絢一（2018）.「フィールドの風景・探究の現場（2018年6月7日実施）」人間・環境学研究科院生による総合人間学部生向け模擬講義企画「総人のミカタ」運営委員会［編］『「総人のミカタ」活動報告書2017年度前期～2018年度前期』京都大学大学院人間・環境学研究科 学際教育研究部, 86–87.〈https://repository.kulib.kyoto-u.ac.jp/dspace/bitstream/2433/235245/1/sojin_mikata_2017-2018.pdf（最終確認日：2022年4月26日）〉

三菱総合研究所（2012）.「学際研究とその評価」国立国会図書館調査及び立法考査局『国による研究開発の推進――大学・公的研究機関を中心に』, 233–241.

宮野公樹（2019）.『学問からの手紙――時代に流されない思考』小学館

文部科学省（2019）.「平成31年度 大学教育再生戦略推進費 卓越大学院プログラム――公募要領」〈https://www.jsps.go.jp/j-takuetsu-pro/data/01kobo.pdf（最終確認日：2022年4月26日）〉

文部科学省科学技術・学術政策研究所（2018）.「サイエンスマップ2016」『NISTEP REPORT』, 178.

渡邉浩一・臼田泰如・寺山　慧・瑞慶覧長空・須田智晴・佐野泰之（2017）.「学際教育を求めて――Interdisciplinarity の歴史と理論」臼田泰如・佐野泰之・瑞慶覧長空・須田智晴・寺山　慧・萩原広道・渡邉浩一［編］『学際系学部の教養教育 報告書――教員にとっての学際／学生にとっての学際』京都大学大学院人間・環境学研究科 学際教育研究部, 105–121.

Centre for Educational Research and Innovation (CERI) (1972). *Interdisciplinarity: Problems of teaching and research in universities.* Paris: OECD.

de Greef, L., G. Post, C. Vink, & L. Wenting (2017). *Designing interdisciplinary education: A practical handbook for university teachers.* Amsterdam: Amsterdam University Press.

Larivière, V., S. Haustein, & K. Börner (2015). Long-distance interdisciplinarity leads to higher scientific impact. *PLOS ONE, 10*(3): e0122565.

Repko, A. F., & Szostak, R.（2016）. *Interdisciplinary research: Process and theory.* 3rd ed. Thousand Oaks, CA: Sage.

第1部

第2部

Commentary 01

近藤　望〔地球化学・実験岩石学・メルト構造解析〕

　研究者や学生と話す機会があると，「どんな研究をしているんですか？」とか，「何に興味があるんですか？」と聞くようにしている。専門分野の名前を言われたところで具体的な内容のイメージはわかないし，ひよっこ研究者をしている自分自身の専門分野を問われても，「博士課程までは地球化学とか実験岩石学が近いけど，最近はマグマのX線構造解析とかもやってます」という答えになり，自分が何を探求しているかについては相手にほとんど伝わらないだろうと思うからだ。

　〇〇学という名前のついた専門分野というものは，世の中でこれまでに確立された，あるいは現行で構築されている知の蓄積を整理し，体系化するための枠組みだと私は考えている。言い換えれば，各専門分野の連関が，世の中の知の総体を成している。知の蓄積が分割され，専門分野という枠組みのなかに収められていることで，学び手が必要とする知を手に取ることが容易となっている。しかしながら，学び手が自身の内で育む知の蓄積は，〇〇学という枠組みに必ず収まるものだろうか。そもそもこの世界の諸事象・諸問題がさまざまな要素の絡み合った複雑系で起きているのだから，何らかの謎の解明であれ，問題の解決であれ，ある目的のために学び手が構築しようとする知は，専門分野の枠組みを超えたものとならざるをえないのではなかろうか。

　私は「学際」という言葉の歴史にも，厳密な使用法にも詳しくはない。ただ，学部から博士課程まで総合人間学部と人間・環境学研究科で過ごし，今ポスドク研究員をしている私なりに「学際」を解釈すると，「（専門分野の枠組みに囚われない独自の知の蓄積）＝（自分の視座）を育むこと」となる。整理された専門分野の知を習得することはもちろん必要であるが，専門分野の知をそのまま呑み込むだけでは，未解決の謎の解明や問題解決への糸口は生まれない。専門分野の枠をまたいだ視点を養い，謎や問題へ多角的に取り組むことが重要となる。ここで留意してほしいのは，私の解釈する「学際」とは手段であり，それ自体を目的に置くようなものではない，ということだ。謎の解明や問題の解決といった明確な方向性がある場合，独自の多角的な視点を得ることは有用だが，方向性のない状態では逆に混乱し，むしろ道を見失いかねないだろう。

　私は現在京都大学を離れているが，京都大学の総合人間学部や人間・環境学研究科では「総人のミカタ」などの取り組みがあり，他大学に比べて，さまざまな専門分野の知に触れる機会が多いと思う。そういった機会をどのように扱うかは学び手次第だが，私としては，専門分野の垣根を飛び越え，諸事象・諸問題に取り組むための自分の見方を培う方向に進むことをお勧めしたい。

Response 01

萩原広道

　専門分野が「〇〇学」として見かけ上の輪郭を与えられ，パッケージ化されることの利点は，近藤が述べるように学び手にとってのアクセシビリティが高くなることだろう。専門分野に名前があることで，学び手は何かを知りたいと思ったときに，闇雲に時間を浪費せずに，ある程度当たりをつけながら効率よく知識を摂取できる。このように，専門分野の名前は，そこに初めて足を踏み入れようとする学び手にとって道路標識のような役割を果たす。

　近藤は，学際にせよ専門分野にせよ，それらはあくまで「手段」であって「目的」ではないとみなしている。近藤にとって，学びや研究において最も重要なことは，知的欲求や問題意識によって駆動される「関心」だといえるだろう。専門分野は，関心に臨むために利用される道路標識であり，学際もまた，「謎の解明や問題の解決」に向かうために複数の道路標識から読み取れる情報を組み合わせることだと捉えられる。目的地が決まっていることはたしかに重要だ。明確な関心をもたぬまま，ある知にアクセスしたり統合したりしようとするとかえって路頭に迷いかねないという指摘は，筆者自身の経験に照らしても妥当であるように思われる。

　一方で，明確な関心を学びの前段階ですでにもっていることは，果たして自明だろうか。子どもの頃から昆虫が大好きで生物学を専攻した，貧困問題を解決したくて経済学を学んでいる——。そういう人はたしかにいるし，それはすばらしいことだ。しかし同時に，自分が何に興味があるかわからない，いろいろなものに関心が目移りしてしまう，「夢は何ですか？」という質問にうまく答えられず何だか後ろめたさを感じてしまう——そんな人も一定数いる。このような人たちにとって，専門分野や学際はどのような意味をもちうるのか。

　一つの可能性は，偶発的な「関心の開発」につながりうることだろう。旅行中，何となく目についた標識に従って進んだら，すばらしい雑貨屋さんをみつけた，という体験に近いかもしれない。明確な目的地がないからといって，道路標識が無意味になるとは限らない。たまたま履修した講義が，自分の専門分野を決めるきっかけになることもある。もう一つの可能性は，関心がないなりに「ものの見方の型」が身につくことだ。知らない土地でしばらく過ごしているうちに，その土地特有の風習がわかったり，土地勘が働くようになったりすることに似ているかもしれない。明確な関心がなかったとしても，専門分野をある程度学ぶことで，その分野における問いの立て方や，問いへの迫り方についての知識が培われる場合がある。理解の範囲や度合いが変化するなかで，いずれ自分の関心が運よくみつかる可能性もある。

　学び手にとって，明確な関心があることは必須ではない。加えて，関心は固定的なものではなく，学びの過程で柔軟に変容しうる。専門教育であれ学際教育であれ，これらの事態に対応した設計が必要だと思う。

Commentary 02

ワナ・ロレダナ・スコルシ〔造園学〕

　萩原さんは「自立的なものとして意識される複数の専門分野のあいだをつなぐ営み」としての従来の学際に対し,「それぞれの専門分野同士の潜在的な関係性を前景化する営み」としての〈学際〉を提起している。さらに,「総人のミカタ」は,自分の分野の特質と異分野の特質を知ることを可能とし,「専門分野同士の潜在的な関係性を顕在化するための「測量技術」を磨く」という実践的なアプローチに取り組んでいることを指摘している。

　従来の学際の課題として萩原さんは中根（1988）が指摘した二つのものを挙げる。すなわち,研究者が「軽率かつ中途半端に異分野に手を出してしまう」ことと,「自分の専門分野に浸かりすぎて異分野の研究者とうまくやりとりできない」ことである。総人のミカタに参加した筆者の実感として,一つ目の課題は解消されていると断言できる。総人のミカタでの専門分野同士の交流は,それぞれの専門分野の大学院生が学部生,または,ほかの分野の大学院生からコメント,質問などを受けるかたちで,あくまでも各専門分野の土俵の上で行われるからである。

　二つ目の課題については,萩原さんも指摘するように,総人のミカタにおいては,まだ解決の途上であるように思われる。時として,研究者の話術やパフォーマンスの巧みさなどのために,かえって,異分野同士の関係性を顕在化するための「測量技術」が培われにくいことがあるためである。さらに,そうした技術を顕在化するための体系的なプログラムや指標を作ることが今後の課題の一つであると彼は述べている。

　萩原さんの論考を読んでいるうちに,専門分野は一つの文化であるとみなせることを実感した。それぞれの専門分野＝文化は人間が作ったものであるから,そこには潜在的な関係性が必ずあるのである。したがって,〈学際〉の取り組みは一つの異文化交流とみなすことができる。この類似性をもとに総人のミカタの活動を考えてみたい。模擬講義と,質問やディスカッションは,同じ他者とのやりとりではあるものの,その内実は2種類に区別できるだろう。模擬講義は,自分と同様の文化に身を置く若者,また,その文化を知らない者（未経験者）への説明の役割を果たしており,講義をする者は,自分の文化の内在的な構造が把握できる。そこでは,まさに萩原さんのいうように,「自分の専門分野を特徴づけるうまい表現や指標,あるいは専門分野の本質」が明示される。一方で,大学院生からの質問やディスカッションは,異文化交流に当たる。そこでは,自分の分野の特徴をつかむと同時に,異分野の特徴をつかむ技術の取得が実施されうる。

　このように専門分野と文化の類似性を念頭に,文化に関するさまざまな研究や言説を参照するならば,先に述べた課題の解決へもう一歩近づけられるのではないかと考える。

Response 02

萩原広道

　専門分野を文化として捉えるアナロジーは，論考で述べた〈学際〉を実践する際の参照点として非常に興味深い。特に，それぞれの専門分野（＝文化）のあいだには潜在的な関係性が必ずあるというスコルシの指摘は，専門分野と文化との共通項を浮き彫りにしているように思われる。この潜在的な関係性は，特定の専門分野（または文化）にどっぷり浸かって日常を送っているときには，ほとんど知覚されない。そのため，自分の専門分野があたかも他の分野から切り離され，独立して存在しているかのような錯覚を抱きやすい。さらには，「自分野に当てはまる常識は，異分野にも当てはまるに違いない」という安易な発想に陥る危険性さえある。

　しかし，知覚されないことは，単に「知覚せずに済んでいる」だけであって，決して存在しないことと同義ではない。ミカタでは，この「知覚せずに済んでいる関係性」をあえて意識的に捉えようとすることを〈学際〉と呼ぶ。〈学際〉を実践するための種々の取り組みのうち，スコルシは模擬講義を「自文化の説明」に，院生質疑や異分野ディスカッションを「異文化交流」に見立てている。もちろんこの分類は模擬講義を実施する大学院生の立場から整理されたもので，立場が異なれば，ミカタの活動が，異文化理解のどの側面に対応するかは変化するだろう。たとえば，院生質疑を投げかける大学院生にとっては，院生質疑の場でむしろ自分野について説明する必要性が生じる。この場では，自分野と，聴講した模擬講義の専門分野とを対比しながら質問することが求められるからだ。

　おそらく，自分野を相対化し新たに捉え直す過程と，異分野への理解が変容する過程とは，車の両輪，あるいはコインの裏表のような関係にある。そして，異分野理解を促すためには，これら二つの過程が相補的になされることが重要だと思う。前者だけに偏りすぎると，自分野を捉える視点がやがて固定化・形骸化して，独りよがりな反省に終始してしまうおそれがあるし，逆に後者だけに偏りすぎると，異分野についての表面的で雑多な理解しか得られず，一方的に情報を摂取するだけになってしまうおそれがあるからだ。その点，不完全ではあるが，ミカタの活動は両方の過程がともに起こることをねらっている。非常事態に身を置くことで，「異質な相手に届くことば」を絶え間なく探すという体験が蓄積される。その結果として，自分野と異分野の両方の特質を捉えて，表現する能力が磨かれることを期待する（もちろん，このような設計意図がどの程度実現しているかは今後検証していく必要があろう）。

　半ば妄想めいているが，筆者自身は，〈学際〉の実践で磨かれた能力は，もしかしたら学問以外の領域にも転化しうるのではないかと思っている。もしそうだとしたら，（利き手やセクシャリティ，発達プロセスなども含めた広い意味での）異文化理解にも，ミカタの活動は潜在的な教育効果をもつかもしれない。

Commentary 03

「学際」を制度化することは可能だろうか？

寺山 慧〔未だ定まらず〕

そもそも，学際の概念やそれを実践する教員・研究者組織を，学部や大学院として成立させること——つまりある種の discipline として存続させること——の困難さは誰もが気づいていたはずである。別の言い方をすれば，学際研究者（もし存在すれば）を再生産するためには，体系化された教授可能な体系と discipline として成立するために必要な学会・ジャーナル・評価体系が必要になるが，現実問題として困難に思える。では，学際の概念や実践をどのように制度化できるのか？　私はごく個人的な経験を通して，幸運にも消極的な解をみつけた。

私は京都大学総合人間学部／大学院人間・環境学研究科でなんちゃって「学際」研究に従事したのち，東京大学大学院新領域創成科学研究科にポスドクとして就職した。新領域も「学融合」を掲げる研究科であるが，衝撃を受けたのは，（ほぼ）誰も学際を意識していないのに結果的に学際になっている（ようにみえる）その制度設計である。新しい研究室を作る際には「新領域を創生」する教員を配置し，時間がたってその領域が制度化したら伝統学部に移動し，また新たな研究室を作る仕組みになっている（もちろんそれが十全に機能しているかはおいておく）。今どき最新の研究は程度の差はあれ「学際」研究である。したがって常に「学際」研究がなされるという寸法である。個人的見解を続けるが，日本で最大の（主に理系）「学際」研究機関は理化学研究所であろう。理研では一部例外を除いて各部門・センターが時限付きで改組を繰り返し，研究室は 1 代限りでお取り潰しである。ここでは，最先端の研究がありとあらゆる手段でもってなされ結果的に「学際」研究が成立している。そして，理研のなかの少なからぬ研究者はこう考えている——「学問を継承する仕事は大学にまかせた」。つまるところ「学際」は目標にするより結果にする方がはるかに楽である。

「総人のミカタ」の驚くべき点の一つは，その困難な学際の制度化——つまり参加者と聴衆の両方にメリットをもたせ，継続した組織として成立していること——にある程度成功していることだろう。また，萩原さんの論考，ミカタのみなさんをみて頼もしさを感じるのは，自分の専門分野をもっている（少なくとも論文を書けている）点である。特に近年，専門分野を早期に定めて成果を上げ続けなければ，少なくともアカデミックの研究者として生き残るのは難しい。専門分野を定め，その足元を掘り下げることで視野を広げる方法は知的好奇心を満たしつつ，学際を実践する現実的な一つの解であろう。未だに専門分野が決まらず帰る家を失った私にはみなさんが眩しい。

「学問全体の地平を表現する多様な「学問の地図」を描くことを通じて，自己の専門分野とは何かを問うこと」の先に，未開の土地や既存の版図をくつがえす発見を，自らが信じるかたちでなされること（もちろん自分自身も含めて）を心より願う。

Response 03

萩原広道

　寺山が指摘するように，最先端の研究は，当の研究者自身の意図とは無関係に，多かれ少なかれ学際的である。というのも，既存の専門分野の枠にとどまらず，これまで未踏・未開だった学問の地平を新たに切り拓くことを，ふだん私たちは研究と呼んでいるからだ。授業をすること，教科書を書くことそれら単体を研究と呼ぶ人はいないだろう。研究者とはさまざまな意味で常に知の発明者なのであって，単なる知の伝達者や消費者ではない（もちろん伝達・消費もしながら発明するのだが）。

　この見解は，「新しい領域を創るぞ」と意気込んで積極的に専門分野の境界を描き変えていくような研究だけでなく，一見すると特定の専門分野にどっぷりと浸かっているような研究に対しても当てはまるように思われる。通常，学際とは，異なる専門分野同士を組み合わせて統合し，新たな知を生み出すことをいう。このとき，「専門分野」の粒度をより細かくすれば，異なる「専門内分野」「理論」「実験結果」と言い換えることもできる。異質なもの同士をぶつけ合い，新しい「何か」を生み出す過程を学際概念の本質だと捉えるなら，複数の理論を統合することも，ある特定の実験結果に新たな解釈を与えることも，学際的営みと呼べるのではないか。このように考えれば，声高に叫ばれる学際という営みと，通常の研究と呼ばれる営みとは地続きの過程であって，それらの違いは単にぶつけ合うもの同士のスケールの差にあるのかもしれない。

　こういった学際の見方は，自分の足場を水平方向にせよ垂直方向にせよ「拡げる」ことに重きを置く。これに対して，ミカタが目指す〈学際〉は，自分の足場そのものを「みつめる」ことを重視しているといえるだろう。ただし，単に立ち止まってじっとみているわけではない。論考で述べたように，ミカタはさまざまな場面で，自分で動きながら，あるいは，足場や自分と足場との関係を動かしながら，動的にそれらをみつめることを参加者に促す。その先に，寺山が願うような研究それ自体への貢献があるかはわからない。もしかしたら精（勢）力的な研究活動を阻害することさえあるかもしれない。

　「帰る家を失った」と吐露する寺山は「そもそも足場があると思えること自体が眩しい」と言うだろうか。そうだとしたら，その言い方はちょっとずるい。あらゆる学びの過程において，自分が依拠する足場というものは（それが一般に「専門分野」と呼ばれるものでなかったとしても）必ずあると思われるからだ。最先端の学際研究に身を置く者は，たしかに「私の専門分野はこれです」と指差せないかもしれない。けれども，それは家がないということではなく，暮らし方が違う（移動式住居をもち各地を転々としている，など）と表現する方が適切だろう。自分の「暮らし」がどのようなものかを捉え直し，新たに発見する過程をミカタは〈学際〉と呼び，それを実践しようとする態度に意義を見出している。

第 4 章

「総人のミカタ」は専門性の深化に寄与するか

村上絢一〔日本史学〕

　総人のミカタは多様な分野に属する大学院生による「領域交差型」FD をうたう。しかし，参加するにあたり少なからぬ時間を要するこの活動に対しては，「まずは自分の研究に専念せよ」といった批判が寄せられるものと，筆者は憂慮する。駆け出しの研究者として自身の研究の基礎を培い，限られた年限のなかで博士論文を執筆しなければならない状況にあって，あえて初学者との対話に時間を割く意義はどこにあるのか。本章では筆者が行った模擬講義を事例に，ミカタにおける対話が専門性の深化にもつ効用を考える。日本中世史を専攻する筆者は模擬講義において，「一遍聖絵」を読み取った受講者から意外性あふれるコメントを得た。初学者との対話は，自明の知識に新鮮な驚きを与え，新たな研究関心へといざなう本質的な問いを喚起する。他方，ミカタに集う多様な分野に属する大学院生との対話によって，研究の足元にある認識のあり方を問い直し，論文執筆の前提となる知識をも獲得することができる。筆者はこの二点において，ミカタが専門性の深化に寄与することを主張する。

1　はじめに

　筆者に与えられた課題は，「総人のミカタと専門性」という漠然としたものである。日本中世史を専攻する筆者は，「総人のミカタ」（以下，ミカタ）が発足した 2017 年 4 月から，いわゆる「コロナ禍」直前の 2020 年 3 月までミカタに参加した。2017 年度後期には，「史料に広がる世界を探る──歴史学の方法」「列島の中世を旅する──歴史の中の人と生存」と題する模擬講義を行った。振り返ればタイトルの陳腐さに赤面するほかないが，それはともかく，筆者は本章において，この二度の講義で何を試みたのか，受講者からどのような反応を得たのか，そしてそこから筆者は何を反省したのかを述べて，与えられた課題に答えたい。筆者の議論がこうした具体

的な事例に即する理由は，過去を媒介にして人間存在を追究する歴史学に携わる筆者自身の性向に求められるが，こうした立論は，本書を手に取る人びとにミカタの活動を伝えるうえでも便宜であろう。

　さて，ミカタにおける「総人のミカタと専門性」を問う本章は，学際性の観点からミカタの活動とその意義を論じた萩原氏の論考（第3章）と対をなすものである。氏は，これまでの学際を掲げたさまざまな試行錯誤のうち，多くは稚拙な雑談や一過性のイベントに終始し，たとえ二つ以上の専門分野の接合により新たな「ニッチ」が創出されても，それは専門分野の細分化と裏腹であったことを指摘する。そこで氏は，それぞれ自立的にみえる専門分野の学知が，本来的に他の分野のそれと相互依存的な関係にあることを自覚させる点に，学際概念の新たな意義を主張する。氏の主張は，学際研究に累々たる失敗を重ねた学界の現状を厳しく批判し，ミカタにおいては，講義主体（大学院生）が教育される点に，その学際教育への可能性を見出したものと受け止めることができる。

　ここで注意しなければならないのは，ミカタの活動主体となる大学院生は，いうまでもなく〈専門教育〉の課程のただなかにあり，研究者としての修練を積まなければならない点である。専門分野の業績数において学界の評価にさらされる身でありながら，少なからぬ時間をミカタの活動に割く意義はいったいどこにあるのか。「ミカタの活動に割く時間があるくらいなら，まずは自分の研究に専念せよ」，そうした批判が寄せられることは容易に想定できる。実際に，所定の年限で博士論文を仕上げなければならない身にとって，いくら模擬講義が学際教育において貴重な経験であったとしても，講義後の検討会から運営の全般までをフルに参加することの精神的・体力的・時間的な負担は過重である。

　他方で，学際教育の効用にのみミカタの意義が見出されるならば，過重な負担を前に活動への参加がしり込みされることも予見される。それゆえに専門教育の面においても，ミカタの活動がもつ効用を主張しなければならないという思いを強くするのである。

　以下ではまず2節において，ミカタにおける「専門性」の意味するところを明らかにし，議論の射程を定める。次に3節では，筆者が模擬講義で得た経験をもとに，初学者との対話が専門性の深化にもつ効用を探る。4節では，ミカタに集う多様な分野の大学院生との交流に，専門性深化の可能性を見出し，実際に紙上での応答を試みる。

2 「総人のミカタ」における「専門性」の追究とは

　総合人間学部において，ミカタが試みる専門一歩手前の講義がとりわけ重要であるのは，この学部に集う学生の特質に起因する。ここでいささか筆者なりの観察を述べれば，総合人間学部には，大学なる環境の何たるかを知りえずに入学した学生が，他の学部に比して多いように思われる。大学ではどのような教育が行われているのか，それは自分の関心とどのように対応するのかなど，進学を決断する段階で，これらの情報を多少なりとも得ていれば，わざわざ学際系学部に進学して，専攻分野の選択に迷うこともないだろう。

　筆者は以前別稿にて述べたが（村上，2017），総合人間学部には，どこか漠然とした問題意識はあるけれども，どの学問分野がその問題意識に応えてくれるのかわからない，勉強好きではあるけれども，型に収まるのは不得手である，そのような学部生が多いように思われる。

　この筆者なりの観察には異論もあろう。しかし悩める学部生は存在する。ミカタの目標は，こうした悩める学部生に専門教育を施すことにあるのではなく，学部生が段階的に専門教育を受けていく前に，学問分野相互の関係性や研究手法の相違を知り，自身の関心とそれぞれの専門分野との距離感を推し測り，専門教育に臨むうえでの心構えのようなものを涵養することにある。ミカタにおける学部生への専門教育は，活動における主旨ではない。

　したがって，本章の関心であるミカタにおける専門性の追究を，大学院生を主体に論じることが許されると思う。ここに，「ミカタの活動が大学院生の専門教育にいかに寄与するか」という問いが浮上する。筆者はこの問いへの答えを，次の2点に見出している。一つは，講義の内容に関してはともに初学者である学部生と異分野の大学院生から寄せられる疑問や関心がもつ意外性を起爆剤として，講義を担当する大学院生に新たな気づきや発見が生まれ，日々の研究活動に還元される点である。いま一つは，ミカタで形成される多様な分野の大学院生との対話を通じて思考が明確化され，論文執筆の前提となる知識を獲得できる点である。この2点は，それぞれ3節と4節で論じる。

　なお，ここまで専門教育という言葉を用いたが，筆者は他律的な意味を感ずる「教育」という言葉を大学院生の修学に用いることを好まないため，以下では専門教育に代えて，「専門性の深化」という言葉を用いる。

3 講義における初学者との対話

　筆者が行った1回目の模擬講義では，歴史学とはどのような学問であるのか，そして歴史学全体のなかで日本史学，あるいは日本中世史研究がどのような位置を占めるのかを説明した。歴史学の方法は，史料の解釈に基づく論理の構築に求められ，その目指すところはある時代の全体像（時代像）や人間理解を提示することにあると述べた。次に筆者は受講者に対し，図録に掲載される古文書の写真を見せ，研究の過程では，くずし字を一字ずつ解読し，その文意を解釈していくこと，そして筆者の研究関心では聞き取りや現地調査など補助的な手法をも要することを説明した。歴史学の分析対象となる史料の伝来については，民俗学者宮本常一の名著『忘れられた日本人』に叙述される村の寄り合いと共有文書の管理を紹介した。

　2回目の模擬講義では，災害史研究や「夢」研究などから，日本中世史研究における学際研究の可能性を論じた。講義の終盤では，中世身分制論をめぐる黒田俊雄（1926–1993）・大山喬平（1933–）・網野善彦（1928–2004）らの学説を紹介し，それぞれの学説が研究者の歴史観と密接に関わることを述べ，歴史学の研究が単なる事実の検証にとどまるものでないことを強調した。

　筆者は，この2回の講義を通して，受講者が手を動かして講義に参加する仕組みを用意した。筆者は歴史学の方法を史料の解釈に基づく論理の構築に求めたが，歴史学（日本史学）の初心者がいきなり難解な古文書を読めるはずはない。そこで講義では，受講者が絵画資料を分析して歴史学の方法を追体験できるよう工夫した。用いた絵画資料は，時宗[1]の祖と仰がれる鎌倉時代の僧侶一遍（1239–1289）の生涯を描いた「一遍聖絵」（一遍上人絵伝）である。これは，中世の景観や風俗史を研究するうえで頻繁に用いられる絵画資料である。なお講義では「一遍聖絵」のうち，近江国関寺→四条大橋→京極釈迦堂→空也上人遺跡市屋道場→堀川→洛西桂をたどる巻七を用いた。

　1回目の講義では，受講者に「一遍聖絵」のコピーを見せ（図4-1），疑問や関心を抱いた箇所に赤ペンでコメントを書き入れてもらい，講義の最後にそれらをスクリーンに投影して全員で共有した。2回目の講義では，受講者から寄せられたコメントより三題（材木流通・四条京極釈迦堂・非人と差別）を選んで解説した。

---

1) 本章では，一遍を取り巻いた信仰者集団を「時衆」，神奈川県藤沢市の清浄光寺を総本山とする現在の宗教法人時宗を「時宗」と記して，両者を区別する。

図 4-1　講義の様子

　以下に受講者（学部生と大学院生からなる初学者）から寄せられたコメントを紹介する[2]。

（1）人の身体に関するもの
（1-ⅰ, ⅱ）履物の有無に印がつけられた。
（1-ⅲ）市女笠に「被りもの？」と書き込まれた。

（1-ⅰ）　　　　　　　（1-ⅱ）　　　　　　　（1-ⅲ）

2）以下で示す画像の出典はすべて小松（1988）である。

66

(2）人の行為に関するもの

(2-ⅰ）僧侶の集団に「なにしてるの？」と疑問が寄せられた（*村上注：踊念仏である）。

(2-ⅱ）塀のなかから顔をのぞかせる女性に「良い表情」とのコメントがつけられた。

(2-ⅲ）関寺の門前で，男性から小屋の中にいる人物に手渡される白い物体に「何？」と疑問が記された（*村上注：納骨の受付とする説がある（渋澤, 1965））。

(2-ⅰ)

(2-ⅲ)

(3）人の属性に関するもの

(3-ⅰ）屋上からくつろぎながら一遍らをみつめる二人の人物に印がつけられた。

(3-ⅱ）顔に白布を巻いて小屋掛けする集団に「ハンセン病？」とのコメントがつけられた。

(3-ⅰ)

(3-ⅱ)

(4）景観に関するもの

(4-ⅰ）障壁の前後に矢印が付され「何の境界？」と疑問が寄せられた。

(4-ⅱ）球形・台形・直方体からなる物体に「？」が付された（*村上注：五輪塔である）。

(4-ⅰ)

(4-ⅱ)

（5）描き方に関するもの

（5-ⅰ）「よこから見た図っぽい」

（5-ⅱ）「ふかん図っぽい」「遠近法どうなってんの？」

それでは，以上のコメントに対する筆者の所感を述べてみよう。

　まず驚いたことに，寄せられたコメントには，過去の絵画資料研究の成果と合致するものがある。たとえば（3-ⅱ）の指摘はまことに的確で，先行研究では「癩」病者を描いたものと解釈されている（黒田（1986）など）。受講者との応答では映画『もののけ姫』の描写も話題となったが，これはよく知られた表象だったのかもしれない。

　次に（1-ⅰ,ⅱ）は身体論にも通じる鋭い着眼である。（1-ⅰ）では僧衣の人物が足駄（下駄）を履き，（1-ⅱ）では邸宅の前で大きな団扇を持つ着冠の男性が裸足のまま立っている。ほか「一遍聖絵」には草鞋を履く人物も描かれているが，こうした履物の相違は宮本常一が「伴大納言絵詞」をもとに，多くの中世民衆は裸足，貴人に仕える人物は草鞋，僧侶は床住居を汚さないよう「それほど歯が高くない」足駄を用いたとする分析と対応する（宮本, 1981）。

　これらの先行研究の知見から答えうるコメントは，当該分野の研究者である講義担当者にとっては自明の知識として了解されたものである。しかし，筆者はこれらのコメントに，先行研究が出発点としたであろう，事物に対する新鮮な驚きや感動を想起させる効用を見出したいと考えている。

　他方で，受講者からは，事物に対するきわめて本質的な問いも寄せられた。たとえば，（1-ⅰ）は時衆の踊念仏を描いたものであるが，なぜ時衆は踊念仏をするのか，なぜ踊念仏は一所に集まるのか，2回目の講義において，筆者はそうした問いへの

回答に迫られた。中世に生きた人びとの思考様式には，ときに現代のわれわれからは理解しがたいものがある。受講者からの問いには，中世人の心性に迫るものも見受けられた。

　このように，研究者が常識として見過ごしてしまう事柄も，その常識を共有しえない初学者にとっては，新鮮な像として映じる。彼らが発する問いは，研究者が日頃抱いている対象への狭小な関心を，全体像にまで引き戻させ，同時にこれまで関心を寄せることのなかった事柄へも目を向けさせる。ミカタにおける初学者との対話は，講義担当者にとって自明の知識に新鮮な驚きを与え，新たな研究関心へ向かうために必要な本質的な問いを喚起させる。こうした体験は，いわゆる教養科目を担当する大学教員の共感を得るものであろうが，ミカタが専門性の深化に果たす効用として注目されるべきであると筆者は考える。

4 「総人のミカタ」に集う大学院生との対話

　さて筆者は幸いにも，2回の模擬講義において，文理の別を超えた多様なバックグラウンドをもつ大学院生の受講者を得た。前節で紹介したコメントには，大学院生の研究分野に基づいた気づきと見受けられるものもある。

　（3‐ⅰ）は子どもの描写であるが，この描写への注目は発達心理学を研究する大学院生から寄せられたものと記憶する。「一遍聖絵」における子どもの描写に幼さの徴証をどのように読み取ったかは筆者の知るところでないが，しかしこれは当該院生の知見と感覚に基づく気づきであろうと推測する。ここにたとえば，日本史学における絵画資料の研究と発達心理学との対話の可能性が開けてくるのではないだろうか。このような異分野間の対話は，講義後の検討会に限らず平素のミカタの活動では随所に見受けられるものである。

　ここでやや唐突であるが，積極的に異分野の知見を得ようとしたとき，どのような対話が生じるのかを，この紙上において試みたい。次に筆者が抱く目下の研究関心に即して，国文学・哲学・生物学を専攻する大学院生への問いを記す。

　まず文学について。『今昔物語集』（以下，『今昔』）は12世紀初頭に成立したとされる説話集で，高校古文でもおなじみの作品である。この作品は国文学はもちろんのこと，日本中世史の分野においても，中世成立期の民衆像を示す作品として注目されてきた（河音（1984）など）。筆者もまた先学の驥尾に付して『今昔』を参照するものであるが，たとえば慈悲の心を催した動物が翁に食べ物を運ぶ巻第五

「三獣行菩薩道兎焼身語」の説話では，「猿ハ木ニ登テ，栗・柿・梨子・棗・柑子・橘・萪・椿・楪・郁子・山女等ヲ取テ持来リ，里ニ出テハ苽・茄子・大豆・小豆・大角豆・粟・蕪・黍ビ等ヲ取テ持来テ好ミニ随テ令食シム」という一節がある。筆者はこの一節を，同時代の山間地域における食生活をおおよそ反映したものと理解しているが，ここにはどのような文学的修飾が施されているのであろうか。あるいは漢文における事物の羅列にならった表現であろうか。果たして国文学研究において，筆者の解釈はどこまで妥当なのであろうか。文学作品上の描写に同時代の生活史をいかに読み取るべきであろうか。

　次に哲学について。われわれは過去に属する事柄をどのように認識しているのであろうか。そして，それをいかに叙述しているのであろうか。筆者も総合人間学部に在籍した時分には，好んで科学論の授業に出席し，歴史の認識論について思考したものである。ところが，歴史学の畑に進み，細かな実証研究に汲汲とする現在，こうした日々の作業の前提に問いを抱き続けることは容易でない。しかしふと足元を顧みれば，学問の方法論に無自覚なまま歩み続けていることに愕然とする。本章では，絵画資料の解釈を紹介した。解釈行為がさまざまな知識を総合して循環的に行われることは，文字史料においても絵画資料においても同一であると思われるが，果たして双方のあり方に質的な差異はあるのだろうか。

　最後に生物学について。国宝「菅浦文書」を伝える滋賀県長浜市西浅井町菅浦は琵琶湖沿岸の狭小な土地にある集落で，中世に72宇[3]，江戸時代の初めに105軒[4]，明治初年に104軒[5]と，およそ600年にわたって世帯数にほとんど変動がみられない。筆者は最近この現象を理解するために，生物学における「環境収容力」の概念が有効であると考えている。交易など周辺地域との経済活動を踏まえても，耕地面積の限られた菅浦の地において養える人間の数には限界があったはずである。そこで人間集団を分析するうえで，「環境収容力」の概念を援用することはどれほど妥当なのか。またそのためには，いかなる条件が設定されるべきであるのか。

---

3) 建武2（1335）年8月日菅浦住人等供御人役証状（滋賀大学経済学部附属史料館編『菅浦文書』〈有斐閣，1960年〉398号）。なお「宇」とは中世に課税単位とされた屋敷（在家）の棟数をいう単位。
4) 慶長7（1602）年菅浦村検地帳（滋賀大学附属史料館蔵「菅浦共有文書」近世・近代201）。
5) 「滋賀県物産誌」滋賀県市町村沿革史編さん委員会編『滋賀県市町村沿革史 第5巻 資料編1』（1962年）所収。

　いずれの質問も，筆者自身の専門性の深化に関わるものであり，その一部は論文執筆の前提ともなる。本章の質問に対する回答を通して，読者はミカタのもつ可能性に思いを致されることであろう。

5　むすびに

　本章では，ミカタにおいて専門性の深化がいかに果たされるかを考えてみた。あらためて強調すると，ここで専門性深化の主体として想定するのはミカタに参加する大学院生であって，学部生ではない。むろん，学部生がミカタの模擬講義から専門的な知見を得ることは可能であるが，それ自体は必ずしも活動の主旨ではない。

　ミカタの活動が専門性の深化に対してもつ効用は，一つは受講者から寄せられる反応によって講義を担当する大学院生の側に新たな発見や気づきが生じ，日頃の研究活動に還元される点，いま一つはミカタに集うさまざまな大学院生との関わりのなかで，他分野の知識を得られる点にある。それぞれは，研究活動における基礎と応用に対する効用といえるだろうか。とはいえ，残念ながら筆者はこれらの効用を踏まえた研究成果を，未だ十分には生み出しえていない。本章を執筆する現在，筆者も大学の研究室を離れることが決まっており，もはやミカタの一線に居座り続けることはできない。本章の冒頭に述べた「ミカタの活動に割く時間があるくらいなら，まずは自分の研究に専念せよ」といった批判が生じることへの憂慮が杞憂にすぎなかったことは，後進が研究の実を挙げることで，必ずや示してくれるものと信じている。

　本章では日本史学を専攻する筆者の模擬講義をもとにミカタのもつ専門性深化への効用を論じた。これを別の分野に置き換えたとき，どのような対話が生じるのであろうか。あるいは，いかなるかたちで専門性の深化が期待できるのであろうか。本章にはそれぞれ国文学・分析哲学・海洋生物自然史学を専攻する三宅・三升・山守の三氏からコメントが寄せられる。三氏からの篤実なるご教示を期して，本章のむすびとする。

【引用・参考文献】
河音能平（1984）.「『今昔物語集』の民衆像」『中世封建社会の首都と農村』東京大学出版
　　会（初出 1975 年）

黒田日出男（1986）.「中世民衆の皮膚感覚と恐怖」『境界の中世 象徴の中世』東京大学出版会（初出 1982 年）

小松茂美［編］（1988）.『日本の絵巻 20　一遍上人絵伝』中央公論社

渋澤敬三［編］（1965）.『絵巻物による日本常民生活絵引 第二巻』角川書店

宮本常一（1981）.『絵巻物にみる日本庶民生活誌』中央公論社（初出 1960 年）

村上絢一（2017）.「さがす・ぶつかる・のたうちまわる」『京都大学総合人間学部広報』*59*: 10.

第1部

第2部

Commentary 01

三宅香帆〔国文学（萬葉集）〕

　本章の主旨はミカタの活動が自身の専門性を深化させるのにどのような影響をもたらしたかを論じ，そのうえでさらにミカタの活動が大学院生自身の専門性に寄与する可能性を探ったものとして理解した。

　村上さんの講義内容と受講生の反応の記述を拝読し，「常識を共有しない初学者」だからこそ生み出せる，前提となる思い込みをもたない疑問点や着眼点に基づくコメントが得られた様子を知ることができた。これらのコメントは，自身の研究の刺激にもなっていることが十分に理解できる。また学部生の受講生だけでなく，他分野で研究を行う大学院生からも自分の専門意識を活かした着眼点を得て，そこから対話が生まれる可能性を探っている点も，ミカタならではのメリットではないだろうか。他分野の大学院生との交流は，自分の研究室内の活動などでは得られない，ミカタ特有の体験であると筆者は考える。

　博士課程の大学院生の日常は，ともすれば自分と近い研究分野の人間とのコミュニケーションに終始しがちな面もある。しかし積極的に他分野の大学院生や初学者の学部生と関わることで，自分の研究分野の社会的な位置づけやアウトリーチの可能性について考える契機にもなる。論文執筆にとどまらず，今後講師や大学教授として生きる将来の活動も踏まえ，ミカタの対話や専門性深化の可能性は大いに検討されうるものではないだろうか。

　また一口に「専門性」といっても，本章では大学院生にとっての専門性を論じているが，講義を受ける学部生にとっての専門性という論点が抜けているように見受けられる。大学院に進学しない学部生にとっての「専門性」をいかに開発するか，という点も一考に値するのではないだろうか。たとえば他のコメント執筆者が指摘しているとおり，論文執筆を中心とした研究のヒントに値する指摘を，講義聴講生である学部生から確実に得ようとするのは，いささか期待が大きすぎるように見受けられる。学部生は大学院生の研究に貢献しようと思ってミカタに参加しているわけではなく，あくまで学部生自身も自分の興味，ひいては専門性を拡げようとして参加する割合が高いと想定しうるからだ。学部生がたとえ大学院へ進学しなくても，学部のうちに何か面白い講義を聴いたと思えるような体験を提供することのほうが，将来彼らが大学関係者でなくなったとき，大学にポジティブな印象をもつ契機に寄与するのではないだろうか。専門性と一口に言っても，それをどのように使用するかは個人のスタンスによる。学部生に講義するときは，大学院生がその講義をいかに専門性の深化に貢献させるかだけでなく，学部生にポジティブな影響を与える専門性の利用方法を考えることもまた，肝要だろう。そして学部生にとっての専門性を考えることは，大学院生の専門性の開発にもなりうると考えられる。

【個別の質問への回答】

　『今昔物語集』は，日本の仏教説話集であるが，特に巻二十までは訓読漢文調で中国の仏教説話の影響が指摘されることが多い。今回問われている巻五の十三「三獣行菩薩道兎焼身語」についても，『大唐西域記』を典拠にしていると考えられる。そのため，当時の食生活の風習をそのまま記述したというよりは，『大唐西域記』の記述の影響が大きいのではないかと考えられる。とはいえ，当時の説話記述者がまったく知らない食物を登場させるとも言い切れないため，ある程度は慣れ親しんだ食べ物ではなかったかと考えられる。

Response 01

村上絢一

　三宅氏のコメントは，「ともすれば自分と近しい研究分野の人間とのコミュニケーションに終始しがち」という博士課程大学院生の生態を適確に言い当て，その困難を打破する点に，ミカタのもつ可能性を論じたものである。そのうえで，大学院に進学しない学部生にとっての専門性をいかに考えるか，という新たな課題が提起された。

　もとより本章は，ミカタにおける専門性の追究主体を大学院生に限定しているため，三宅氏の課題提起は，本章の射程を遥かに越えた地平を示している。これに対して筆者なりに回答すれば，学部生にとっての専門性について，「大学にポジティブな印象をもつ契機に寄与する」という，大学への「貢献」的な側面からではなく，当事者の生涯学習に対してもつ影響からミカタの活動を意義づけたいと考えている。学部生の大学卒業後の主体的な学びにおいて，ミカタで得られた学習経験がよりよく作用するためには，どのような工夫ができるのであろうか。

　次に，紙上において試みた対話について応答する。三宅氏のコメントでは，『今昔物語集』巻五「三獣行菩薩道兎焼身語」における『大唐西域記』の影響が指摘され，しかしそこに登場する食べ物は，説話記述者自身もある程度認知したものではないかと留保された。現在の日本中世史研究における生業史や環境史の分野では，文学作品も少なからず引用されているが，三宅氏のコメントは文学作品の安易な引用を戒めた点において，きわめて重大な意味をもつ。

　それにしても，『今昔物語集』という同一の分析対象をもちながら，分野によって，ここまでモノの「見方」が相違することが示されたのは，紙上の試みとして，貴重な成果と言えるのではないだろうか。

Commentary 02

三升寛人〔分析哲学〕

　模擬講義を担当する大学院生と受講者である学部生との間の（タテの）対話と，異分野を専攻する大学院生間の（ヨコの）対話。これらの対話が論文執筆という，大学院生各自の専門的な研究活動に還元される点にミカタの有用性は見出される。——論考のこのような趣旨は，ミカタという空間を大学院生がうまく活用する可能性を示唆するものである。しかしこの，活動参加→研究活動に還元可能，という図式は，あまりに安易なものであるといわざるをえない。

　ミカタという空間に私はこれまで，模擬講義では（ディスカッション時の板書や，院生質疑を担当しつつ）主にオブザーバーとして，あるいは講義後の検討会では講義の感想コメントを述べながら居合わせてきた。講義担当経験のない私にとってミカタは，人環の他分野の大学院生との貴重なつながりの場であった。このようなコミットメントは，ミカタという場の（大学院生の専門性を活かすうえでの）効果的な活用はなかったかもしれないが，一方でこの緩い参画のあり方も制度上許容されている。

　したがってミカタの活動は，前に立って講義を担当しない大学院生にも開かれたものである。講義を担当しない大学院生の存在が排除されることはなく，むしろ彼らによるサポートもその運営に欠かせないといってよい。そしてこのとき彼らが，自身の研究活動にフィードバックできるほどの対話をその活動内に確保できるか，という点に私は疑問を抱く。たしかにヨコの対話は，運営中の雑談一つとっても十分に自然発生的である。しかし，タテの対話についてはどうだろう。講義担当者ではない大学院生が，いくら講義後のフリートークの段で学部生に「実は私の専門はね……」と話す機会を得たとしても，その対話にフィードバック相当のものを期待するのはなかなか難しいのではないだろうか。あるいはもっと率直にいって，そのような有益な対話の発生可能性は，大学院生側の活動参加の決め手となるほどの重大な要素にはなりえないのではなかろうか。——少なくとも私の場合に限っていえば，活動内で生じた対話を自分自身の専門的研究に活かした記憶はない（あるいは本章の論考が，筆者が講義中に経験した対話を実際の論文執筆にどれほど還元できたかを具体的に示さないために，私も経験していたかもしれない対話から研究活動への還元を思い出すことができないだけかもしれないのだが）。

【個別の質問への回答】

　哲学という学問領域内でも「過去に属する事柄」に関する議論はこれまで，特に歴史哲学や時間論の分野において蓄積されてきた。一例を挙げるならば，大森荘蔵は晩年の著作のなかで，過去存在は想起経験における言語的な過去形の命題において見出すことができる，と述べている。ここで過去存在を言語性に訴えたことで，「～であった」という過去性は直接的に表現され，またその言語的やりとりに間主観性な過去存在を確保する余地がある。文字史料解釈と絵画資料解釈の質的差異についても，絵画資料中に複数の過去形命題を読み取るものとした場合，両者の解釈のあいだでなされていることにそこまでの差はない。あるいは文字史料において，そこに残された筆跡のあり方や文書の保管状態などが読み取られるとき，言葉の指す内容以外に着目するという点において，むしろそれは絵画資料に近い扱いを受けているといえ，両解釈間の境界はさらにぼやけてくるところだろう。

Response 02

村上絢一

　三升氏のコメントは，本章の議論を，大学院生と受講生（学部生）のタテの対話と，専門分野を異にする大学院生間でのヨコの対話を論じたものと整理して，ミカタの活動は「講義担当者ではない大学院生」の研究活動には必ずしも有用であるとは言い難いと主張したものである。筆者は本章において，「専門性深化の主体として想定するのはミカタに参加する大学院生」と述べたが，しかしその大学院生のなかにも，講義担当者と「講義担当者ではない大学院生」の別があることには論及できなかった。氏の主張は，この点を鋭くついたものといわなければならない。

　顧みれば，氏は大学院入学以来，ミカタの講義やシンポジウムを側面から支える大役を果たしてこられた。氏のコメントは，そのような立場から，タテ・ヨコに限定されないミカタにおける対話の広がりを論じたものと受け止めることができる。

　他方で，氏のコメントでは，本章を評して，「活動参加→研究活動に還元可能，という図式は，あまりにも安易なもの」と論難されたが，本章でいう「研究活動」への「還元」には，日常的な研究活動に対するメタ的な振り返りによる気づきの獲得を含んでいることは，再度強調しておきたい。

　次に，紙上において試みた対話について応答する。三升氏のコメントでは，大森荘蔵の所説が引用されたが，これは歴史学における文体の問題にも関わる問いと受け止めている。なお氏は，文字史料の解釈に関して，「そこに残された筆跡のあり方や文書の保管状態など」史料の外部的情報にも言及されたが，史料批判が史料の内在的な読み込みに完結することは普通ありえず，史料の伝来過程や保管の原秩序にまで及ぶ。そのような歴史学の営為を全体的に捉えたとき，あらためて解釈することと記述することの意味は，どのように問うことができるだろうか。

Commentary 03

山守瑠奈〔海洋生物学（理学）〕

　本章は，論文を書くうえでのミカタの有用性が主題となっており，初学者である学部生からの広い視点や他分野の大学院生の個別の専門性に基づいた視点が自身の研究により磨きをかける，ということが語られている。実際に文中の図に寄せられた意見とそれに対する村上さんのコメントを見る限り，ミカタで期待できる成果として幅広い見解というのはたしかにあるものと思われる。

　しかし，生物学を専攻する私の視点からみると，「論文を書くうえで」と限定するならば，ミカタの有用性というものはあまり感じられないということが正直な見解である。多様な視点からの意見が活かされる日本史では，初学者の意見は研究者にはない斬新な見解となりうるが，生物学はフィールドワークや室内実験を積み重ね，そこから得られる知見を客観的視点から考察するという道筋を経る。そのうえで専門分野の近い人と議論をすることは，新たな視点を生む非常に有用な機会であるが，元来生物に関心をもっていない人とどんなに議論をしても，考察が深まることはそう多くはないと感じられる。以上のことより私見としては，ミカタでの講義が論文を書くうえで有用だという論には賛同しかねる。

　一方で，私はミカタには，研究者に必要な「他者に伝える力」を養うというとても有用な要素があると考えている。異分野の話をする以上，学部生／大学院生両者ともに，ミカタの聴講者にはほとんど当該分野の知識がない。そのなかで聴講者の心を捉えて話の内容を理解してもらうには，相応の工夫が必要だろう。この「他者に伝える力」は一朝一夕で身につくものではなく，アウトリーチ活動や広い分野の研究者の集まる学会での発表の積み重ねで，相手の反応をみつつ磨き上げていくものと思われる。しかし，博士課程の大学院生のすべてがそのような研鑽の機会に恵まれるものではなく，むしろ積極的に獲得していかないと機会は得られない。さらにいえば，それこそ「そんな暇があるのなら自分の研究を深めなさい」と批判されかねないだろう。そのなかでミカタはとても柔らかい雰囲気で，そして多くの聴講者の意識が研究に向いている。ゆえに，たとえ講義担当者が場慣れしていなくとも，研究に興味ある聴講者が気軽に発言できる雰囲気のおかげで，賑やかで活発な議論が期待できるのではないだろうか。その意味において，ミカタは伝達力の向上にとても適した場だと，私は感じた。

【個別の質問への回答】

　結論から入ると，「ある程度妥当」だと思う。生物が生活を営むには，第一に食物が必要だ。それは多くの動物では獲物の数に，そして植物では日照度や無機塩類にあたる。人間は雑食なので指標が複雑になり，簡単に環境収容力を推し量ることはできない。しかし，物が集まる都市やよっぽどの狩猟民族における事例でない限り，ざっくりと耕地面積で考えてもよいだろう。経済活動が活発化しても，その地域に一方的に食料が流入してくるようなことが起こらない限り，環境収容力は世帯数の上限を考えるうえで有効な概念であると考えられる（なお，現在の東京等の大都市は環境収容力で考えるととっくに限度を突破しており，その突破を可能にしているのは，十分な，過剰すぎるほどの食料の流入であると考えられる）。

Response 03

村上絢一

　山守氏のコメントは，ミカタに集う学部生や大学院生の「伝達力」を向上する点において，ミカタに流れる「とても柔らかい雰囲気」を高く評価したものである。コースや研究室への帰属（意識）が希薄な総合人間学部においてともすれば孤立しがちな学部生と，熾烈な競争環境においてなにかと精神的な負担の大きい大学院生の，その双方にとって，ミカタの雰囲気がもつ意義を評価する点には，筆者自身も大いに共感するところである。

　他方で，山守氏のコメントには，日本史学に対する若干の誤解が看取されたので，補足しておきたい。山守氏は，日本史学を「多様な視点からの意見が活かされる」分野と規定して，生物学の特質を対比的に論じられた。しかし，「フィールドワークや室内実験を積み重ね，そこから得られる知見を客観的視点から考察するという道筋を経る」ことは，およそ日本史学においても同様であり，たとえば，筆者の研究関心では，研究室や博物館施設等で古文書や古記録を解釈し，フィールドワークで地名，生活体験，社会集団，環境利用等を確認し，そこから得られた知見を研究者相互の討論を通じて，一つのまとまりある議論に練り上げていく。筆者の講義では，能動的な解釈により専門的な修練を要する古文書ではなく，いわば受動的な解釈が容易な絵画資料を用いたが，それゆえに，古文書や古記録による研究の実際を十分に伝えることができず，山守氏が如上の印象をもたれたことも至極当然である。しかし，日本史学が，生物学はもとよりあらゆる専門分野と同様に，特定の修練と蓄積を要する学問分野であることは，正しく理解されたいと思う。

　次に，受講者のレベルに合わせた講義素材の変更が，生物学においていかに果たされるかは，筆者にとって実に興味ある問題であるが，氏は「元来生物に関心をもっていない人とどんなに議論をしても，考察が深まることはそう多くはない」と述べられた。しかし，氏の指摘のうち「生物」の二字を他の分野に置き換えれば，およそ一般的な事実を言い当てたものといえるのではないだろうか。必要なことは，元来関心をもっていない人をも魅せる工夫である。

　さて，紙上において試みた対話について応答する。山守氏のコメントでは，筆者の想定をおおむね肯定する見解が示された。他方で，氏は現代の東京における食料供給の特異性にも言及されたが，これは人類史における都市の出現をいかに考えるか，歴史における人間の生存条件をいかに考えるか，というきわめて重大な問いに連なるものであり，筆者はそのような関心からも，自身の問題意識を先鋭化したいと考えた次第である。

　むすびにかえて，示唆と可能性に富む，実り豊かな対話となったことを，三氏に御礼申し上げたい。

第 5 章

シンポジウム 1：「学際性」を育て合う

磯部洋明〔宇宙物理学〕・高梨克也〔コミュニケーション科学〕・佐野泰之〔哲学・倫理学〕＋
萩原広道〔発達科学・作業療法学〕・真鍋公希〔社会学〕

1 テーマと人選の意図　　　　　　　　　　　　　　　　　　真鍋公希

　「総人のミカタ」（以下，ミカタ）が目指す「学際性」とは，しばしば想起されるような広く浅い知識の獲得や，ただ単に複数の専門分野が集まっただけの共同研究ではなく，自己相対化を促し外部との位置関係を把握するものである。萩原による第 3 章と村上による第 4 章では，ミカタの実践において，この意味での「学際性」をどのように具体化しようとしているのか，また，そこで習得された「学際性」がどのように個々の専門性を深めうるのかについて論じている。

　ところで，仮にこの意味での「学際性」に意義を認めるとして，それは誰にとって必要なものなのだろうか。あるいは，「学際性を育て合う」ための方法を考えていくうえで，ミカタの実践からはどのような示唆を得ることができるのだろうか。一つ目のシンポジウムは，このような問いを念頭に置いて企画された。

　シンポジウムでは，磯部洋明氏，高梨克也氏，佐野泰之氏の 3 名をゲストに迎え，メンバーからは萩原広道と真鍋公希が登壇した。

　宇宙物理学が専門の磯部洋明氏（本書第 6 章執筆）は，研究のみならずアウトリーチ活動などにも積極的に取り組まれている。シンポジウムでは，こうした経験を踏まえて，一般市民や異分野の専門家に研究を語ることの意義について発表いただくよう依頼した。ミカタのメンバーはいわゆる文系の分野を専門とする者が多いため，ミカタの意義を再検討するにあたって，理系の研究者の視点を参照したいというのが依頼の意図であった。

　高梨克也氏（本書第 7 章執筆）はコミュニケーション科学が専門で，さまざまな場面での会話の様子について分析されている。学際的なフィールドで研究されてお

られるため，日常的にバックグラウンドの異なる専門家と議論されているわけだが，シンポジウムでは，そのときに何を意識しているのか，あるいは翻って自分の専門分野をどう捉えているのかについて発表いただいた。

　佐野泰之氏（本書第8章執筆）は総合人間学部，人間・環境学研究科の卒業生であり，ミカタが発足した2017年から3年間は人間・環境学研究科の特任助教として，オブザーバーというかたちでミカタに出席されている。そのため，総合討論の際にミカタの内外をつなぐ役割をお願いした。また，佐野氏は専門のフランス哲学のみならず，学際教育に関する研究業績もあるため，学際教育的な取り組みとしてミカタの実践をどう位置づけられるか，という観点で発表を依頼した。

　上記の3名には，第3章と第4章の初稿を事前に共有し，それを踏まえてシンポジウムにご参加いただくよう依頼した。そして，シンポジウム後にあらためて，当日の議論を踏まえた論考を執筆いただいている。この経緯を踏まえ，以下では全体ディスカッションの紙上再録の前に，登壇者の当日の発表要旨を掲載している。また，全体ディスカッションの後には，真鍋から全体を総括するコメントを付した。この点は第2部も同様である。

　なお，当日の全体ディスカッションは盛況であったが，紙幅の都合上，残念ながら本書ではその一部を抜粋して掲載することとなった。それでも，当日の熱気は十分に伝わることと思う。

2 登壇者・発表要旨

2-1 自然科学にとっての人文社会系との協働の話（磯部洋明）

　本発表では，自然科学と人文社会科学の学際的共同研究，および学際的な大学院教育について具体的な事例を紹介し，そのうえで人文社会科学との交流が自然科学者にとってどのような意義や影響があるのかを論じる。

　発表者の専門は宇宙物理学であるが，文化人類学，倫理学，歴史学などの研究者との共同により，宇宙分野と人文社会科学の接点から生まれる新しい研究領域の開拓にも携わってきた。一般に自然科学と人文社会科学の共同研究には，防災，環境など複合型の社会課題の解決を目指したものや，科学技術に伴う倫理問題などトランスサイエンティフィックな問題を扱ったものが多い。発表者が携わってきた宇宙の人文社会科学にもそのような側面はあるが，それと同時に，宇宙という極限環境における人間の活動を考えることが，「人間とは，社会とはいかなるものか」といっ

た人文社会科学にとっての根元的な問題意識に対しても応答しうるものであることを強調したい。

　一方，そのような人文社会科学との協働は自然科学者とその研究に何をもたらすのか。倫理問題のように科学と社会との接点となるような問題を考えるうえで人文社会科学との協働が必須であることは論をまたない。しかし自然科学の本質的な部分の一つに人間的なバイアスを極力排除して理解しようとすることがあると考えるならば，自然科学の研究そのものにとって人文社会科学との協働が直接的な影響を与えることはほぼないといってよい。だが，単に異分野の知見や方法論を学ぶだけでなく，異分野の研究者が何を面白いと感じているか，何が研究へと駆り立てる情熱の源なのかを知り，それをいくばくかでも感じられることは，学際研究における大きな喜びである。それは論文などのかたちで公的に発表される研究成果に現れることはないが，個々の研究者にとってはそれこそが最大の成果である。つまり学際研究の最大の成果は，それに取り組んだ個々の研究者のなかに実を結ぶものである。

　発表では，学際的な研究と社会実装を重視した教育を行う京都大学総合生存学館において，発表者が教員として博士課程の指導に関わった経験に基づき，大学院生が学際的な研究に取り組むことの意義と困難についても議論する。

2-2　「他者の関心に関心をもつ」ということ（高梨克也）

　専門分野を聞かれると，とりあえず「コミュニケーション科学」と答えるようにしている。「とりあえず」というのは「コミュニケーション科学」という分野は実は存在しないという可能性もあるからだ。たとえば日本学術振興会の分野コードには「コミュニケーション科学」に類する分野はない。私は京都大学人間・環境学研究科の出身だが，出身研究室の専門分野は言語学ないし哲学であった。しかし，コミュニケーションに関する研究を進めていくにつれて，心理学，社会学，情報学，人類学などのさまざまな分野の知見が次々と必要になっていった。コミュニケーションという現象自体が多分野にわたる複合的なものだという点が，コミュニケーションを専門的に研究する分野がない理由の一つなのであろう。

　しかし，これは必ずしも欠点ではない。見方を変えれば，コミュニケーション研究にはその実践を通じて関連諸分野の縦割りに「横串を通す」ことができる可能性がある。私自身も最近は「フィールドインタラクション分析」と称して，さまざまな領域についてのフィールド調査のための「手段」としてコミュニケーション分析を用いることを重視している。科学展示制作，起業コンサルタント，サイエンスカ

フェ，無形文化財の祭りなど，多くのフィールドでの調査を行ってきたが，こうしたフィールド調査の場で心がけているのは「他者が気になっていること（interest, concern）が何であるかを気にしよう」という態度である。

この態度はフィールドワークや異文化理解のための一般的な心得であるともいえる。さらにいえば，人は誰でも自分たちの日常的な営みに対して異文化理解的にフィールドワークすることもできるはずである。人がある学問分野に入っていく際には，その分野に対する興味や憧れなどとともに，さまざまな違和感もまた感じるだろう。こうした違和感は当該文化への適応が進むにつれて徐々に忘れられていくのが普通だが，逆に，何らかの「工夫」によってこの違和感をあえて保持できれば，そこには学際性が生まれてくる素地が育ち始めていることになるのではないだろうか。ミカタもまた，こうした「工夫」の一つと捉えなおせるのではないかと考えられる。各自の特定分野での研究活動と，その分野での研究実践を対象としたフィールドワークとは二者択一なのではなく，二重生活を楽しむぐらいのつもりでよいのだと思う。

2-3　「教養」としての学際性？（佐野泰之）

ミカタを他の類似するプレ FD から区別する重要な特徴は何か。この点についてミカタのメンバーと議論をしたことがある。その際に指摘されたのは，まず，「学際的」プレ FD であるミカタにおいては，参加者が自分自身の専門分野の特徴を学問全体という大きな視野のなかで把握することが求められるということ，さらに，異分野の専門家や非専門家の前で自分の専門分野を的確に語る技能と，その裏面として，異分野の特質を適切に掴む技能が要求されるということであった。

本発表ではまず，これらの指摘が学問と大学の歴史に照らしてどのような意義をもちうるかを考察した。まず，「学際（interdisciplinarity）」という概念が登場した経緯を振り返り，この言葉が 20 世紀初頭に，複雑化する現代社会の諸問題に対応するための分野横断的研究を指すために作られたこと，それがやがて 1970 年代の OECD の報告書などのなかで「学際的な教育アプローチ」が要請されるに至り，高等教育の理念へと転用されるようになったことを確かめた。19 世紀ドイツにおいて，近代的学問を特徴づける academic disciplines の自立化や学問の自己目的化，教育に対する研究の優位化が進行したのに対して，「学際」という概念はいわば「観照」から「実践」，「研究」から「教育」への二重の揺り戻しのなかで徐々にその存在感を高めてきたといえる。

　とりわけ，学際という概念が，今日では「研究」の理念としてだけでなく「教育」の理念としても用いられているという事実を踏まえるならば，学際の意義を，いわゆる「学際研究」の目的としてしばしば語られるような，知識の産出や社会問題の解決という観点からのみ考えるわけにはいかない。それに加えて，異分野間の協働や交流が研究者と学生にもたらす教育効果というものにも注目しなければならないだろう。

　ミカタの活動の意義を，もっぱら特殊な技能の獲得という観点から捉えようとする前述の議論は，まさしく学際が有する教育的意義を明らかにしようとする試みとして理解できる。本発表ではこのような展望のもとで，この議論を「コンピテンシー」や「教養」をめぐる今日的な言説と結びつけ，ミカタの活動の意義をより一般的な観点から明らかにすることを試みる。

3　ディスカッション

3-1　アウトリーチと教養教育

谷川　教養教育とアウトリーチは一見話す内容は似ているものの違う営みだと思います。磯部先生としては，教養教育を芸大でやっているときと，アウトリーチをやっているときで，何か違いのようなものはありますか。

磯部　アウトリーチというときは広報的な意味が大きいですが，それを市民との科学コミュニケーションと言い換えると，それは非常にいろいろな意味をもちえて，科学の楽しさを共有する意味もあれば，トランスサイエンスなことを一緒に考えるという意味もある。たとえば授業は15コマあるのに対して，一般向けに15コマやることはないから，ボリューム感は違います。基本的に私が持ち帰ってもらいたいと思っているものには，アウトリーチも教養教育も，それほど大きな違いはないのかなと思います。ただ，それは天文学という特殊性もあるのかなと思います。たとえば私が医療や防災の研究者だと違うと思います。

真鍋　教養教育にしろ，アウトリーチにしろ目的が複数ありますよね。特に科学コミュニケーションのように，現実の切迫した問題が関わる場合には，科学者と市民の対話を通して合意を形成することが，真面目な目的としてはあると思います。一方で，面白さを共有する，高梨さんの言い方を借りれば，「気になること」を提示するような目的が前面に出ることもある。やはり企画によってどこに焦点を合わせるかが変わってくると思います。ただし，大学で「教育」というかたちをとってや

るからには、「気になること」の共有だけでなく、伝える知識の部分も目的化しなければいけないのではないか。基礎教育的な面も出てくるんじゃないか。京大教養部の資料などを読んでいると、そういった議論が時々出てきます。知識ばかりが重要とは思いませんが、教育制度の一部である以上は、こういった議論をなおざりにしていいとも思えません。その意味で、教養教育とアウトリーチがまったく同じ活動だとはいえないし、何らかの線引きがあるような気がしています。どう違うのかは私もうまく説明できないのですが。

磯部 科学コミュニケーションのときは、もちろんこういうことが伝わったらいいなという心づもりはありますが、「ここまでは知っておいてください」とは書きません。でも、授業のときには、シラバス上でそれを書かざるをえない。教育は当然ながら欠如モデル的で、知識を与える啓蒙主義であるといえなくもない。ただ、科学コミュニケーションのような、双方向の対話には気楽な面があって、こちらは出すものは出して、それをみてどうですかという構えでもある。対して、授業をするときは、私は一方的な垂れ流しがいいとは思わないけれども、やはり教壇に立つ者として「みなさんにこれだけのものを提示するので、ここからこういうことを皆さんは学ぶべきだと私は考えます」と示さないといけない。覚悟という面では授業で教えるときの方が大きいです。

知識教授的な側面は微妙です。特に芸大生に物理を教えるときには。きちんと科学リテラシーをつけるための授業もやる。でも、たとえば芸大で数学の授業をやっているときにカントールの無限集合の無限の濃度の比較のようなことをやらせたりもする。理系の学生が数学の集合と位相の最初の授業でやるもので、京大生が1回でやる内容を3週間くらいかけてやって、「君たちは今後の人生で二度とやらないと思うけれども、人生で1回くらいこういうことをやってもいいんじゃないか」と、ある種の体験を提供するような視点をもっています。通常の積み上げ型が意図するのとは違う仕方で、知識の部分を授業で扱っている。ただ、芸大で学科の授業を教えるというのは特殊な事情なので、試行錯誤しているところもあります。

表層的なものだけではなく、学問の本当にど真ん中のところを教えるということに関しては、基礎をきちんと積み上げるのか、体験的にそういうものに触れさせるのかで、少し違うところがある気がします。

3-2 「やりたい」を探し、見極める

谷川 積み上げ式か、体験的にいろいろ触れるのかという点でいうと、高梨先生

のキャリアパスや，萩原さん自身の進路選択はオーソドックスではないし，積み上げ式でもありませんよね。この論点をどうご覧になっていますか。

萩原　なるほど。ただ，おそらく高梨さんや私の場合，運よく自分が探究したい現象がみつかり，それに対してどう向かえばいいのかを考えたときに，単一分野では収まらないというストラテジーを立てられた。たとえば，学部生の教育を考えたときに，そういう現象を学生みんながもっているとは限らない。漠然と何かに関心はあっても，いざ研究するとなると自分は何がやりたいのかわからない，と。そういう人たちは，とにかくある分野，ある研究室に属して，そのなかで何かみつけていくというやり方もあると思います。ただし，そうして探究したい現象がみつかるというのは，みんながたどれる道ではない。そこで気になるのが，高梨さんの経験してきた教育やキャリアは，そのまま人に勧めることができるものなのかどうか，ということです。

高梨　今から言うのは極論だと思って聞いてください。学生の人生はこれから先長いじゃないですか。そう考えたときに，究極的には，いつか「あれをやっておいてよかったな」と思うようなやり方で教育しないといけないと思う。その「いつか」が大学在学中か，研究者になる際なのか，大学を出た直後に即戦力として働くなかでなのか，老後の楽しみなのか，いろいろあると思います。そのときに思い出してもらう機会が一度もないことをしてしまったら，教育者としてはやはり失敗したと僕は考えたほうがいいと思っています。

　ある分野でどのようなディシプリンが必要だと決まっているのであれ，それは研究・学問の側の論理であって，教育の側がそれに従わなければならない理由は何もないと思う。ですから積み上げることが，今言ったようなことにつながるのであれば積み上げるべきだし，そうでないのなら体験をさせるということでもいいのかなと思います。

　ただどういうかたちであれ，大学で教育を受けた人が社会に出ていったときに，社会の側で，学生の学んできたことが価値のあることだとうまく認めてもらえないのであれば，大学は終わりだと，少し悲観的ですけど思っています。まずこれが１点目。

　それとは別に，私個人のキャリア選択の話。何か行き詰ったときの参考になるといいと思って，今日の講演では，学際研究を積み重ねるという私のキャリアパスの話もしました。これが多数派になればいいと思っているのではありません。なぜ私が学際研究しかやらないことが可能なのかを考えると，各ディシプリンの研究者がオーソドックスな研究をしていることに依拠しているんです。ですから，みんな

が私のようになることがいいのか，悪いのかと言われたら悪いと思います。社会にとってもそうだと思います。

萩原　内野手がきっちり守ってくれるから，外野を動き回れるということですね。たとえば，「コミュニケーションについて勉強したい」と学際的な関心をもつ学生がやってきたときに，どこに行かせますか。

高梨　それはコミュニケーションのどういう側面に興味があるのかを，まず徐々に時間をかけて聞き出していくことが最初です。実は立命館大学文学部の「言語コミュニケーション学域」でこの3年ほど卒論ゼミをもっています。テーマは言語コミュニケーションに関することなら何でもいいことになっているので，いろいろな学生が来ます。今学域のなかで一番広い範囲のテーマを扱っているゼミだと思いますが，たとえば学生がやりたいと言ったことに適した分野を提案していくと，それが社会心理学になる場合もあるし，日本語教育にある場合もあるし，もう少し社会科学系のものになる場合もあるし，もう少し情報系のものになる場合もあります。その学生が，コミュニケーションに対してどういう「コンサーン（concern）」（☞122頁）をもっているのかを教員が見極めて，一番重なる分野を中心にするよう方向づけるのかなと思います。ある分野を選ぶのではなく，あくまでも探求の中心にしたらどうか，という方向に。

3-3　コンサーン，あるいは「気になること」

磯部　ちょっと話がずれますが，私は高梨さんが提示した「コンサーン」という視点がとてもいいなと思いました。佐野さんも講演の最後にポロっと「気になること」という言葉を使っていましたね。私も先ほどの講演で，歴史学者との学際研究の説明で「エクスタシー」という表現を使いました。これに類することを，学際研究のときに必ず聞くようにしているんです。何があったらうれしいのか，どういうことをしたいのかということを聞いて，この人たちはどうなったらうれしい人たちなのかがわかると，結構仕事がやりやすくなる気がします。私は「気になること」の楽しいサイドだけを聞いていたのですが，高梨さんがこうなったら嫌という傾向性も含めて「コンサーン」と呼んでいるのはとてもいいなと思いました。

「総人のミカタ」の方も，「ものの見方」，「学問ごとの見方」という言い方をしますが，実はその言葉がピンと来ていなかった。物理学的な見方や，哲学的な見方などと聞くと体系立った印象で，あまりワクワクはしない。「見方」というと少しお堅い感じがして，もっと「気になること」「コンサーン」という方が，ちょっとウェッ

トな言葉ではあるけどスッと入ってくるような気がする。そこで,「ミカタ」の皆さんが「ミカタ」をなんだと思っているのかということを聞きたいです。

　萩原　皆さんそれぞれ答えがあると思うので,先にポロっと言っておこうと思います。今日のお話をうかがっていて,楽しくやることが大事なことは,とてもよくわかるのです。一方で,自分にとって「ミカタ」が楽しい場として機能しているかと言われると,おそらくそうではない。むしろしんどい場です。来たくない日のほうが多い。「ミカタ」に来るメンバーは仲のいい人が多くて,一緒にご飯に行くのはもちろん楽しいし,お酒も飲めたらうれしいのですが,この場に自分が来ると,「子どもの発達」という研究分野を代表しなければいけないし,自分がなぜこの研究をしているのかをいちいち見直さないといけない。そういうことを迫られる場なので結構しんどい。来たくないなと思うけれども,でも大事だと思うので来ているということがおそらく答えかと思います。

　高梨　それは時々だからしんどいという可能性はないですか。ずっとそうしなければいけないのだとしたら,やめるか,しんどくなくなるか,どちらかになると思うのですが。

　萩原　もちろん,毎日あったら絶対に来ないと思います。週に1回で,自分の発言する機会もかなり限られるということで,続けられている部分もあります。しんどさと楽しさの濃淡はメンバーごとにいろいろあると思います。私は,このメンバーのなかではそれなりに楽しみつつ,しんどいとも思いつつというスタンス。真鍋さんはずっとしんどいんじゃないかな（笑）。

　佐野　話をうかがっていて,「気になることを気にする」というのは僕もハッとさせられる表現でした。知らない分野の感触をざっくり掴みたいとき,僕はその分野の研究会でオープンなものがあれば行って,質疑の場面を注視するんです。そこで出る粗探し的な質問が分野ごとに多彩なんですよ。データの扱いはどうですか,論証はどうですかというように,気にするところは全然違う。質疑の場面は,特に批判的な質問の場合は,僕はそこからその分野のいわば負のコンサーンみたいなものを学んでいるという感覚がある。ある意味で,総人のミカタのいう「分野の見方」は,「気になるところ」と言い換えてもいいのかなと,今の話を聞いていて思いました。

　高梨　脱線ですが,今の話と関係して,「気になること」の話を思い出しました。修士2年の頃に関係しそうな分野の入門書・解説書のようなものを一通り読んでたんですね。たとえば心理学のなかで,発達心理学,社会心理学などは全部別と考え

ると，関連するものは 20，30 という感じで。それらの分野の平均的な教科書を 1 冊ずつ読んだ。けど，変な話，どの分野もつまらない。ただ，面白く読むためのコツがあるんです。「私はそこには関心がないけれども，この人たちはここに関心があるのか」と教科書を読むなかで到達できたら，この分野はなんとなくわかったと。この人たちと会ってももう話ができるという感覚になる。「気になること」が読み解けるという経験をしたのがキャリアの最初期にあったというのを思い出しました。それを本などのアカデミックな議論で，研究者は表立って言葉にしていなかったりもするんですが。

3-4　目標設定とコンサーン

真鍋　「ものの見方」というと，たしかにカチッとしたものを連想されるかもしれません。ただ実情は，今日の話でいう「情」や「気になること」の要素があったから，総人のミカタという企画は 3 年続いたんだと思います。そのうえで，2 点思うことがあります。第一に，カチッとした目標設定をしていたから，結果として「情」の要素が出てきたんだと私は考えています。「関心があることを言いましょう」という垂れ流しのような設定だったら，おそらく続かなかったのではないか。枠としてカチッとしたものを設定したのがよかったのではないかと思います。第二に，私自身がそうなのですが，一般論としても，そもそも自分の関心がよくわからないという感覚があって，そこから関心を探り当てようとするとき，あえて一度枠組みに当てはめることが有効なのではないかと思いました。自分に一度枠組みを当てはめてみて，その結果，枠からこぼれてしまうものがみつけられたらいいんじゃないかと。

高梨　講演では，「気になること」といっても，インタレストとコンサーンにどう違いがあるか言えなかったのですが，今真鍋さんの話を聞いて自分なりに腑に落ちました。インタレストはない場合もあるし，無理やり引き出さないと出てこない場合もある。他方，コンサーンは絶対にある。コンサーンがない生物は死んでいると思う。それがインタレストとコンサーンの違いだと思うんです。それぞれの人のコンサーン，プラス／マイナス両面でもたざるをえないようなそれぞれの人の根源的な何か。そういうところにつきあたれるかどうか。

磯部　芸大生に，「なぜ絵を描くのか」という問題を聞いているときに，「昔から何も興味がなくてやりたいことがなくて，全力でやりたくないことだけはいくらでもある。けれど唯一，相対的にやっていてもよかったのが絵を描くことだったから絵を描いている」という子がいたのを思い出しました。

高梨　その人は絵を描くことを取り上げられたらどうするんですか。

磯部　どうするんでしょうね。幸い取り上げられずに済んで，二十何歳までなりましたけれども，「この先どうしよう」と言っていました。

谷川　おそらく登壇者間でいろいろ話したいこともあると思うのですが，そろそろフロアに話を振りたいと思います。

3-5　いい目標と学際性

朱　来週のシンポジウム（☞第11章）に登壇者として呼んでいただいている，大阪大学と民間企業で働いている朱と申します。今日のシンポジウムは学際性がテーマで，来週は共同性がテーマなのですが，共同性は非常に難しいテーマだと悩んでおりまして，ヒントをいただこうと思って来ました。

　真鍋さんは，「何か明確な目標があったからよかった」とおっしゃいました。総人のミカタが単に会って話しましょうという場ではなくて，ゴールがあって一緒にそれに対して向かう場だったのがよかったと。「共同性を育む」というときに，手段は違うのだけれども目標は同じだということはありえる。でも，「目標が同じ」といってもいろいろありますよね。たとえばよくある学際系の本だと，みんな普通に自分の分野の話だけして，まえがきとあとがきだけ学際っぽくなっていることがあると思いますが，それはありがちな目標の話なわけです。そこで聞きたかったのは「いい目標」とはどういうものなのか，ということです。学際をやるというときに設定できる，ちょうどいい目標とは，どんなものなのかというご体験やお考えがあればお聞きしたいと思います。

佐野　明快な答えがあるわけではなくて，少し思ったことです。磯部さんは講演でしきりに，「こういうことは楽しいけれども，論文にはならない」と言っていました。ある意味，論文を出すという目標はよくないと僕は思います，学際に関していえば。研究成果として出さなくてもいいし，お互いにばらばらに成果を持ち帰って，その成果をもとに自分のところで何かを生み出すというかたちでいい。総人のミカタの場合，大学院生などからすれば，非常勤講師などの働き口を得るために教育経験を積みたいというような，全然学際「研究」と関係のない目標，インセンティブがあるわけです。そういう人が集まってきて，でも実際にやりながら分野同士の接触をもつなかで，「気になること」が互いにわかってくる。そのような仕方で，ある種の「学際性」が深まっていく。学際性に関しては，学際研究や，学際的な共同研究をやろうという目標を掲げるのはよくないんじゃないかと思います。

磯部 おっしゃることはとてもよくわかって，もちろん論文を書くために生きているのではない。ただ一方で，われわれはプロの学者なわけです。そしてたとえば人類学や歴史学も研究費などをとってきてやっていると，本当にトランスディシプリナリーなのか，それぞれのディシプリナリーなのかはともかく，論文などをアカデミックに出さねばならない。それがあることによって，自分たちがもっているものを本当にギリギリまで出し合うんです。「それだと論文にならない」という戦いがあるから，ふんわり楽しいものだけでは到達できないレベルに触れるのを感じることはあります。

谷川 歴史学との共同研究でもそうですし，総合生存学館（思修館）勤務時代の学生の論文指導もそうですが，磯部さんは異分野に関わるとき，ちょっと相手の分野に踏み込んで参加する，あるいは，その分野の専門家でないにもかかわらず，その分野の専門家に誰かを橋渡しするということをされている。つまり，研究であれ教育であれ，学際に関するとき，分野内にいてそこを守るというより，想定される役割分担をあえて逸脱していく側面があるような感じがします。

磯部 言われて考えてみると，二つほど意味があると思います。一つは，たとえば歴史や哲学などの分野と共同研究を始めるときに，あまりにもとんちんかんだと相手にされないんですけれども，ちゃんと勉強してある程度踏み込むと，「いやいや，それはこうなんだよ」と 10 倍くらい返ってくるんです。向こうが乗ってきてくれる。より深くパートナーを引き込むためにあえて踏み込むということをやっている側面は自分にもあると思います。

あともう一つは，異分野に踏み込むことによって，自分が学べるのでやっぱり面白いんですよね。何か自分のなかに，それをする前にはなかったものが生まれる気がするので。もちろん専門的なトレーニングを受けていない分野について専門家っぽく語るのは，大学教員としては無茶苦茶勇気がいることなんですけれども，それでも，それぐらいやろうと思うと真剣に勉強します。それをやってみることで研究のプラクティビリティが上がるかというと微妙な気はするのですが，やっぱり自分のモチベーションが上がるというか。その二つの側面がある気がします。

3-6 コミュニケーション自体を目的にしない

佐野 なるほど，対話そのものを目標にしてはいけないということかもしれません。つまり，異分野で集まってただ話しましょう，互いに交流しましょうということでは駄目だと。むしろ，互いをガチにさせる目標は必要で，それが論文であるこ

ともあるし，そうでないこともあると思うのですが，少なくともつながりそのものが目標ではない。分野同士がお互いに同じような共通の目標をみて，それに向かっていく縦の運動に付随して起こる横の相互作用が大切で，横の相互作用そのものを目標にしてしまうとなあなあになってしまうんじゃないかと思いました。

高梨　私もちょっと答えが浮かんだ気がします。何か必要に迫られて自分の村を出て，交易をするということはある。コミュニケーションの研究者は，コミュニケーションを目がけて行くんだけど，コミュニケーションを目的にした場ってやっぱり不自然なんですよ。コミュニケーションは何かのための手段だと考えたほうが健全で，そう考えると対話のための場を作ることに賛成できないというのはまったく同感です。だから「対話しましょう」という目標を掲げた途端に，何だかわけがわからなくなる。それは本当に間違いないと思います。サイエンスカフェなどやっていても，何だかよくわからないといえばわからないんですね，あれって。

　その一方で，京大だから特殊なのかと思うことでいうと，論文を書くことって，世の中的には非常にマイナーな目標だと思いませんか。もちろん論文を書くという目標を掲げてはいけないとはまったく思わない。けれども，もっとほかの目標を考えたほうがいいなという気は正直しています。

谷川　ほかの目標というのは，具体的に何かありますか。

高梨　やっぱり課題を解決することだと思います。社会課題でなくても，生活上の課題を解決する，でもいいと思うんです。たとえば人が井戸端会議をするときは，うわさ話をしているだけではなくて，「あ，そうやったらうちの暮らしももう少し楽になるのね」と，生活上の問題をそれぞれの人が解決している気がする。ただ，課題の解決とはいっても，共通の課題をみんなで解決する必要はないと思うんです。何かの場で集まって協働することで，課題がそれぞれ解決すればいいんです。そこで解決されているのが，コンサーンだと思います。だから，コンサーンの解決が目標だということが，一番プリミティブかなと。生物学的に切り詰めるとそうなっちゃうなという気がしています。

3-7　社会課題と学問の複雑さを前に，分野を選べない

渡辺　総合生存学館（思修館）2年生の渡辺彩加と申します。今の話に付随しておうかがいしたいです。歴史のなかで社会問題に対応するものとしてインターディシプリナリティ概念が出てきたけれども，専門分野を修めていない学生にどう教育するかという，佐野さんの講演の話題に関連することです。おそらく，コンサーン

自体は専門的な研究をしたことがない学生でも抱けるものだと思うんですね。ただ，問題はそれをどう研究に発展させるのか。たとえば，環境問題に興味をもっている人は多いと思うのですが，それをどういう切り口でやるのか。それは結局問題や現象は複合的だということに帰結するのですが，どうやって「研究」にまでもっていくのか。講演での佐野さんは問題提起をして終わったように感じたので，この点のご意見をうかがいたいです。

佐野 要は社会問題や具体的な問題に興味をもっていて，それを学問的な研究までどうやって落とし込むか。教育者側としては，どのようにそこまでもっていくかということですね。根本的には，教員一人でできることではなく，カリキュラムの問題だと思います。思修館のことは詳しくは存じ上げないので，同じく学際的なカリキュラムをもつ総合人間学部の学部生を想定して答えますね。この学部では，いろいろな分野が学べるんだけど，4年間で総体としてどういう授業を受けて，どういう学習経験を積むかということについては大部分が学生の自由選択に任されています。

　そのとき，社会問題に取り組みたいといった明確な問題意識をもっていればそんなに問題はないんです。つまり，はっきりした問題関心さえあれば，自然と一貫性のある科目選択ができる。あとは最終的に，自分が取り組みたい問題に関連する分野を自分の専門として選んで，そのなかでできることから始めていく。そうしていると，どれくらい時間がかかるかはわかりませんが，やがて当初の関心に届くような研究ができるようになるだろうと思います。むしろ難しいのは，関心がほとんどないような学生です。そういう学生は，科目選択も行き当たりばったりになりがちで，3回生や4回生になっても専門が決められないこともある。でも，関心，つまり自分が進みたい明確な方向さえ定まっているなら，最初は自分が具体的にどこに向かっているかわからなくて不安になるかもしれないけど，そのまま勉強していけば何だかんだでどうにかなるんじゃないかと思います……でも，あまり直接的な答えにはなっていないですね，すみません。

萩原 今の質問について。関心が絞り切れていないから研究に落とし込めないのか，やりたいことは決まっているけれども教えてくれる先生がいないから困っているのか，何で困っているのかがよくわからなかったので，もう少し教えていただければ。

渡辺 おそらく両方だと思います。まず，環境や難民など，大きな社会問題への漠然とした関心があっても，どこから切り込んでいったらいいのかわからない。も

う一つは，教えてくださる先生がいないということもあると思います。さらに，今佐野さんが指摘したように，切り口や道具がたくさんあるからこそ，何を選んだらいいのかわからないという状況に陥っているのかなと思うんです。

磯部　私が総合生存学館の学生をみてきたうえで思うことですが，学生の大半は，学問や研究ではなく，難民問題や環境問題への意識が先行している。社会課題をどうにかしたいというのは，いいモチベーションですよね。でも実際に社会課題を研究にしようと思うと，ものすごく絞らないといけないので，まずどれに絞るか見極めないといけない。しかも，絞った領域の研究に手をつけたところで，それは大切なことだけれども，すぐに問題を解決するわけではない。だから，社会問題への意識が強い学生にとって研究はすごい回り道に思えてしまう。もちろん，そういう人は社会活動のなかに飛び込めばいいという考え方もあるけれども，一方で学生には学問に基づいてやりたいという思いもあって，そこの立ち位置の取り方に苦労している気がします。

谷川　今回のシンポジウムの内容でいうと，「学際性」のなかには，ほかの研究者の話を聞く力に加えて，やりたいことの内実を発声できない学部生や，単に学問に関心をもっているだけの段階の人の話を聞く力も含まれているのかなと思いました。磯部先生の総合生存学館時代の話や，高梨先生の立命館ゼミの話に通じそうですね。

3-8　分野に飛び込んでアイデンティを作ってから拡げる

佐野　みなさんが助け舟を出してくれたおかげで，先ほどより明確に答えられると思います。おそらく僕が最初戸惑ったのは，渡辺さんの質問が，総合人間学部の学部生にはあまりない問題のような気がしたからなんです。総合人間学部に入ると，多様な関心をもっている人と関心があまりない人とに二極化している。関心が旺盛な人は，苦労しながらも最終的にはうまくどこかに収まることが多い。それはなぜかというと，最終的には教員を無理やり決めさせられるからだと思います。関心がどれだけ広くても，2回生で学系を絞って，3回生で指導教員を選ぶことになる。指導教員を選んだら，基本的には指導教員の専門分野を学びます。指導教員の裁量によっては多少広いことをさせてもらえますが，基本的にはディシプリナリーな研究をやらされてしまう。つまり，いったん決めたことがアイデンティティになり，そこが出発点になっている。そこから研究を広げていくことになる。

　その点，お話を聞く限りでは，分野を絞るとき，勢いで決める，決めさせられるポイントが思修館には乏しいのかなという印象を受けました。では，どうすればいい

かというと，やっぱり決めるしかない。分野選択の場面で，学問の全体像と自分の問題関心を照らし合わせて最適なものを一つ選び出すみたいな神様のようなことはできないので，そこは偶然性に身を委ねるしかない。一番身近な先生，一番今ピンときている分野——それはもしかしたらすべてを見渡す神様の視点から見たら最善ではないかもしれないけど——のところにいったん入り込んで方法などを身につけ，自分の漠然とした関心を「研究」につながるかたちへと明確化していく。そこからさらに頑張って自分にできることを拡大していくことはもちろんできますが，その前にいったんは狭いところに入らないといけないと思います。

　高梨　学生に卒論テーマを考えさせるときに，研究背景として，学術的動機，個人的動機，社会的動機という３点を必ず書かせることにしています。１本でも強い柱のある学生は，たいていスムーズにいきます。個人的動機から入っても，その関心にどういう学術的な価値があるかを後から探していけばいいわけです。既存の研究を意識したような学術的動機でも，社会的な課題を意識したものでもいい。３本の柱のうちどこか１本あればスタートは切れるのではないかというのが，私自身のもっている考え方です。

　どこかに，えいやと飛び込んだほうがいいというのもある程度賛成です。ただ，分野に飛び込む際に，その分野がどういう知識を使っているかではなくて，その分野の研究を進めている人たちがどんな関心（コンサーン）をもっているのかを見抜ける情報を得てから飛び込んだ方がいいだろうなという気はします。その情報を引き出すためには，本を読むテクニックが高ければ読書でもいいし，そうでないなら先ほど佐野さんが言ったように，学会やコミュニティに行って，質疑で人がやたらにこだわっているところがどこなのかを探してみるのがいいと思います。コンサーンを知って，合いそうな分野に飛び込むのがいいというところまではいえると思います。

3-9　学際系大学院への進学動機

　磯部　ちょっと話がずれてしまうのですが，ここにいる総人（総合人間学部）・人環（人間・環境学研究科）の方に質問があって。先ほど，総合生存学館には社会課題の意識が立っている人が来ると言いましたけれども，学部である総人に進学する人は，入学時点であまり決めたくないという人が多いというのはわかる。大学院である人環に入る人は，高梨さんのように「研究分野的にどこにも適切な行き先がないけど，ここがあるやん」という感じで流れ着く以外のパターンは何かあるんですか。

高梨　私の場合は，闇のなかで人環だけ光っていた状態だった。

磯部　闇のなかで（笑）。そこしか光がなかったという以外の理由はあるのかなということがふと気になって。みんななぜ人環に来ているのだろうという疑問があります。

萩原　私の場合は，高梨さんとほぼ同じ状況です。

真鍋　明確な何かがあるわけではないです。学部で総人だったし，えいやと勢いで上がったんだと思います。

谷川　自分も真鍋くんと同じですね。もちろん，特定の教員目当てで他部局・他大から来る人もいます。他部局・他大から，縛りの緩さを求めて来る学生もいるようですね。

梶丸　今，人環で助教をしています梶丸岳と申します。もともと総人に入ったときに四つほどやりたい分野があって，完全に文理にまたがっていたので，まず総人に入ってひと通り触れてからどれを選ぶか考えようと思っていました。「文転はできるけれども，理転はできないだろう」と思って理系の専門分野に入って，学部時代は植物学を修めました。諸事情によって文転し，大学院に上がったときはコミュニケーションの研究をするつもりで，菅原和孝先生のところに入って，最終的に何の分野かよくわからない博士論文を書いています。専門としては，人類学になります。

学部の専門とその後の研究は本当に何の関係もないので，何か役に立ったかというとよくわからないところがある。私が学部入学した1999年頃は，それぞれの先生はオーソドックスな専門研究をしていて，さほどわけのわからない場所ではありませんでした。大学院に上がったのも，関心が比較的近くて悪くなさそうな先生がそこにいるからというような理由です。

3-10　学際教育の可能性と，近い分野の相互作用

谷川　ところで，受け入れ側の人環の先生もいるので，よければ小木曽先生。

小木曽　総合人間学部で地球科学をやっています小木曽哲といいます。学際研究は一切やったことがありません。でも，学部の教務委員長を3年間やって，今は副委員長をやっています。私は皆さんの批判にさらされながらカリキュラムの改定を考えているのですが，そのときいつも，専門性と学際性との両立は，学部教育レベルに限っていえば無理なのではないかと思ってしまいます。確固たる専門分野をもっていてこその学際なんじゃないか。「新たな人間の学問を作る」「既存の学問分野を見直す」みたいなことを，総人の理念は謳っている。もちろん，それはそれで

すばらしい理念だとは思いますが，それをカリキュラムというかたちで，しかも学部レベルで実装するとなったときに，とても難しさを感じる。私は理学部でガチガチに岩石学をやり，地球科学という専門性をもっている。その立場で，文学研究者の芥川龍之介の足跡をたどる研究の話なんかを聞くと，岩石学とまるきり同じことをやっているのがわかる。岩石学者がフィールドで石をとってくるのと同じように，どこかで芥川が何か言った，みたいな文献をみつけに行く。そういうところに，ものすごく共感できるんですよね。でも，この面白さを，何も専門性を身につけていない学部生に伝えるのは難しい。伝わらないだろうけれど，「面白いでしょう」と私たちは言うし，言うしかない。専門性にどっぷり浸かって，それでこういう場に来て，いろいろなほかの学問分野とのつながりや，モチベーションをみつけるということを，私たちはできるけれど，学部生にそれができるのか常に疑問です。現状は，佐野さんが指摘したように，無理やりどこか専門分野を決めさせている。どこかの分野について卒論を書かないと卒業できない仕組みにして。けれど，それができなくて適応できない留年生がたくさんいるという現実もある。学際を謳う学部がいったいありうるのかどうか。皆さんの正直なご意見をうかがいたいと思います。

佐野 学際的科目の例としてしばしば挙げられるのは，学際的な PBL（プロジェクト型学習）ですよね。具体的には，環境問題など具体的な社会課題を設定して，それに対してアプローチさせる科目を設け，そこに複数教員を関わらせるというような。ただ，専門性はやはり教員は譲れないところだろうし，そもそも，学際的な教育ができる人，異分野に対して開かれた研究者といった条件の人事採用を人環はしていないので，そういう科目を担当できる人は限られると思います。

実行可能な案として，まずは近い分野の先生同士がちゃんと塊を作ってはどうかと個人的に考えています。全然違う分野同士で協力するのは，総人の現状で無理に試みてもおそらくうまくいかない。これは僕が在学していた頃の例ですが，人環で哲学を修めようとすると，博士後期課程の段階で，「思想文化論」という括り（芸術学や文学などを含む）で先生方に囲まれて中間報告をする機会が一回あります。逆にいえば，この程度の近い分野同士ですら一回しかそういう機会がないんです。近い分野同士なのに没交渉という状態を解消することで，少しは風通しがよくなるんじゃないかと思います。要するに，教員組織のあり方を整理して，お互いに遠い分野はひとまず措くとしても，近い分野同士をちゃんと近づけるだけで相当変わるのではないかと思います。

3-11　いい迷い方と，迷子のインストラクション

萩原　指導教員の阪上〔雅昭〕さんがこんなことを言っていました。総人生は卒業しても迷っている。卒業生インタビューという企画を，阪上さんは佐野さんと一緒に進めている。いわく，誰にインタビューしても，みんなずっと迷っている。就職した後に転職したり，進路を変えたり，関心が変わったり，大学院に戻ったり，ずっと迷うような人たちが集まる場なんだなとしみじみと思った，と。私自身，総人に入ったけど転学部し，一度働いて，人環に戻ってきた。

　その話を聞いたとき，「いい目標」があるように「いい迷い方」もあるんだろうなと思ったんですよ。迷い方のガイド，どう迷うのかといったことなら，学部の段階でも何かしらのヒントを得られるのではないかという気はしています。

谷川　迷い方の案内人がほしいということですね。一緒に迷う人でもいいし。『迷うことについて』（R. ソルニット）という迷子を奨励する本を思い出しました。

高梨　萩原さんと私の答えは模範解答ではないという気がしています（笑）。たとえば，迷いがなくなったら人生つまらないという考え方をするなら，迷うことはいい。かといってずっと迷って，不安で不安で仕方がないというのも嫌じゃないですか。そう考えたら，「迷っても大丈夫」と思えるようになって卒業してもらいたいという気がしますね。「私は迷っても何とか切り抜けられるんだ」と思ってもらえるようにするには，大いに迷わせることと，適度に救ってあげることとのバランスかな。

萩原　案内というと，総人には，学生に合わせてメンターに徹することができる先生がいないですね。そういう先生を，総人の先生方はよしとしないだろうと思うのですが。基本的には，自分の部屋（＝研究室／専門分野）に来たら，この部屋から出るなと言う先生ばかりです。おそらく，指導教員は私のメンターでしかないということに私は救われている。私を指導しない。だって，指導教員は物理の専門家で，私は子どもの発達を研究しているので，専門が違う。もちろん議論に付き合ってくれるし，「子どもの発達について勉強したいのでどこどこに行く」という選択を自分でできるし，勉強先を紹介してもらえることもあります。学際的な箱なのに，メンター役を引き受けて，勉強先を外に委ねられる先生がほぼいないというのは，悲しい現状ではないかと思います。

3-12　学際に割く時間の作り方

梶丸　私は，ずっと学際的なことに関心があり，多くの分野に顔を出していまし

た。けれど，最近は忙しくてできていません。たとえば，昔から連歌に興味があり，同僚の連歌研究者から学びたいと思ったまま丸2年経ちました。だから，余裕がないと学際的な関心や興味を実行に移すのはとても難しいと思うんです。どう解決したものかと困っているので，もしアイデアがあれば教えてほしいなと思います。

　谷川　朱さんは，働きながら研究されていますよね。その両立をするために，どう余裕を捻出しているのでしょうか。

　朱　大阪大学の哲学の研究員もやっている一方で，広告代理店で会社員として働いています。修士を出て，3年働いてから博士に戻って，働きながら5年かけて博士号を取ったという経歴です。一番大事なのは，やっぱり長い時間をかけたことだなと思います。修士を出て会社に入ってから3年くらいは，まとまった時間が取れず，ずっと仕事だけをしました。ただそれによって，いろいろ貯金ができたといいますか。そこで「きちんと仕事をしているやつらしい」ということになってくると，その後は，徐々に研究の時間を自分で作れるようになりました。仕事だけに取り組んだ3年で，何を面白がってもらえるかもわかりました。博士に戻ってからの5年のあいだは，3年で得た面白がり方のツボを探しながら，「この辺で面白がってもらえるのなら，自分の研究と仕事を引きつけてやっても会社から許されるだろう」ということを模索しながらやっていましたね。時間をかければわりと解決することもあるんだろうなと思っています。

　磯部　専門分野がありながらいろいろ手を出している者として話します。いくつかやり方のパターンがある。パターン1は，お金をとってきてしまう。責任が発生する。これでやる。パターン2は，学生を巻き込む。これもやらざるをえないという責任が発生する。パターン3は何かを犠牲にする。私はしばらく，専攻である太陽物理学会とかに行くことをほぼやめていた頃もあります。あと，学位を標準年限でとるのを諦めるとかね（笑）。そういうことをするとできると思います。

　佐野　やっぱりモチベーションの問題はとても大事ですよね。ミカタの場合は，今後研究者として生き残っていくための武器として模擬授業や異分野間対話の経験を積みたいとか，あるいは単にみんながわいわい何かやっていて楽しそうだとか，そういったことが参加するモチベーションになっていると思います。でも，そういうものがなくなったときには，論文を書く，資金を獲得するなど，異分野と強制的に関わらざるをえなくなるような目標を設定するのもいいのかもしれませんね。

　高梨　時間をかけないとできないことを，時間があるときにやるということをやはりするしかないと思います。私たちが大学院生の頃の話ですが，すごく暇だっ

たんです。本当に驚くくらい。指導教員は「論文を書け」なんて言わないということもあって，時間のある大学院生の段階で，私は，ある程度「地図」を作ることに成功したんです。だから，今は，必要なものを必要になったときに，必要なところにピンポイントで買いに行くことができる。だから何かを始めるときに早い。ただ，それはどこかで一度時間をかけたからだということはあると思います。逆にいうと，その時間をかけられない忙しさの学生生活は，学部であれ大学院であれ，少し大きな言い方をすれば，将来的に日本社会にとっての損失につながると思います。

3-13　領域侵犯し合う仲間，態度に効く学際

杉谷　院生参加者の杉谷和哉です。先ほど磯部先生が，あなたたちにとって総人のミカタとはどういう場ですか，と聞かれたのをずっと考えていました。はっきりいうと，「こいつらには負けたくない」と私は常に思っています。というのは，萩原さんみたいに教科書を書いている人に対して，無茶苦茶「悔しい」と思う。「こいつ，こんな若手で教科書を書いてるんか」と。今年の『人間・環境学』（紀要）で，真鍋くんが作田啓一の論文を書いたんですけど，これが面白い。「こいつ，すごいのを書きよったな」と思うわけです。負けたくない。谷川さんもすごいいろいろ書かれている。こいつにも負けたくないと思う。須田さんの数学の話もよくわからないけれども，すごいことをやっている。負けた気がすると思う。常に勝ってやろうと思います。それがある種モチベーションにつながっている。私みたいに身振り手振りで話すやつは，エリマキトカゲと同じで，これで周囲を威嚇して，とにかくこれで俺はすごいやつだってただ言い続ける（笑）。

　そういう負けん気を意識させられる場として，私にとっての総人のミカタはあるのかなと思っています。私の公共政策学という専門分野は，領域として広いので，みんなが入ってきてしまっている。そうすると，こっちも負けずにお前のとこの領域に逆襲しに行くという。こんな感じで，互いに領域侵犯する。そういうかたちで，私のなかの学際は回っているのだと思います。周りの方と意識は違うかもしれないですけど，今日の話を聞いてそんなことを考えていました。

磯部　そういう仲間がいるのはすごくいいなと思います。ただ，「すごい」という表現の粒度がどんどん下がってる（笑）。

谷川　まさに締めみたいな発言を杉谷さんからもらいましたが，最後に言わせてください。講演で高梨先生の使っていた「漢方薬」という比喩が心に残っています。ディスカッションでもそれに相当する話があったと思いますが。漢方薬としての学

際，遅効性の学際，いってみれば，「態度に効く学際」です。この学際性は，いつか「あれをやっておいてよかったな」と思うようなやり方で自分を教育することだと思います。漢方薬は飲むのに時間もかかるし，即効性がないので効果を明らかなものとして示すのも難しい。学部生であれ，大学院生であれ，研究者であれ同じことです。それをどうアピールするのか，どう教えるのかは，そしてどう身につけるのかは，今後も咀嚼していきたい課題だとあらためて感じました。

　今回のシンポジウムは以上で終了したいと思います。ぜひ登壇者の皆さまに拍手をお願いいたします。

　（拍手）

４　シンポジウムのまとめ・その後の展開

真鍋公希

　「学際性」をキーワードとして開催したシンポジウムであったが，むしろ当日の議論の中心となったのは，高梨氏が提起した「関心（interest/ concern）」概念だったように思う。そこで，ここではこの関心概念に沿ってシンポジウムの企画意図を再構成し，念頭にあった二つの問いへの答えを提示したい。

　はじめに，高梨のいう関心概念のポイントを整理しておこう。他者とのコミュニケーションにおいて，（場面によって程度の差こそあれ）私たちは二つの関心を抱いている。一つが自分自身の関心であり，もう一つが他者の関心に対する関心である。

　この二つの区別を踏まえると，ミカタを――理念的にも実践的にも――駆動させてきたのは後者の関心であったといえる。ミカタが目指す「自己相対化を促し外部との位置関係を把握するもの」としての「学際性」は，他者の関心に対して関心を向け，それを理解することで自分自身の関心を捉え返すことにほかならない。また，模擬講義から検討会まで，ミカタでの議論ではしばしば，他者の関心に対する関心に駆動された誰かの質問から「関心の連鎖」が生じることも稀ではなかったように思われる。

　こうしてミカタの中心に他者の関心に対する関心を位置づけるならば，研究者になるかどうかを問わず，またいわゆる学際的な研究を志向するか否かに関わりなく，誰にとってもミカタで涵養される「学際性」は意義あるものだと考えられる。というのも，他者の関心に対する関心は，日常のさまざまな場面における異質な他者との協働に不可欠なものだからだ。そのうえ，高梨氏が述べるように他者の関心に対して関心を抱くことが「フィールドワークの一般的な心得」でもあるとすれば，少

なくとも人間を対象とする研究者にとっては，ミカタで涵養される「学際性」は個別の研究を進めるための専門的な能力を培うことにもつながるだろう。以上が，「(ミカタが目指す学際性が) 誰にとって必要か」という問いへの答えである。

　また，シンポジウムでは，佐野氏から学際教育のあり方の一つとして PBL が提示された。そのような教育プログラムの有効性について考察する能力は筆者にないが，ミカタの実践を踏まえるならば，そうした教育プログラムの際に，対象に対する個々の学生の関心（だけ）をあてにしてはならない，とはいえるだろう。ましてや「科目で設定された特定の学際的な問題／プロジェクトに対して，学生はみな同じ関心を抱いている」などと想定することはもってのほかである。むしろ重要なのは，特定の問題／プロジェクトに対する個々の関心の多様さであり，その多様性に配慮しながら，学生が自分とは異なる関心に対して関心をもつことができる状況をつくり出すことこそが求められる。以上が，「ミカタからはどのような示唆が得られるのか」という問いへの答えである。

　ところで，他者の関心に対する関心を重視することは自分自身の関心をいったん棚上げにすることでもあり，「関心の連鎖」はコミュニケーションの不用意な拡散でもある。そのため，間接的・長期的な有効性はあるとしても，問題解決への直接的で即時性のある「合理的」なアプローチとは言い難い。この点でいえば，ミカタの掲げる「学際性」は，具体的な社会問題の解決を目指していた当初の意味とは対照的な位置にある。そして，この対比は，研究への直接の有用性をもつ専門教育と，それをもたない（けれども知性の基礎となることで長期的には有用な）教養教育の対比にぴったりと重なる。その意味では，たしかにミカタの実践は「「古きよき教養部」の歴史を陰に陽に継承している」（☞ 116 頁）のかもしれない。

　以上のように，シンポジウムでは白熱した議論が展開されたが，そこで中心となった「関心」概念は，オーディエンスとして出席していた朱喜哲氏によって，第2回シンポジウムにも引き継がれていくことになる。まさに「関心の連鎖」が生じたわけだが，その詳細は第2部（☞第 11 章）を参照されたい。

第1部

第2部

第6章

自然科学者が見た学際的な研究と教育

磯部洋明〔宇宙物理学〕

1 はじめに

　学際的な研究は一般によきものとされていると思われる。学問の細分化とその弊害については言われて久しいし，学際性を謳った研究組織やプロジェクトには枚挙にいとまがなく，大型研究資金の獲得や新組織の立ち上げにおいてはデフォルトになっているといってもよい。自分の専門にとどまらずに分野を横断して活躍できる研究者は（その人が個別分野においても高い業績を出していれば）高く評価される。

　しかし，芳しくない評判もないわけではない。本当に異分野を融合した，統合的な研究になっているのかという知的に真摯な批判もあるが，単に組織やプロジェクトの学際性を演出するための寄せ集めにすぎないという批判は，当該の組織やプロジェクトの外部だけでなく，上からの指示や組織改編の余波で否応なくそこに組み込まれた中の人びとから自虐的に聞こえてくることも少なくない。

　私自身の専門は宇宙物理学であるが，並行して人文・社会科学分野とのさまざまな学際的共同研究に携わってきた。先に断っておくと，学際と一口にいってもmulti-disciplinary, inter-disciplinary, trans-disciplinary などのさまざまなレベルがあるとか，真の学際研究とは異分野の寄せ集めではなく異分野の知が統合されたものであるといった議論は，重要ではあるがここでは深く立ち入らない。私にその能力がないことが最大の理由だが，一人の研究者が専門分野の外に踏み出してみる選択肢が自分にあると気づいたとき，目指す先が inter- なのか trans- なのかといったことはあまり気にしないのではとも思う。本章では，私がこれまで携わってきた具体的な学際研究教育の事例を紹介しながら，自然科学の研究者にとって，異分野との交流や学際的共同研究の推進にどのような意義や課題があるのかを考えていきたい。

2 余はいかにして学際研究を始めしか

　具体的な研究の紹介に入る前に，私が学際研究に携わるようになった経緯を説明
しておく。私が携わった研究のうち，特に人文・社会科学との協働によるものには，
宇宙人類学，宇宙倫理学，宇宙開発利用の科学技術社会論，歴史文献を用いた過去
の太陽活動の研究などがある。そのほとんどが，私が専任教員として 2008 年から
2015 年まで在籍した京都大学宇宙総合学研究ユニット[1]（以下，宇宙ユニット）を
活動基盤として始めたものである。

　学際研究プロジェクトがどのように類型化されているのか，私は不勉強でよく知
らないのだが，自然科学（理工系）と人文・社会科学の両方が含まれるようなもの
は，概ね以下のようなものだろう。まずは心理学，都市工学など，人間や社会を対
象として理工系の方法論も用いて研究する分野である。次にそれと重なりが大きい
が，防災，環境問題，資源・エネルギー問題など，自然科学的な知見を必要とする複
合型の社会課題解決のための研究である。そして生命倫理や科学技術政策など，い
わゆるトランスサイエンス的な問題群を扱う分野である。まず「他分野にわたる知
見が必要な問題」があり，それに取り組むために複数分野の専門家が知見を持ち寄
るところからスタートするのが標準的だろう。

　私が関わった宇宙の学際研究も，テーマでいえば上記の類型に当てはまるものも
多いのだが，その始まり方は学術的な必然性から学際的なプロジェクトを立ち上げ
た，というかたちではなかった。

　一口に「宇宙研究」といっても，天文学のような理学的研究，ロケットや宇宙機
の研究開発を行う工学的研究など多岐にわたり，近年は宇宙法や宇宙政策などの人
文・社会系の学問にも広がりつつある。宇宙ユニットはさまざまな専門性をもった
教員がいる京都大学の強みを活かし[2]，学際的で新しい宇宙研究を開拓することを
目的にして 2008 年に発足した。博士の学位をとって 3 年目のポスドクで，それま
で宇宙物理の研究しかしていなかった私は，宇宙ユニットの最初の専任教員として

---

[1] 京都大学における「ユニット」とは，学内の研究科や研究所などの部局を横断した教員
　グループを指す。こころの科学，ナノテクノロジー，政策のための科学など，「学際的
　な」研究教育に取り組むさまざまなユニットがある。宇宙ユニットには 10 以上の部局
　から 70 名を超える教員がメンバーとして参加している。
[2] 「強みを活かす」ことも研究の出発点としてはやや不純なものだと個人的には思ってい
　る。

採用され,「人文・社会科学を含めた新しい研究を行う（具体的な中身は問わない）」というミッションが与えられた。そこで, さまざまな分野の人文・社会科学系の研究者に片っ端から「宇宙に興味ないですか？」と営業をかけたところから, 私の学際研究は始まっている。

　これは研究を始めるうえでは不純な動機といえるだろう。「とにかく学際的な何かをやれ」と上から号令がかかり, そのためにいろいろな部局・部署から研究者が集められてシンポジウムを開くといった話はよく聞く。そこで異分野の研究者が出会って意気投合し共同研究へ発展するという例もあるので意味がないとは言わないが, やはり, 切実な社会問題や研究者の内発的な好奇心が研究のスタートであるべきだと思う。だが幸いにも私はそれを楽しんで行うことができたし,（もちろんたくさんの苦労があったが）有意義で自分の世界を広げてくれる経験だった。それは私自身の関心や性格によるものでもあるが,「とにかく学際的な何かを」と指示を出した宇宙ユニットの執行部の先生方が, その後は研究方針に介入することも成果を急かすことも一切なく, 本当に自由にやらせてくれたことが大きい。

　次節では具体的な研究プロジェクトの例を紹介する。宇宙ユニットにおける研究の全体像については宇宙総合学研究ユニット（2019）を参照いただきたい。

3 　宇宙の学際研究の例

　宇宙ユニットにおける宇宙の学際研究で, 一番最初に学術研究として形になったのは「宇宙人類学」である。これは人類の宇宙利用, 宇宙進出という現象について, 文化人類学的な視点から考察するというものである。初期の研究成果は『宇宙人類学の挑戦』（岡田ほか, 2014）という書籍にまとまっているのでそちらを参照いただきたい。文化人類学という学問にとって何より大事なのはフィールド調査だが, 限られた人しかアクセスできない宇宙で実現するのは残念ながらしばらく先のことになる。したがって, 初期の研究は, 宇宙飛行士を対象にした過去の心理学的実験や, 過去の大規模移民, 南極などの極限環境への探検や観光の事例を参考に, 宇宙へ行くことが人類に何をもたらすのかを考察するものが中心である[3]。『宇宙人類学の挑戦』の出版後は神戸大学の岡田浩樹らを中心に, 宇宙産業関連企業でのフィール

---

3) 京都大学（当時）の木村大治のように,「宇宙人とコミュニケーションできるのか」という問題に真剣に取り組んだケースもある（木村, 2018）。

ドワーク（Iwatani, 2015）や宇宙開発従事者のオーラルヒストリー採取なども行われている。

宇宙人類学の研究に参加していた複数の文化人類学者から聞いて印象深かったのは，この研究が文化人類学の陥っている隘路から抜け出す一つのきっかけになるという期待である。分野の成熟の裏返しとして個別の地域研究を深める方向に進んでいた文化人類学が，本来もっていた「人類とは何者か」という大きな問いに再び正面から向かい合う機会を，宇宙人類学がくれたというのである。文化人類学の現状に対するこの認識が妥当なのか私には判断できない。だがその言葉は，かつての自分を宇宙の研究へと駆り立てた，地球上の日常感覚とまったく異なる世界への畏怖と憧れの念を，プロの宇宙物理学者となった自分が忘れかけていたことを再び思い出すきっかけとなったのである。

次に紹介するのは，主として哲学・倫理学の研究者との共同研究による「宇宙倫理学」である。生命倫理に代表されるように，科学・技術の発達によりそれまでできなかったことができるようになると，私たちの生活に便益をもたらすだけでなく，それまでは考える必要がなかった倫理的問題が生じる。宇宙倫理学はその宇宙版である。詳細は参考文献（伊勢田ほか, 2018）に譲るが，ここで強調したいのは，宇宙倫理学の二つの側面である。一つは「宇宙のための倫理学」，つまり宇宙開発利用に伴って生じる問題の解決のために必要な応用倫理学としての側面である。この側面の宇宙倫理学的問題には，巨額の公的資金が投入されることの正当化，軍事利用の是非，宇宙開発の利益の分配などがある。そしてもう一つの側面が「倫理学のための宇宙」，すなわち倫理学という学問に固有の問題意識や知的好奇心に照らしたとき，宇宙という新しいフィールドが新しい視座をもたらしうるという側面である。たとえば「誰を倫理的配慮の対象とするのか（宇宙人は？）」，「人類の種の保存（宇宙進出の大義としてよく持ち出される）は人類の最優先事項か」といった問題などである。

このような二つの側面をもつ学問領域が宇宙倫理学だけでないことは明らかだろう。生命倫理や人工知能の倫理にも同じような側面があるし，倫理学だけでなく，文化人類学や法学などさまざまな人文・社会科学の学問分野にもあてはまる[4]。科学技術の ELSI（倫理・法・社会的問題）に関わる研究は，トランス・サイエンティ

---

[4] 著名な経済学者の P. クルーグマンには，経済学の理論を相対性理論を用いて銀河系に拡がる星間経済に拡張した論文がある（Krugman, 2010）。

フィックな学際研究の典型ともいえるが，しばしばそれは社会的要請に基づく研究だとみなされているように思う。その側面の重要性は論をまたないが，「人間とは，社会とはどういうものか」という人文・社会科学に固有の知的好奇心に答えるためにも宇宙や自然科学との共同研究が役立つということは，もっと強調されてよいのではないか。

　最後に紹介するのは歴史文献を用いた過去の太陽活動の研究である。歴史文献中の自然科学への活用としては，地震や津波などの自然災害研究の分野で盛んに行われている。天文学の分野でも，たとえば『明月記』に記されている超新星爆発の記録などは古くから知られていた。この研究は，宇宙物理学のなかでも私の専門である太陽の爆発現象（太陽フレア）とその帰結である地磁気嵐の長期的な変遷を探るため，強い地磁気嵐によって生じる低緯度オーロラの記録を使おうというものである。後述するが，この研究は歴史学と宇宙物理学の大学院生の発案によって 2014 年頃に開始し，その後，国と分野をまたいだ国際・学際共同研究に発展して数十本もの論文が出るなど，宇宙物理学研究として非常に大きな成果を挙げている。

　歴史文献の記録を自然科学のデータとして用いるこの種の共同研究は，歴史学側がデータを提供し，それを利用して自然科学側が成果を挙げて論文を書くという，いわば自然科学が歴史学を搾取するような非対称な構造になりがちである[5]。歴史学としての研究成果も出なくては共同研究として成功とはいえないと私は考えていたのだが，幸いなことに歴史学的な成果も少しずつではあるが出始めている。たとえば，文献に書かれたオーロラの記述を歴史学者と宇宙科学者が密接に協力しながら検証することで，当時の人びとの自然観や天変地異に対する社会の応答を明らかにすることができれば，それは歴史学側の関心に応えるものになる。歴史学的な成果を含めた研究成果と，それをもたらす歴史学と宇宙科学の協働の方法論は別稿（磯部ほか，2020）で論じている。

4　学際研究と大学院教育

　私は専任教員として京都大学に在籍していた 10 年間のうち，7 年を宇宙ユニット

---

5) ここでは踏み込まないが，共著が当たり前の自然科学と単著が基本の歴史学，自然科学分野の共著論文が必ずしも歴史学のコミュニティで理解・評価されないなど，アカデミックコミュニティごとの出版における慣行や業績評価の違いに伴って生じる問題も多い。

で，3年を大学院総合生存学館で過ごした。どちらも学際性を前面に出した組織である。本節では，学際的な研究テーマと大学院教育について，京都大学での経験をいくつか共有したい。

　まず，3節で紹介した歴史文献を使った研究プロジェクトがスタートしたきっかけは，当時京大の文学研究科で歴史学を専攻していた早川尚志と，理学研究科で宇宙物理学を専攻していた玉澤春史の，二人の大学院生の発案である。歴史的な文献中にある過去の天文現象の記録を用いた研究は以前から存在したが，近年人文学データのデジタル化が進み，中国の歴代王朝の歴史書などは全文検索が可能となった。そのことから，これまで見過ごされていた記録も含めて網羅的に調べられるのでは，というアイディアが発端だったようである[6]。宇宙ユニットは教員組織であり，学生が正式なメンバーになるという仕組みはないのだが，セミナーなど学生が参加できるイベントも多くあり，学生と教員を含む緩やかなコミュニティが形成されている。普段から学際的な研究について触れられる環境で出会った異分野の学生から，文理を横断した新しい研究プロジェクトが生まれたことは，個別の研究成果以上に宇宙ユニットにとって大きな成果だといえるだろう。

　次に，2015年度から2017年度まで3年間専任教員として在籍した総合生存学館での経験を紹介したい。総合生存学館は，文部科学省の博士課程教育リーディングプログラムとして採択された「京都大学大学院思修館」の実施部局として2013年度に設置された，5年一貫制博士課程の新しい大学院である。総合生存学とは，人類の生存に関わる地球規模の問題解決のためにあらゆる学術分野を統合して取り組む学問だとされている（川井ほか, 2015）。在籍する教員と学生の専門分野はさまざまであり，学生は学際的な環境で多様な学問分野を横断・統合し，かつ研究成果を社会実装して現実の課題解決へ貢献する実践的な取り組みが求められている。

　理想はすばらしいが，限られた年限でこれを実現することが非常に難しいことは容易に想像がつくだろう。そもそも既存の学問分野の範囲内であっても博士論文を仕上げることは容易ではない。ましてそれを学生が行うのは容易ではない。私が直接接していた多くの学生の博士論文は，特定の学問分野に軸足を置きつつ，できるだけ学際的，学際的，実践的な要素を取り込む，というかたちを取っていた。たとえば基礎的な理工学研究でアカデミックな成果を出しつつ，その社会実装に向けた

6) その後のプロジェクトでは多くの歴史研究者の協力を得て，データベース化されていない新史料を用いた研究に発展している。プロジェクト発足の経緯は磯部（2017）を参照。

実践的な取り組みを行ったり，防災やエネルギー政策などもともと学際的な土壌の
ある分野の課題に，参与観察や政策分析など既存の学問分野の方法論をベースに取
り組んだりといったケースがある[7]。定量的な評価は難しいが，学際的・実践的な
視点を常に意識しながら研究に取り組んだことは，たしかに学生たちの視野や関心
の幅を広げることに役立っていると私は感じている。

　だが，学際的・実践的な大学院教育を考えるうえでより示唆的なのは次のよう
なケースだと考える。学生の専門分野を問わず，社会課題への実践的な取り組みを
強調する総合生存学館には，気候変動，社会福祉，移民や難民が直面する問題など，
さまざまな社会課題への強い関心と使命感をもった学生が多く入学してきた。そし
て，入学以前に修士課程レベル以上のアカデミックな研究の経験をもっていなかっ
た学生の多くが，実際に自分がどうにかしたいと思っている社会課題の解決と「学
生が取り組んで論文として出版できる」研究とのあいだにある大きなギャップに戸
惑うことになる。アカデミックな論文には，積み重ねられた先行研究の上にそれを
さらに発展させる新たな知見を付け加えることや，客観性，信頼性を担保するため
に個々の学問領域が築き上げてきた方法論に則ることが求められる。一人の学生が
数年間でできることは限られており，ほとんどの場合は目指す社会課題の「解決」
にはほど遠いだけでなく，その研究を直接的に「役立てる」ことすら容易ではない。
社会課題へのコミットメントを強く指向した学生は，そこでアカデミックな研究か
らいったん離れ，より現場の実務に近い進路へのシフトを選ぶことも多い。それは
賞賛されるべき決断であると私は思う。

　その一方で，研究と現実のギャップへの違和感を抱えつつ，大学院にとどまっ
てアカデミックな研究に取り組み続ける学生もいる。彼女・彼らにとってその経験
はしばしば，学問の厳しさを学ぶと同時に，社会課題の解決に学問が寄与すること
の困難さ，一人の研究者としての自身の無力さを突きつけられる経験である。そし
て，その状態で数年間もがいた成果が「多様な学問分野を横断・統合」したと胸を

7）総合生存学館の博士論文のリストはホームページから閲覧できる〈https://www.gsais.
　kyoto-u.ac.jp/students-activities（最終確認日：2022 年 4 月 26 日）〉。なお博士論文の審
　査において，特に理工系では査読付き雑誌論文の出版が条件として課されている研究科
　も多いが，人文系ではそのようなケースは少ない。総合生存学館はさまざまな分野の教
　員，学生が混在していたため，英文の査読付き雑誌論文を重視するか，修士課程相当の
　段階から論文を出すことが一般的かなど，論文出版に関する文化やスタンダードが大き
　く異なることに学生が困惑することも多かった。

張って呼べるようなものになることはほとんどないといってもいいだろう。だが私にとっては，そのような学生と議論しているときが，最も学問について深く考えをめぐらせ，自分にとっての学びが多い時間であった。そして個々の学生にとっても，研究と現実のギャップ，社会課題の解決を指向しながら「論文にできる」研究に取り組むことへの違和感を常に心に抱えながら，それでも論文として出版できるレベルのアカデミックな研究を仕上げるという経験は，ほかでは得がたい大きな学びになっているように感じるのである。その学びが何であるかを明確に言語化することはまだできていないのだが。

5 自然科学者にとっての異分野交流の意味

　本章を執筆するにあたって編者の谷川嘉浩さんとやりとりしたメールのなかに，谷川さんからの以下のような質問があった。

　　自然科学系にとって，専門分野における自分自身の研究にも重要な効果をもたらすような，場合によっては研究の方向性や結論にも影響を与えうるような異分野との交流があるとすれば，どのようなものなのでしょうか？

　それに対する私の答えは，少なくとも自分の分野に限っていえば，「歴史文献がほかにはないデータを提供してくれる，といった例を別にすればあまりなさそうだ」というものである。宇宙や自然について研究することが，社会にとって，あるいはその研究者個人の人生にとって何の意味があるのかということを考えるときには，さまざまな学問分野から学ぶことが助けになってくれるだろう。それを考えることは学問の大切な一部分だと私は考えているが，少なくとも宇宙物理学の場合，それはジャーナル論文や博士論文に書かれるような「研究」とは明確に峻別されるし，峻別されるべきである。ある問題や研究対象に対してさまざまな人文・社会科学的視点を持ち込むことが研究の本質的な部分に関係しうるテーマとは，その点が異なるように思う。神から離れたときに人間を価値の源泉とみなした文系の学問と違い，自然科学は人間の視点は真理を追究する際のバイアスとしてみなし，それを排することを善とする（隠岐, 2018）。科学者の理解は本当に「世界の真理」の表現になっているのか，私たち人間が認識可能なかたちでの表現にすぎないのか，といった科学哲学的な問題は，自然科学研究そのものにも関わる問題として残るが，少なくとも

物理学系の研究においては，そのような哲学的考察とは独立して日々の研究が蓄積されているし，そうすべきでない積極的な理由を今のところ私はみつけていない[8]。

　しかし私は，異分野との交流は，特に実際に異分野の研究者と協働する研究にまで踏み込んだときに，自然科学者としての自分の研究にではなく，学問をする者としての自分の生き方に，大きな影響を与えうるものだと考えている。

　哲学者の森岡正博は，専門研究，学際型共同研究を超えた「総合的研究・教育」について論じた論文のなかで，それは研究者一人の個人のなかで達成される「ひとり学際」が専門研究，学際型共同研究と有機的に組み合わさったときに成立するものだと述べている（森岡, 1998）。森岡によれば「ひとり学際」とは「関連する学問分野のなかに土足で踏み込んでいき，そこからその分野の知識や方法やノウハウを学んできて［…］みずからの内部で「学際」を達成すること」，そして「そのテーマについての多方面からの理解に裏付けられた新たな知見を，自分自身のことばで学問として語りだしてゆくこと」である（森岡, 1998）。

　森岡のいう「ひとり学際」は，私が学際的研究に取り組む過程において，徐々に「こうありたい」と思うようになった姿と重なっている。ただ森岡の「ひとり学際」の説明に付け加えるならば，異分野の知識や方法，ノウハウを学ぶだけでは不十分で，学問分野を横断することの本当に面白いところに触れられていないと考え

---

8) ここで述べた考えは，谷川さんからの質問にあった「専門分野における研究」を比較的狭く解釈し，その枠内において何か研究の結論が変わるようなことがあるかという問いに対する答えとして，また主に自分の専門である宇宙物理学・天文学を念頭において，シンポジウム開催時に考えていたことだった。だが，自然科学を工学や応用科学を含むものとしてとらえるか，そうでなくとも「研究に重要な影響をもたらす」ということをより広く捉えるならば，これは適切な主張とは言えないと今は考えている。たとえばAIやロボットの開発にジェンダー研究が適切に参照されていれば……と思わせる例は多いし，自然災害や防災の研究であれば，その災害が起きる土地で生きている人々の生活を知ることによって，研究の方向性や優先度が変わることはあるだろう。一見，人間社会とは関係なさそうな宇宙物理学・天文学の分野でも，分野の外に目を広げることによって研究への取り組み方が大きく変わることはあり得る。たとえば世界で最も天文観測に適した場所の一つであるハワイのマウナケア山に巨大な望遠鏡を建設する計画に対し，その山を聖なるものと考えているハワイの人々から反対の声が上がっているというケースがある。遠方の宇宙の姿を探る天文学が，地球上の人間の生活に直接的に資するものはなんらなくとも，人間の精神を豊かにするが故に意義があるのだとすれば，信仰や伝統的な文化が人々に何をもたらすのかを学ぶことで，天文学の推進の在り方が変わることはあり得るのだと思う。

る。たとえば歴史学者との共同研究においては，論文に書くことができた成果とは
別に，私にとっての最大の収穫は，古い史料の山から探し求めていたお宝をみつけ
出した瞬間や，文献の記述を通して遠い昔の誰かの人となりに触れたように感じら
れる瞬間など，「きっと歴史学者はこの瞬間がたまらないんだろうな」という瞬間
を（誤解なのかもしれないが）感じられたことであった。相手が何を面白いと感じ
てその研究に取り組んでいるのかを理解し，できればそれに共感することは，異分
野との共同研究においてよりよい成果を挙げるための重要な要素であるだけにとど
まらない。参加する個々の研究者にとってはそれこそが最大の成果であると私は思
う。

　宇宙ユニット，そして総合生存学館と，学際的な研究を推進する京都大学の部局
で10年間を過ごした後，2018年度から私は現職である京都市立芸術大学美術学部
に異動した。今は宇宙，物理，数学などの自然科学系の授業を担当している。「科学
と芸術の接点」といったテーマや現代社会を生きるうえで必要な科学リテラシーを
取り上げることもあるが，多くの場合，学生たちの多くがその後の人生で，少なく
とも直接的には使わないであろう内容を教えている。だが，学生たちからそのこと
への不満を聞くことはない[9]。むしろ逆である。たとえば数学の授業では，集合論
の基礎として「自然数と実数はどちらも無限個あるけれど，実数の無限は自然数の
無限より大きい」という証明[10]を取り上げるのだが，そのときに「この証明は今日
の授業でやった後，おそらく二度と皆さんの人生に出てくることはありません」と
伝えると，学生たちの目が少しだけ好奇心で輝くのである。

　芸術を志す学生の多くは，自然科学の授業において，勉強したことが何かに使え
るかどうかよりも，それが自分の内面に何かを引き起こすことを期待しているよう
だ。新しい知識や考え方を得て「へぇ〜」とか「すごい！」とかいう感動を覚えて，
その感動が自分のなかの何かをかき乱して，耕してくれることを求めている，そん
な印象である。それを「科学と芸術の学際研究」と呼ぶつもりはないが，しかし私
にとっては，そのような学生たちに囲まれていることは，自分の学問にとってもこ
の上なくよい環境であると感じている。

　上述の論文のなかで森岡は，「ひとり学際」を核とする総合研究の成果の一つは
「研究者本人の総合的な判断力や把握力を豊かにし，その人の具体的な生を豊かに

---

9) そういう人は単に私の授業を取らないか，履修放棄しているだけである可能性は高い。
10) 無限集合の濃度についての，いわゆるカントールの対角線論法を用いた証明である。

してゆくこと」であると書いている（森岡, 1998）。私はかつて，狭義の「研究」以上の何かを含む「学問」とは何であるかということを論じた著書のなかで，「学問は決して単なる有用な知識の集合体ではなく，この混沌とした宇宙に投げ込まれた人生を，より生きやすく，豊かなものにしてくれるもの」ではないかと書いたことがある（磯部, 2019）。この意味での学問は，おそらく必然的に「ひとり学際」的なものになるのではないかと思う。結局のところ学際研究の最大の果実は，それに取り組んだ個々の研究者のなかに実を結ぶものであり，それが社会に還元される時には，学術論文（それ自体はきちんと出版すべきである）とは違ったかたちになるのではないだろうか。

【引用・参考文献】

伊勢田哲治・神崎宣次・呉羽　真［編］(2018).『宇宙倫理学』昭和堂

磯部洋明（2017).「歴史書から探る太陽活動」『天文月報』*110*(7): 451–454.

磯部洋明（2019).『宇宙を生きる――世界を把握しようともがく営み』小学館

磯部洋明・岩橋清美・玉澤春史（2020).「近世史料にみるオーロラと人々の認識――文理協働による研究の成果と課題」『書物・出版と社会変容』*25*: 1–35.

宇宙総合学研究ユニット［編］(2019).『シリーズ　宇宙総合学 1～4』朝倉書店

岡田浩樹・木村大治・大村敬一［編］(2014).『宇宙人類学の挑戦――人類の未来を問う』昭和堂

隠岐さや香（2018).『文系と理系はなぜ分かれたのか』星海社

川井秀一・藤田正勝・池田裕一［編］(2015).『総合生存学――グローバル・リーダーのために』京都大学学術出版会

木村大治（2018).『見知らぬものと出会う――ファースト・コンタクトの相互行為論』東京大学出版会

森岡正博（1998).「総合研究の理念――その構想と実践」『現代文明学研究』*1*: 1–18.

Iwatani, H. (2015). A socio-cultural study of the discourses of mono-zukuri in the manufacturing of launch vehicles in Japan. *JAXA Research and Development Memorandum*, non-refereed, JAXA-RM-14-012E: 35–43. 〈http://id.nii.ac.jp/1696/00002465/〉

Krugman, P. (2010). The theory of interstellar trade. *Economic Inquiry, 48*(4): 1119–1123.

第1部

第2部

第7章

「他者の関心に関心をもつ」ということ

高梨克也〔コミュニケーション科学〕

1 はじめに：「総人のミカタ」と学際性

　学問は専門化しやすい。その弊害に対処するためにしばしば求められるのが，既存の学問分野間での横のつながりとしての「学際性」である。科学技術政策の側面から学際研究が求められる主な理由の一つは，そこから新たなイノベーションが生まれてくるのを期待してのことであろう。他方，特に科学技術が巨大化・複雑化した現代においては，科学技術は利便性だけでなく，社会との軋轢も生み出しているが，こうした問題の社会的解決は特定の専門分野の内部だけでは不可能である。こうした「トランス・サイエンス的状況」（小林, 2007）に対処するためには，いわゆる「理系」の科学技術だけでなく，社会科学や人文科学をも含めたより広範な学際性が求められる。しかし，学際研究はいわば異文化コミュニケーション（Schein, 1999）であり，多くの試みは必ずしもうまくいっていないという現状もある。

　そこで，本章では，学際性における課題が分野間での「知識」の相違の問題である，という考え方を少し是正することを試みる。重要なのは「知識」ではなく「関心」である。「関心」は既存の多くの知的伝統によっては捉えにくい，ある意味では「中途半端」な概念である。その一方で，「関心」は現代社会におけるわれわれのさまざまな日常的な営みのなかに，気づかれにくいものの偏在しているとも考えられる。そのため，私自身がフィールド調査の場で心がけているのも「他者が気になっていることが何であるかを気にしよう」という態度である。

2 現代における教養

　前節で述べたように，学際性は科学技術イノベーションや科学技術と社会との対話などの観点からその必要性が論じられてきている。しかし，「総人のミカタ」で目指されている学際性は必ずしもこうした方向性のもの（だけ）ではないだろうと思われる。総合人間学部は旧教養部を背景として設置されたということもあり，さまざまな面で「古きよき教養部」の歴史を陰に陽に継承していると考えられる。そこで，本章では，「教養」というやや古めかしい考え方に再度立ち返るところから議論を展開したい。

　河合栄治郎の『学生に与う』（1969，初出は 1940 年）は旧制高校生や大学生に読み継がれた古典であり，「教養」のプロトタイプイメージの一つの源泉である。そこには教養についての次のような考え方がある。

> 　自己が自己の人格を陶冶することがすなわち教養であるが，われわれの周囲では往々にして，教養を専門以外の学問の書を読むことや，美術品を見たり音楽を聞いたりして，あれこれをつまみ食いすることと解釈しがちである。しかしこうしたことは，教養の本義が確立された後において，教養のためになされることではあるが，そのこと自体が教養ということではない。教養とは有閑人の安易な閑事業ではない，それこそ雄々しいがしかし惨ましい人生の戦いである。
> （河合 1969: 46）

　この教養観は，「教養」がいわゆる「カルチャー」や「雑学」とは一線を画するものであるということを強調している点では，近代日本における教養主義の典型であり，現代のわれわれも多少なりとも身につけているか，少なくとも知ってはいる教養観だと思われる。しかし，教養を修行や鍛錬に類するものとして捉えているという点は，正直なところ，現代においてはあまり魅惑的なものとは感じられなくなっているであろう。

　教養の復権を目指す試みは近年も再び盛んになってきている（大澤，2018; 戸田山，2020）。この動きは現代社会におけるポピュリズムの変質形ともいえる，いわゆる「反主知主義」（山口，2010）へのアンチであると考えられる。しかし，比較的注意深く議論を展開しているようにみえるこれらのものでも，やはりともすれば「昔はよかった」という話に陥りがちだという側面は否めない。従来の「教養」観に縛られ

ないような新たな方向での議論はどのようにすれば可能なのか。総人のミカタでも
ぜひともこの点を意識的に追求していただきたい。

　C. ライト・ミルズによる「社会的想像力」という概念も，教養というものの社会
的側面を捉えるのに有効そうである。1959 年に刊行された『社会学的想像力』は
1960 年代のアメリカの社会運動などにも影響を与えたと考えられ，現在に至るまで
非常に大きな影響力をもつ社会学の古典の一つである（ミルズ，2017: 訳者解説・あ
とがき）。ミルズによれば，「社会的想像力」とは「政治的なものから心理学的なも
のへ，ある単一の家族の調査から世界の国家予算の相対評価へ，神学校から軍事体
制へ，産業への考査から現代詩の研究へ，というようにあるパースペクティブを別
のものへと切り替えていく能力」（ミルズ，2017: 23）である。そして，こうした「社
会学的想像力が働く最高の機会」となるのは，（1）トピック，論点，関心領域につ
いて自分がひととおりみてみて，考慮に入れる必要があると思う要素や定義と，（2）
それらの定義や要素のあいだの論理的関係，からなる予備的な小モデルを構築する
ことであるとされる（ミルズ，2017: 344）。

　この観点から教養というものを捉え直すならば，教養とは専門性によって硬直化
しがちな物事の見方を「パースペクティブ」の柔軟な切り替えによって相対化した
り組み替えたりする能力であり，さらにはそのために必要となるさまざまな予備知
識を幅広く身につけておくことであるといえそうである。加えて，この議論がもつ，
上記の河合の教養観との違いは「世界を理解しようとする真に激しい衝動」だけで
なく，「遊び心のある精神」（ミルズ，2017: 354）もまた重要であると考えられている
点である。しかし，この「遊び心のある精神」がどのようにして無理なく手に入れ
られるかという点まではわからない[1]。

3　認識と行動をつなぐもの

　溝上（2006）は，大学生を対象とした調査において，多くの大学生が将来やりた

---

1) タモリはかつてのインタビューで，「教養なんていうのは，あるにこしたことはないん
ですよ。なんであるか（原文ママ）っていうと，遊べるんですよ。あればあるほど，遊
ぶ材料になるんです。教養っていうのは。だけど遊べないヤツがたくさんいる。いわ
ゆる，純文学の作家にいたっては」と語っている（『non・no』1980 年 9 月 20 日号，「オ
ール・ザット タモリ」，p.63）。この「純文学の作家」という箇所をたとえば「通常科学
の科学者」と置き換えると，われわれにとっても耳の痛い話になるだろう。

いことをもっているという傾向がみられる一方で，これを頭のなかで考えているだけで，将来やりたいことに向けた行動を何もしていないのではないかと考えられるとした。そのうえで，その原因を，「将来やりたいこと」という認識的次元が，そのために必要となる行動的次元に結びついていないという点にあると考え，行動を開始するためのさまざまな方法について提案している。

　この「認識」と「行動」の関係については，プラグマティズムの思想が参考になる。パースが提唱した「プラグマティズムの格率」に端を発するプラグマティズムの知的伝統では，環境内の対象のもつ価値を自身の行動との関わりにおいて定義しようとする考え方が基調となっている。

　　　ある対象の概念を明晰にとらえようとするならば，その対象が，どんな効果を，
　　　しかも行動に関係があるかもしれないと考えられるような効果をおよぼすと
　　　考えられるか，ということをよく考察してみよ。そうすれば，こうした効果に
　　　ついての概念は，その対象についての概念と一致する。(パース, 1980: 89)

　このプラグマティズムの格率は，たとえば経験と探究に関する論理を体系化したデューイなどにも引き継がれている。

　　　われわれは，見るもの，聞くもの，触れるものが何であるか，その「意味」を
　　　理解しなければならない。この意味は，見られたものが実践に移された場合に
　　　生じる結果から成り立つものである。(デューイ, 2004: 107)

　このように，プラグマティズムは，認識は行動と結びつくことによってのみ意味のあるものとなる，という考え方をとる。しかし，溝上（2006）も指摘するように，認識を行動に結びつけるのは容易ではない。そこには何らかの習慣化が必要であるが，こうした習慣はある程度長期的に形成されるものであるため，そこには持続可能な動機のようなものが必要となるであろう。そのため，「認識」と「行動」という二項対立を超えるためには，これら両者を媒介することのできる新たなアイディアを探していく必要がある。

4　媒介項としての関心

　認識と行動とを媒介する可能性のあるものとして，ハーバマスは「関心」という概念に着目している[2]。ハーバマス（2000: 187）[3]は，「無前提の自律性の中でまず現実が理論的に把握され，しかるのちに，その認識が認識とは異質な関心に役立てられるという考え方はこの水準ではつねに幻想である」と主張する。つまり，純粋な「認識」が先にあり，これに対して後から「関心」が加わるのではない。ここでいう「関心」とは，「人類の可能的な再生産と自己構成のための特定の基本的条件，すなわち労働と相互行為に固く結びついている根本的定位のこと」（ハーバマス，1981: 206）であり，特に「認識関心」は「経験的諸規定と先験的諸規定，ないし事実的諸規定と記号的諸規定の間の区別にも，動機的な諸規定と認知的な諸規定との間の区別にも適合しない独特なカテゴリーである」（ハーバマス，1981: 206）という。後述のように，この「独特さ」により，「関心」について適切に考えるには何らかの工夫が必要になる。

　さて，この「認識を指導する関心」という概念について，ハーバマスは，いわゆる「実証主義」とは異なる性質をもつ次のような知的試みについて吟味検討することを通じて明らかにしていく（ハーバマス，1981）。まず自然科学・労働については，（前節でも紹介した）パースによる経験的・分析的自然科学が挙げられる。これは「対象化された過程の技術的処理に対する認識関心」であり，成果によって制御される行動をできるだけ情報上保全し拡張することに対する主導的な関心であるといえる。次に，人文科学・言語については，ディルタイやガーダマーなどの解釈学的精神科学が取り上げられる。これは実践的認識関心であり，「行動に方向を与える可能な了解の間主観性を保持し拡張することに対する関心」であるといえる。最後に，社会科学・支配に関しては，フロイトに始まりフランクフルト学派の批判理論に継承される解放的認識関心が挙げられる。これは「実践に関与すると同時に認識批判的である哲学の（存在論以後の）関心事を，精神分析学を含めたイデオロギー批判

2)「関心」概念について，朱喜哲氏の章（☞第14章）にはR. ローティについての論考があるので，参考にされたい。
3)　ハーバマス（2000）の「V. 認識と関心」はハーバマス（1981）の内容の要約となっているが，短すぎて，これだけで真意を理解するのは若干困難である。ハーバマス（2000）のこの章を見取り図として参照しながら，気になる箇所についてはハーバマス（1981）の対応箇所を読むとよい。

的な社会科学の関心事と合致させる認識関心」であるといえる[4]。しかし，これら
の概観を通じてハーバマスが到達した結論の一つは，「パースとディルタイは，科学
的認識の基底に突き当たったが，かれらは，この基底をそれとしては反省しなかっ
た。かれらは，認識を主導する関心という概念を形成しなかった」（ハーバマス，
1981: 207）というものであった。これは上述した，「関心」という概念のもつ独特の
「位置づけにくさ」によるものと考えられるだろう。

5 相手の気になることが気になる

そこで，もう少し身近なところから具体的に考えてみることにしよう。

筆者の専門分野は会話コミュニケーションの分析である（高梨，2016）。この 10
年ほどは，科学展示制作，起業コンサルタント，サイエンスカフェ，無形文化財の
祭りなど，多くのフィールドに出向き，そこで行われている当事者たちのコミュニ
ケーションを，非言語行動も含めてビデオ収録し，それを微視的に分析することに
よって，それぞれのフィールドでのコミュニケーションの特徴や課題などを社会学
的・心理学的に明らかにしていく「フィールドインタラクション分析」（Takanashi
& Den, 2019）という方法論を模索している。これらのフィールド調査のうち，こ
こでは科学館での展示制作についての調査（高梨，2018）を例として取り上げたい。

この展示制作はセンサー技術や商業施設のディスプレイ，ゲーム開発，空間デザ
インなどのさまざまな領域，職種のメンバーから構成されたチームによって行われ
た。医療などの分野で近年強調されている「多職種チーム」に似たものであるとも
いえる（篠田，2011; 藤井，2018 など）。彼らが進捗報告と調整のために毎週行って
いた「ラウンドテーブル」という会議のなかで，私が特徴的だと感じていたのは，彼
らが頻繁に用いる「気になるのは」という表現だった。そこで，この表現がみられ
た多くの事例を微視的に分析していくと，次のような興味深い点が明らかになって
きた。

この表現は特定のメンバーのみが多用するのではなく，発言量に比例しつつも多
くのメンバーが共通して用いていた。なかでも特徴的だったのは，その発言者は直
前までの会議の流れのなかで中心的に発言していた者であるとは限らず，それまで
あまり発言せずに周辺的に参加していたメンバーがいきなりこの表現を用いていわ

---

4) ここでのまとめではアーベルによる同書の解説（ハーバマス，1981: 415）も参照した。

ば脇から発言し始めることも多いという点だった。組織論的に考えると，これは多くのメンバーに比較的対等な発言機会があるという意味で，水平的な組織であるということの表れだといえるだろう。しかし，さらに興味深いのは，ひとたびこの表現が用いられると，今度は別のメンバーがこの発言に対応するべく応答し始めること，さらには，この応答者もまた，それまで周辺的に参加していたメンバーである場合が多いことである。つまり，この表現を用いた発言がひとたびなされると，誰かがこれに配慮し対応することが必要になるということである。こうしたやりとりが可能になる理由は何であろうか。

　まず，「気になる」という言葉のもつ意味を考えるならば，これは発言者自身の「気づき」や「懸念」を（少なくとも最初の段階としては）あくまでかなり個人的なものとして表明するものだと考えられるだろう。ここでは「懸念」と表現したが，より一般化すれば「関心」と呼んでもよい。次に，応答する側についていえば，そこに応答が必要な何かを感じたわけであり，応答者は「発言者の関心に関心をもった」といえるだろう。つまり，このやりとりの背後にはメンバー同士のあいだでの「関心の連鎖」のようなものが働いている。

　このように，「関心」はさまざまな専門性をもったメンバーごとの「認識」を結びつけることによって新たな「行動」を起こさせる，扇の要となる概念でありうる。しかし，ハーバマスも指摘するように，この概念は既存のさまざまな知的伝統のいずれにおいても十分的確には捉えられてこなかった。「関心」は，従来の認識と行動，あるいは事実（sein）と当為（sollen）という二分法のなかに位置づけられないものだからである。しかし，手がかりはある。上記でみたような現代社会のさまざまな現場における「関心の連鎖」のようなものならば，実践者たちがどの程度自覚的であるかにかかわらず，日常的に行われているごくありふれた営みであるともみなせるからだ。

　ただし，ここで議論を終えてはいけない。ハーバマスが主張するように，また，この展示制作チームの実践に実際に表れているように，「認識」は「関心」に先導されている。しかし，では「関心」の方は何によって持続可能になっているのか。この点についても考えなければならない。

　この点について筆者は，「関心」を interest（としてだけ）でなく，concern（懸念）として（も）捉え直すというのが一つの可能性なのではないかと考えている。実際，この展示制作チームのメンバーたちは「気になるのは」という表現を用いているのであり，これは上述の「教養」（あるいはいわゆる「知的好奇心」など）のよ

うに，他律的な自己研鑽によるものというより，むしろ自発的で自生的なものだと考えられる。つまり「関心」を抱くことや「関心に対する関心」をもつことに無理がない。ここに無理がある限り，議論は再び一般的な教養論に戻ってしまうだろう。

　残念ながら，「懸念」という概念についても，体系だった学術的な議論は見当たらない。しかし，いくつか手がかりはある。「情動」という概念と関連づけるという方向である。フライダ＆モファット（1994）は情動について，遭遇した出来事が個体の主要な「利害関心（concern）」に関連をもっており，その出来事に対処するための何らかの行動を起こす必要があるということを人間あるいは動物個体に知らせることによって，個体の適応に寄与する機能的メカニズムであるとみなしている。同様に，Simon（1983: 57）も，情動を，ひと度喚起されると，何らかの対処が行われるまでは取り除かれることのない厄介なものとして心の奥底にとどまり続けることによって，主体の注意を現在従事していることの中心からそらせ，今すぐ注意を必要としているほかのものへと引きつける役割をもつものと考えている。つまり，「懸念」は，「情動」という，常に意識されているわけではないが意識下においても継続的に作動しているメカニズムを動因とすることによって，自発性と持続可能性を与えられていると考えられるのである。「情動」ないし「感情」はとかく「理性」の対立項だとみなされがちであるが，この二項対立は必ずしも適切ではない。これは，「認識」と「行動」という二項対立が「関心」という概念によって乗り越えられなければならないという点とも密接に関連している。

6 「複数の立場」から「自己の二重性」へ

　上記の展示制作の多職種チームの話では，「相手の気になることが気になる」という構造はメンバー同士のあいだでのものだった。しかし，この関係性は当事者である彼らと調査者である筆者とのあいだにも当てはまるものだったと考えられる。私自身も，彼らの「気になる」ことを特定することを通じて，このフィールド自体への理解を深めていくことができたからである。おそらくこれは異文化理解の要点であるし，異文化に触れることによる自文化の再認識の契機でもある。

　この点に関連しそうな別の経験を挙げよう。筆者は上記の展示制作の調査と並行して，サイエンスカフェの運営を行っている科学コミュニケーション実践者を対象としたフィールド調査も進めていた（高梨ほか，2012）。ここでも，サイエンスカフェに参加する科学者と一般参加者のあいだに，相互に「相手の気になることが気

になる」という関心の連鎖が形成されることが望ましいと考えられていた。しかし，それだけでなく，サイエンスカフェの運営者にとっては科学者の関心がどこにあるかに関心をもち，これをうまく引き出していくことが重要な役割となるし[5]，運営者と彼らの実践を調査する筆者のあいだにも「相手の気になることが気になる」という関係が生じてきたのである（高梨, 2021）。

　社会におけるさまざまな実践に対して，当事者はそれぞれの立場で参加する。しかし，それぞれの立場に固執している限り，そこに学際的ないし多職種連携的な新たな生産的な関係性は生まれてこない。多くの学際研究プロジェクトが空中分解のような状態に陥る理由や，医療現場における多職種連携が，信念対立の可能性が潜在する「諸刃の剣」（京極, 2012）であるといわれる理由もおそらくそこにある。これに対して，「他者の関心に関心をもつこと」は，自分自身が自明視していた価値観などを再認識する契機となり，そこからは従来の特定の社会的立場に立つ自分とこれを一段階上のメタの視点から捉える自分という二重性が生まれてくるだろう[6]。そして，この二重性は必ずしも何らかの方法で統合されたり解消されたりする必要はないものである。

　上述のサイエンスカフェにおいても，参加する科学者には「専門分野の科学者」という成員性に加えて，その場での会話を促進するファシリテーターとしての役割も求められる。つまり，参与者が上記のような二重の立場性をうまく保持できる限り，そのコミュニケーションの場には必ずしも中立的な第三者としての専門的なファシリテーターの存在が必須であるわけではない。森本・大塚（2012）は，このような「ファシリテータなどの第三者の支援者なしに当事者が直接，主体的に話し合い，問題を解決する対話」のことを「自律型対話」と呼んでいる。同様に，ファシリテーターの育成を目指す土山ら（2011）も，専門のファシリテーターだけでなく，より多くの議論の参加者が「パーティシパント・シップ」として，ファシリテーションの観点をもてるようになることが重要だと述べている（高梨ほか, 2012）。繰り返しになるが，こうした場においてカギになるのは「他者の関心に関心をもつ」という姿勢である。こうした姿勢を無理のない仕方で促進することによって「関心

---

5) 科学コミュニケーションを専門とする研究者は科学者と一般参加者を「つなぐ」立場にある。鎌田（2008）はこうしたつなぐ立場のことを「ブリッジマン」と呼んでいるが，ブリッジマンに求められる最も基本的な態度としてまさに「相手の関心に関心を持つ」（鎌田, 2008: 38）ことが挙げられている。

6) Schön（1983）の「省察的実践家」も参照。

の連鎖」を発展させていくことのできるコミュニケーション上の工夫を引き続き模索していきたいものである。

7 おわりに：二重生活と遊び

「他者が気になっていることが何であるかを気にしよう」という態度はフィールドワークや異文化理解のための一般的な心得であるともいえる。さらにいえば，人は誰でも，自分たちの日常的な営みに対して異文化理解的に「フィールドワークする」ことができるはずである。人がある学問分野に入っていく際には，その分野に対する興味や憧れなどとともに，さまざまな違和感もまた感じるであろう。こうした違和感は当該文化への適応が進むにつれて徐々に忘れられていくのが普通だが，本章での提案は，いうなれば，何らかの「工夫」によってこの違和感をあえて保持しよう，というものだともいえる。そこに学際性の萌芽と持続可能性の手掛かりがあるのではないかと考えられるからだ。総人のミカタもまた，こうした「工夫」の一つとなりうるものと期待している。各自の特定分野での研究活動と，その分野での研究実践を少し客体的な視点で対象化したフィールドワークとは二者択一なのではなく，同じ人がこれらをいわば「二重生活」として楽しむぐらいのつもりでよいのだと思う。この二重生活こそが学際性に求められる「遊び」の部分なのではないだろうか。

【引用・参考文献】

大澤　聡（2018）.『教養主義のリハビリテーション』筑摩書房

鎌田浩毅（2008）.『ブリッジマンの技術』講談社

河合栄治郎（1940/1969）『学生に与う』社会思想社

京極　真（2012）.『信念対立解明アプローチ入門——チーム医療・多職種連携の可能性をひらく』中央法規出版

小林傳司（2007）.『トランス・サイエンスの時代——科学技術と社会をつなぐ』NTT出版

篠田道子（2011）.『チームマネジメントの知識とスキル——多職種連携を高める』医学書院

高梨克也（2016）.『基礎から分かる会話コミュニケーションの分析法』ナカニシヤ出版

高梨克也［編著］(2018).『多職種チームで展示をつくる——日本科学未来館「アナグラのうた」ができるまで』ひつじ書房

高梨克也（2021）.「フィールド調査とビデオ記録を用いた対話の分析」加納　圭・水町衣里・城　綾実・一方井祐子［編］『研究者・研究職・大学院生のための対話トレーニ

ング』ナカニシヤ出版, pp.47-60.

高梨克也・加納　圭・水町衣里・元木　環（2012）.「双方向コミュニケーションでは誰が誰に話すのか？──サイエンスカフェにおける科学者のコミュニケーションスキルのビデオ分析」,『科学技術コミュニケーション』*11*: 3-17.

土山希美枝・村田和代・深尾昌峰（2011）.『対話と議論で〈つなぎ・ひきだす〉ファシリテート能力育成ハンドブック』公人の友社

デューイ, J. ／市村尚久［訳］（2004）.『経験と教育』講談社（Dewey, J.（1938）. *Experience and education.* Macmillan.）

戸田山和久（2020）.『教養の書』筑摩書房

パース, C. S. ／上山春平［訳］（1980）.「概念を明晰にする方法」上山春平［編］『パースジェイムズデューイ』中央公論社, pp.76-102.（Peirce, C. S.（1877/1934）. *How to make our ideas clear.* in C. Hartshorne, & P. Weiss（eds.）*Collected papers of Charles Sanders Peirce, Volume. V: Pragmatism and pragmaticism.* Cambridge, MA: Harvard University Press, pp.248-271.）

ハーバマス, J. ／長谷川宏［訳］（2000）.『イデオロギーとしての技術と科学』平凡社（Habermas, J.（1968a）. *Technik und Wissenschaft als >Ideologie<.* Frankfurt am Main: Suhrkamp Verlag.）

ハーバーマス, J. ／奥山次良・八木橋貢・渡辺祐邦［訳］（1981）.『認識と関心』未來社（Habermas, J.（1968b）. *Erkenntnis und Interesse.* Frankfurt am Main: Suhrkamp.）

藤井博之［編著］（2018）.『ラーニングシリーズIP（インタープロフェッショナル）──保健・医療・福祉専門職の連携教育・実践①IP の基本と原則』協同医書出版社

フライダ, N. H. & D. モファット／遠藤利彦［訳］（1994）.「感情をモデル化する」『認知科学』*1*(2): 5-15.

溝上慎一（2006）.『大学生の学び・入門──大学での勉強は役に立つ！』有斐閣

森本郁代・大塚裕子［編著］(2012).『自律型対話プログラムの開発と実践』ナカニシヤ出版

山口二郎（2010）.『ポピュリズムへの反撃──現代民主主義復活の条件』角川書店

Schein, E. H.（1999）. The corporate culture: Survival guide. San Francisco: Jossey-Bass Inc.（= 金井壽宏［監訳］(2004).『企業文化──生き残りの指針』白桃書房）

Schön, D. A.（1983）. *The reflective practitioner: How professionals think in action.* New York: Basic Books.（= 柳沢昌一・三輪健二［訳］(2007).『省察的実践とは何か──プロフェッショナルの行為と思考』鳳書房）

Simon, H. A.（1983）. *Reason in human affairs.* Stanford: Stanford University Press.（= 佐々木恒男・吉原正彦［訳］(2016).『意思決定と合理性』筑摩書房）

Takanashi, K., & Y. Den（2019）. Field interaction analysis: A second-person viewpoint approach to Maai. *New Generation Computing, 37*: 263-283.

Wright Mills, C.（1959）. *The sociological imagination.* New York: Oxford University Press.（= 伊奈正人・中村好孝［訳］(2017).『社会学的想像力』筑摩書房）

第 **8** 章

学際性とは何か？

「学際諸島」から抜け出すために

佐野泰之〔哲学・倫理学〕

　局所的に作成された海図は何千とある。主として漁船や島と島を結ぶ連絡用の航行用に描かれたものだが，その大半が大ざっぱに描かれ，地理的に不完全なものである。そこに記されているのは，海峡の深さや，海中の岩場や平頂火山，満潮時に通れる水路，礁，安全な避難所，入り江，灯台，砂洲などだ。局所的に知られている卓越風も記されている。これらはすべて，もともとその土地固有のもので，地元住民の航海上の経験に基づくものであり，それはそれでちゃんとしたものであるが，全夢幻諸島^{ドリーム・アーキペラゴ}規模の役にはまったく立たないものである。

クリストファー・プリースト『夢幻諸島から』（古沢嘉通訳）

1 　はじめに：学際諸島にて

　1972 年に OECD の教育研究革新センターが発表した，OECD 加盟諸国における学際高等教育の実践状況についての調査報告のなかで，ギュイ・ベルジェは学際性が置かれた状況を「多島海（archipelago）」に喩えている（CERI, 1972: 23）。学際性は，個々の国，機関，集団によってあまりにも多様な形態をとっているため，それらを網羅するような学際性の概念を得るのは困難であるということを示すための比喩である。

　1979 年にアメリカで統合研究学会（Association for Integrative Studies）を立ち上げ，専門的な学際性研究の土台を築いたウィリアム・H・ニューウェルもまた，当時のアメリカで学際的研究・教育に携わる人びとが置かれていた状況を次のように述懐している。

〔1970年代のアメリカには〕学際研究の専門職（profession）は存在しなかった。むしろ，お互いの存在に気づくことなく，それぞれが周囲の俗物たちを相手に孤塁を守っている学際家（interdisciplinarian）たちの小集団が点在しているだけだった。これらの学際課程ないしプログラムのなかには，優れたものもあれば知的に粗悪なものもあった。さらに，学際研究という言葉が何を意味しているかについての合意もほとんどなかったため，何が学際研究で何がそうでないかを示すことも困難だった。〔学際研究であると〕認定しうる専門的著作もなければ，〔学際研究の〕正典もなく，個々の学際的学者による仕事や個々の学際課程ないしプログラムのエクセレンスを測るための尺度もなかった。要するに，学際家たちがそこで専門的アイデンティティを形成し，自分たちの知的・専門的な故郷とみなすことができるような学際研究の専門職が存在しなかったのである。(Newell, 2008: 14f.)

　互いに切り離され孤立した無数の実践が織り成す多島海（アーキペラゴ）としての学際性──学際性についてのこのようなイメージは，今日の日本における学際性の状況にもそのまま当てはまるように思われる。「学際的」と称される研究や教育はさまざまに実践されており，それらの活動を踏まえて学際的研究・教育の意義や方法についての議論がなされることもしばしばある。しかし，それらの議論に参加する人びとが互いを参照し合うことはほとんどなく，それらの議論を集約し，蓄積し，体系化する制度的な取り組み──たとえば専門的な学会や学術誌のような──も存在しない。今日われわれが日本語で参照することのできる学際性をめぐる言説の大半が，いわば学際諸島の住人たちが描いた無数の局所的海図である。それらは各人が学際的研究・教育に関する自身の経験から引き出したものである限りでは「ちゃんとしたもの」であるはずだが，他方でそれらは各人が暮らす「島」のローカルな文脈にあまりに密着しているため，学際性について多少なりとも俯瞰的で体系的な展望を得たいと望む人間の役には立たないのだ。

　同様の事柄は本書についてもいえるだろう。本書の第1部で「総人のミカタ」のメンバーたちが行っている議論，さらに彼らが企画したシンポジウムのなかで行われたさまざまな議論はいずれも興味深いものだが，それらの議論もまた，それ自体としては学際諸島のなかの小さな島の住人たちが描いた一海図にすぎない。彼らが瓶詰めの手紙のように島の外に暮らす誰かに向けて送り出した本書も，学際諸島の島々を隔てる大海の荒波に呑まれて忘れ去られてしまうかもしれない。

第1部

第2部

　本章の目的は，このように無数の島々へと分断された学際性をめぐる議論を鳥瞰するための一定の視座を提供することである。「総人のミカタ」島という小さな島の住人たちが，学際性についての自分たちの経験を表現するために生み出した独自の言語——それは彼らが自身の専門の語彙と日常語を組み合わせて作り出した混交言語のようなものだといえる——を理解するための，いわば共通語となりうる議論を提供することである，と言い換えてもいいだろう。そのために本章では，1980 年代以降，アメリカを中心に行われている学際性に関する専門的諸研究を紹介したい。ニューウェルが嘆いた 1970 年代のアメリカにおける学際性研究の状況はすでに過去のものにすぎない。先述した統合研究学会の設立以来，学際性研究者たちはさまざまな学際的活動の事例を総合する学際性の定義をめぐり，活発な議論を重ねてきた。もちろん，あらゆる定義論争の常として，学際性についても誰もが合意する決定的な一つの定義が確定しているわけではないし，そのようなことは望むべくもないだろう。だが，論争のなかで獲得された学際性の特徴に関するさまざまな洞察や，さまざまな種類の学際性の区別などは，本書の議論を整理し理解するためにも有益だと思われる。

2　学際性への統合主義的アプローチ

　学際性の定義をめぐる重要な議論の一つに，「統合（integration）」という契機を学際性の不可欠の特徴として認めるか否かというものがある。アレン・F・レプコは，この議論を「一般主義者（generalist）」と「統合主義者（integrationist）」のあいだの論争として整理している（e.g. Repko, 2007; Repko & Szostak, 2020）[1]。前者の立場を採る人びとは，学際性を複数の専門分野のあいだで生じるほとんどあらゆる種類の対話あるいは相互作用という広い意味で捉え，それらのうちで統合が果たす役割を重視しないか，最も極端な場合には拒絶する。後者の立場を採る人びとは，統合を学際性の「最も重要かつ固有の特徴」（Repko & Szostak, 2020: 227）とみな

1）ただし，「一般主義者」という言葉は，レプコをはじめとする「統合主義者」を自認する人びとが自分たちの立場を明確化するために用いた他称であるという点に注意する必要がある。レプコは，一般主義と統合主義の区別を最初に導入した論文（Repko, 2007）のなかで，「一般主義者」としてジョー・モラン，リサ・ラッツカ，ドナルド・G・リチャーズといった論者の名前を挙げているが，彼らは一般主義者を自認しているわけでも，学際性について明確な共通見解をもっているわけでもない。

し，そのような契機を含まない専門分野間の関わりを固有の意味での学際性とはみなさない。

　統合主義者たちが統合という契機の重要性を強調する動機の一つは，学際性をその最も固有で有意義な特徴（と彼らが考えるもの）に基づいて明確に定義することによって，学際性を不毛な誤解や批判から守ることである[2]。とりわけ，統合主義者たちがしばしば注意を促すのは，「学際性（interdisciplinarity）」と単なる「多専門性（multidisciplinarity）」の間の差異である。学際性についての古典的研究書のなかで，クラインは「「学際的」と称されている活動の大半は，「学際的」ではなく「多専門的」ないし「複数専門的（pluridisciplinary）」である」と述べている。クラインによれば，多専門性ないし複数専門性とは，二つ以上の専門分野が単に併存しているだけで，それらの間にいかなる統合も生じていない状態を意味する。「それは統合的（integrative）というより本質的に加算的（additive）である。共通の環境のなかでさえ，教育者，研究者，実践家たちは依然として異なるパースペクティブをもった専門家として振る舞う。彼らの関係性は相互的（mutual）で累積的かもしれないが，相互作用的（interactive）ではない〔…〕参加している諸専門分野は変化することも豊かになることもない〔…〕」（Klein, 1990: 56）。

　クラインは，多専門性の典型例として，異なる専門分野に属する教員たちがそれぞれ別個に科目を担当し，学生たちがそれらのなかから自由に受講科目を選択する「寄せ集め（hodge-podge）」ないし「カフェテリア形式（cafeteria-style）」の学士課程教育を挙げている。このような教育は，ときに「無節操な学際性（indiscriminate interdisciplinarity）」などと揶揄されることもあるが，クラインの考えでは，そのような教育を固有の意味での学際性と同一視すべきではない。ジョセフ・J・コッケルマンズが指摘しているように，そもそも「あらゆる教育は本来多専門的である」（Kockelmans, 1979: 131）。厳密に一つの専門分野の教育しか受けない人間というのはおそらく存在しない。さまざまな段階の教育を通して，人は常に一つ以上の専門

2）ニューウェルは，統合研究学会が「学際研究（interdisciplinary studies）」の代わりに「統合研究（integrative studies）」という新語を名に冠することに決めたのは，当時さまざまな場所で実践されていた，学際性についての本質的な洞察に基づかない「粗悪な」学際的活動から「良質な」学際的活動を区別するためであったと回顧している（Newell, 2008: 18）。なお，統合研究学会は2013年1月に「現代の文脈，とりわけ北アメリカ以外の文脈における組織のミッションをより正確に反映する」ために組織の名称を「学際研究学会（Association for Interdisciplinary Studies）」に改めている。

分野に触れている。しかし，単にそのことだけをもって「学際性」と呼ぶなら，この言葉の意味は拡散し空虚になってしまうだろう。それゆえ，学際性という概念を実質を伴ったものにするには，通俗的には等し並に「学際的」と称されているさまざまな教育を，統合を志向する度合いに応じて明確に区別しなければならない。上記のカフェテリア形式のように単に学生に自由に科目を選択させるだけの教育もあれば，キャップストーン・セミナーや複数の専門分野の教員が協働する学際科目などのかたちで学生がさまざまな専門分野から得た知見を総合する機会を積極的に提供する教育まで，さまざまな形態の教育が存在する。統合主義の立場からすれば，固有の意味で「学際的」と呼びうるのはそのなかでも高いレベルで統合を志向している教育だけである。

　同様の事柄は教育だけでなく研究についてもいえる。学際研究と称されている研究のなかには，各々の研究者が他の専門分野の研究者と知見を交換し合いながらも基本的には自分の専門分野の関心に従って独立して研究を進めていくものから，各々の専門分野の知見を統合して一つの包括的説明を打ち立てようとするものまで，統合度という点でレベルの違いがある。クラインは，前者のような研究を「多専門的」研究，後者のような研究を固有の意味での「学際的」研究と呼んで両者を区別している（Klein, 1990: 59）。

3　統合とは何の謂か

　統合という契機の存在によって学際性を定義しようとする努力の傍らで，統合主義者たちは，統合という言葉がいったい何を意味しているかについての明確な共通見解が必ずしも存在しないということを認めてきた。ニューウェルはある論考のなかで，「統合が正確に何を意味しているかは全く明確ではない」と告白している（Newell, 2001: 18）。レプコはこの発言を受けて，「一体何を統合すべきなのか，そしてどのように統合すべきなのかが明確ではないこと」は「学際性のアキレスの踵」であると述べている（Repko, 2007: 7）

　マイケル・オルークらは，このような状況に一石を投じるために，統合の定義をめぐる主要な議論を総括したうえで，統合を「多様なコンテクストにおいて多様なタイプの統合を生み出す，パラメータによって表すことができる入力 - 出力プロセス」と捉えることを提案した（O'Rourke et al., 2015: 69）。統合とは複数の要素を結びつけて一つの全体を出力するプロセスであるが，その個別具体的なあり方は，統

合される諸要素の質と量，諸要素の通約可能性，さらに統合のスケールや包括性などといったパラメータに応じて多様でありうる。統合をこのように捉えることによって，従来の議論のなかで統合に与えられているさまざまな説明や，統合の例とみなされているさまざまな事例を比較考量することが可能になるとオルークらは主張する。

オルークらの議論は学際研究を念頭に置いたもので，学際性をめぐる議論のもう一つの柱であり，本書の議論にとっても重要な学際教育をはっきり考慮に入れているわけではない。しかし，彼らが導入しているいくつかの区別は本書の議論にとっても有益であるように思われる。ここではオルークらの議論から想を得つつ，統合については少なくとも，個人における認知の変容としての統合（認知的統合）と，集団における協働体制の確立としての統合（社会的統合），そして概念，データ，説明，知識，理論などといった「認識的諸要素（epistemic elements）」の統合（認識的統合）という３種の統合を区別することを提案したい。学際研究のいわゆる成功例として語られるような事例においては，しばしばこれらすべての統合が実現している。しかし，３種類の統合は原理的には別の事象であり，いずれかが実現されていても別のいずれかが実現されていないということがありうる。たとえば，先述したカフェテリア形式の教育においては，学生間の交流や教員間のチームワークという意味での社会的統合はほとんど実現されていないといえるが，そのような状況でも，偶発的な交流や洞察を通して個々の学生や教員において認知的統合や認識的統合が生じることはありうるだろう。

この区別に照らしてミカタのメンバーらによる議論をながめると，彼らが「学際性」という言葉に関係づけて語ろうとしている事柄——萩原のいう「〈学際〉（infra-disciplinary）」，村上のいう「専門性の深化」，谷川のいう「地図作成」，真鍋のいう「個別の知識を超えること」——は，いずれも既存の専門分野の認識的諸要素を組み合わせて新しい理論や説明を生み出したり，具体的な問題に対する解決策を考案すること（認識的統合）というよりも，異なる専門分野との交流を通して個々人が何らかの点で自身の認知を変容させること（認知的統合）にもっぱら関わっているといえる（そして，社会的統合に関する問題は本書ではもっぱら「共同性」という言葉に関係づけて語られているといえる）。それゆえ，以下では多様な統合のなかでも「認知的統合」に関わる問題に焦点を当て，既存の学際性研究においてこの問題についてどのような事柄が語られているかを瞥見することにしたい。

4　認知的学際性

　前節でわれわれが認知的統合と呼んだものは，学際性研究においてはしばしば「認知的学際性（cognitive interdisciplinarity）」という用語で語られている。この問題に先鞭をつけた古典的研究の一つは，ハーバート・H・クラークが提唱した「共通基盤理論」を学際性についての心理学的研究に応用したライナー・ブロメの議論（Bromme, 2000）である。

　クラークは『言語を使う（*Using Language*）』（Clark, 1996）のなかで，言語的コミュニケーションのような「共同行為（joint action）」は，行為者たちが互いに共有していると信じている知識，信念，仮定といったさまざまな「共通基盤（common ground）」によって支えられていると主張した。

　クラークによれば，共通基盤というものは大きく2種類に分けられる。一つは「個人的共通基盤（personal common ground）」である。これは，自分と対話相手が目下の状況においてともに知覚している対象や出来事，自分と対話相手が共有している思い出などのことである。もう一つは「公共的共通基盤（communal common ground）」である。これは，出身，職業，趣味，宗教，政治的立場といった特定の「文化的共同体（cultural community）」に属している人が一般にもっていると推定できる知識や信念のことである。たとえば，相手が英語話者で，ニュージーランド人で，眼科医であることがわかっている場合，相手は英語，ニュージーランド，眼科学という三つの事柄に関する「専門性（expertise）」をもっていると推定することができる[3]。このとき，自分と相手が必ずしも同一の文化的共同体に属している必要はない。クラークは，文化的共同体についての「内部情報（inside information）」と「外部情報（outside information）」を区別している（Clark, 1996: 101）。前者は，特定の文化的共同体の成員による，「同じ文化的共同体に属する仲間ならしかじかの知識や信念をもっているだろう」という推定であり，後者は特定の文化的共同体に属していない人間による，「当該の文化的共同体の内部情報はしかじかのものだろう」という推定である。クラークによれば，外部情報は内部情報の断片でしかないという点で内部情報に劣っているが，たとえそうであっても，われわれは外部情報

3）もちろん，一口に「専門性」といってもそこには程度差がある。特定の文化的共同体に属している人間ならほとんど誰もがもっていると考えられる「中心的（central）」な知識や信念もあれば，そのなかでも一部の人間しかもっていない「周縁的（peripheral）」な知識や信念もある（Clark, 1996: 102）。

を一つの共通基盤として，自分が属していない文化的共同体に属する人間とコミュニケーションをすることができる。

　ブロメは，上記のクラークの議論を学際的コミュニケーションの事例に適用する過程でいくつかの重要な指摘を行っている。第一の指摘は，異なる専門分野，すなわち自分が属していない文化的共同体に属する人間の知識や信念に対してわれわれが行う推定──クラークのいう外部情報──は，少なくともその出発点においてはしばしば不正確なものだというものである。クラークの公共的共通基盤の概念について説明する際，ブロメは，相手の知識や信念に関するわれわれの推定は，相手が属する文化的共同体に対してわれわれが抱いているステレオタイプに基づいていると指摘する。国籍，性別，職業など，さまざまな文化的共同体についてのさまざまなステレオタイプが存在し，われわれはしばしばそれらを手がかりに他人──とりわけ，まだあまり親交のない他人──とコミュニケーションしている。しかし，このようなステレオタイプが相手についての正確な理解を妨げうるのは周知の事実である。ブロメはまた，心理学において「偽の合意効果（false consensus effect）」と呼ばれる，自分がもっている知識や信念を他人ももっていると思い込む現象が，公共的共通基盤の形成に影響を及ぼす可能性にも触れている。ブロメによれば，「限られた者しかもっていない」という専門的知識の定義にもかかわらず，偽の合意効果は専門家においても広くみられる。つまり，専門家は，異なる分野の専門家（あるいは一般聴衆）と対話する際，自分の知識や信念を相手に投影して，相手が自分と同一の知識や信念をもっていると想定してしまう傾向があるということである。

　ブロメの第二の指摘は，このように出発点においては不正確な相手の知識や信念に関する推定は，学際的コミュニケーションを継続していくことで徐々に修正し，正確なものに近づけていくことができるということである。ブロメは，異なる分野の専門家が自分とは異質な「パースペクティブ」[4] をもっていることを自覚するための重要な契機として，「共同作業の参加者たちが，同じ概念を異なる意味で用いていたり，ほとんど同じ概念に対して異なる符号法（用語，シンボル体系）を用いていることに気づく」（Bromme, 2000: 127）という体験を挙げている。

　ブロメの第三の指摘は，このように学際的コミュニケーションを通して異なる

---

4) ブロメはこの言葉を，単なる「知識（knowledge）」，すなわち特定の専門分野に固有の方法や概念と対比して，知識だけではなく，特定の専門分野にとって典型的な「認識スタイル（epistemic style）」をも含むものとして用いている（Bromme, 2000: 119）。

専門分野についての理解をより正確なものにすることができるにもかかわらず，専門分野のパースペクティブの差異は決して解消されることはないということである。ブロメによれば，対話者のあいだで確立される相互理解には，何が共有されているかだけではなく，何が共有されていないかについての同意が含まれている（Bromme, 2000: 128）。このことをクラークの用語を借りて，外部情報をどれだけ改善しても外部情報が内部情報に変わるわけではない，と言い換えてもいいだろう。

　最後の指摘は学際的コミュニケーションの重要な特徴に触れるものである。異なる分野の専門家とどれだけコミュニケーションを重ねたところで，それだけで自分が相手の分野の専門家になれるわけではない。そうであるとすれば，学際的コミュニケーションを通して獲得されるものとはいったい何なのだろうか。ブロメの議論に先駆けて，クラインは専門分野への「熟達（mastery）」と「適合（adequacy）」を区別することでこの疑問に答えている。「熟達と適合の違いは，専門分野〔の研究〕を実践するために専門分野を学ぶことと，その専門分野がどんな特徴的な仕方で世界をみているか——その観察カテゴリー，重要用語，関連する方法とアプローチ——を把握することの違いに存する」（Klein, 1996: 212）。学際的コミュニケーションがもたらすのは多様な専門分野への「適合」であって「熟達」ではない。学際的コミュニケーションの意義を考える際にはこの点を明確にしておく必要がある。

5　専門分野と学際性

　以上の議論に対して次のような疑問を抱く人びとがいるかもしれない。学際的コミュニケーションを通して獲得されるのが専門分野への熟達ではなく適合でしかないとすれば，専門分野の研究者が学際的コミュニケーションを実践する意義とはいったい何なのか。それは単に，多様な専門分野についての皮相な知識を所有して満足する好事家や半可通を生み出すだけではないのか。この疑問に答えるために，まずは学際性への統合主義的アプローチを採る人びとが専門分野と学際性の関係をどのように捉えているかを確認しておこう。

　ニューウェルと彼のマイアミ大学における同僚の化学者ウィリアム・J・グリーンは，統合という観点から学際性の定義を試みた最初期の論考のなかで，彼ら自身の立場を「無専門主義者（adisciplinist）」と「超専門主義者（transdisciplinist）」の立場から区別している（Newell & Green, 1982: 24）。無専門主義とは，「専門分野は根本的に間違ったものであり，放棄されるべきである」と考える立場のことである

（Newell & Green, 1982: 24）。しかし，専門分野そのものを放棄しようとするこの立場は知的実質を欠いた空虚なものにならざるをえないと彼らは批判する。

　他方，超専門主義とは，あらゆる事象は互いに結びついており，それゆえあらゆる知識は根本において統一可能であるという想定に基づいて，「知識の分割をはじめから無益なものとみなし，たとえばシステム理論や構造主義などに基づく超専門分野（superdiscipline）の探究へと向かう」立場のことであるとされる（Newell & Green, 1982: 24）。しかし，ニューウェルとグリーンは，知識の統一性という想定そのものが長年の学際研究を通して経験的に確かめられなければならないはずであり，したがってあらゆる専門分野を包括する超専門分野の存在をあらかじめ前提し，そこから出発するのは独断的だと主張する。

　このような議論からうかがえるように，統合主義的アプローチにおいては，学際性は既存の専門分野を排除するものではなく，既存の専門分野に依存しているものとみなされている。つまり，学際性は，無専門性（アディシプリナリティ）というかたちであれ超専門性（トランスディシプリナリティ）というかたちであれ，専門分野（ディシプリン）と対立し，専門分野を解消する方向へと向かうものではない。むしろ，学際性の主な役割は，専門分野に立脚しながら，専門分野のパースペクティブを何らかのかたちで拡張ないし変容することに存する。

6　単独専門性の克服

　では，学際性が専門分野のパースペクティブにもたらす拡張ないし変容とは具体的にどのようなものなのか。この問題への手がかりを与えてくれるのは，認知的学際性に関するもう一つの古典的な研究であるスヴェトラーナ・ニキティナの論文（Nikitina, 2005）である。この論文のなかでニキティナは，異なる専門分野と協働した経験をもつ大学教員に対するインタビューに基づいて，学際的コミュニケーションを通して専門家のうちに生じる認知的変容のプロセスを，「単独専門性（monodisciplinarity）」が克服されていくプロセスとして記述している（Nikitina, 2005: 401–405）。

　ここでいう単独専門性の克服という事態を，ニキティナはミハイル・バフチンの議論を援用しながら，「独白的（monologic）」思考から「対話的（dialogic）」思考への移行として説明している（Nikitina, 2005: 396）。独白的思考は，自分のパースペクティブを絶対視し，世界のすべてを自分のパースペクティブに基づいて理解しようとする。それに対して，対話的思考は，世界のうちには互いに還元しえない複

数の異質なパースペクティブが存在し，そして自分のパースペクティブはそのなかの一つにすぎないという自覚から出発する。まさしくそのような自覚ゆえに，対話的思考は，世界をより深く理解するためには自分のパースペクティブと他の諸々のパースペクティブを調和的に共存させなければならないと考える。

　注意すべきは，このようにパースペクティブの多元性を自覚するということは，複数のパースペクティブを──自分は各々のパースペクティブのどれにも完全には根を下ろしていないといった態度で──自在に行き来できるようになることでもなければ，あらゆるパースクティブを包括する一つの超パースペクティブへと移行することでもないという点である。ニキティナは，単独専門性の克服とは，「自分の核心的立場を放棄することなく複数のパースペクティブを均衡させること」であると述べている（Nikitina, 2005: 396，強調は引用者）。つまり，単独専門性の克服とは，自分の特殊な専門性を離れて何らかの意味で普遍的な立場──ニューウェルとグリーンが無専門性や超専門性と呼んだ立場はその一例だろう──へと移行することではなく，自分の専門性のうちに身を置いたまま，他の専門性との関わりのなかで自分の専門性を変容させていくことだといえる。具体的には，ニキティナは単独専門性の克服というプロセスを構成する契機として，異なる専門的パースペクティブを尊重する態度の獲得，それに伴う自分の専門的パースペクティブの有限性の自覚，自分の専門的パースペクティブの長所と短所の特定，さまざまな専門的パースペクティブの選択的な受容および拒否といったものを挙げている（Nikitina, 2005: 401–405）。

7　おわりに：学際諸島から

　以上の議論を踏まえて，ミカタの活動の意義について学際性という観点から若干の考察を加えてみよう。

　ミカタは「学際的」プレ FD を謳っている。実際，他大学や京都大学の他学部で実施されている類似のプレ FD プログラムからミカタを区別する最大の特徴は，異なる専門分野に属する大学院生同士の質疑や討議をはじめとする異分野接触の契機を，プログラムそのもののなかに組み込んでいることである。しかしながら，ミカタの目的は必ずしも「学際研究」を遂行する研究者を育成することではない。もちろん，ミカタの活動を通して大学院生が得ることのできる経験や人脈は「学際研究」を遂行する際にも大いに役立つだろうし，ミカタのメンバーのなかにはすでにその

ような研究に取り組んでいる者もいる。だが，そうはいってもやはり，ミカタに参加する大学院生はあくまで各々の専門分野のなかで訓練を受けつつある専門的研究者の卵であり，基本的には，ミカタの活動を離れたあとはその専門分野の研究者として活動していくということが想定されている。

　この点について次のような批判を耳にすることがある。学際性の究極的な目標は，既存の専門分野だけでは生み出せない知見を生み出したり，既存の専門分野だけでは解決できない問題の解決策を考案すること，要するに「学際研究の成果を生み出すこと」ではないか。だとすれば，学際研究の実践に結びつかないミカタの活動は，少なくとも学際性という観点から評価することはできないのではないか，と。

　こうした批判は，本章で区別した認知的統合，社会的統合，認識的統合という3種の統合のうち，認識的統合を学際性の本義とみなす立場からなされているといえる。しかし，本章で指摘したのは，学際的活動は多様な目的をもち，多様な種類の統合をもたらすものであるということだった。それゆえ，学際的活動の目的を知識の直接的な産出に限定しているという点で，上記の批判は学際性を不当に狭く捉えすぎているといえる。「学際的」と称される活動を評価する際には，その活動がいったいいかなる種類の統合を志向しているのかを活動そのものに即して判断し，それに合わせた評価軸を設定することが求められる。

　本章ではさらに，専門分野と学際性を必ずしも対立的に捉える必要はないということを指摘した。コミュニケーションにおいて，自分と他者のあいだで相互理解が成立することが，自分と他者の立場や視点の差異が解消されることを意味しないのと同じように，学際的コミュニケーションは既存の専門分野のパースペクティブの差異を必ずしも解消する方向に向かうわけではなく，むしろ各々の専門分野のパースペクティブを深化ないし複雑化するものとして捉えられる。学際的活動を評価する際には，学際的コミュニケーションが各々の専門分野にもたらすこのような変化が，長期的・間接的に各々の専門分野の研究者の活動に影響を及ぼす可能性を考慮することも必要だろう。

【引用・参考文献】

Bromme, R. (2000). Beyond one's own perspective: The psychology of cognitive interdisciplinarity. in P. Weingart, & N. Sther (eds.) *Practising interdisciplinarity*. Toronto: University of Tronto Press, pp.115–133.

Centre for educational research and innovation (CERI) (1972). *Interdisciplinarity:*

Problems of teaching and research in universities. Paris: OECD.

Clark, H. H.（1996）. *Using language.* Cambridge: Cambridge University Press.

Klein, J. T.（1990）. *Interdisciplinarity: History, theory and practice.* Detroit: Wayne State University Press.

Klein, J. T.（1996）. *Crossing boundaries: knowledge, disciplinarities, and interdisciplinarities.* Charlottesville, VA; London: University Press of Virginia.

Kockelmans, J. J.（ed.）（1979）. *Interdisciplinarity and higher education.* University Park: Pennsylvania State University Press.

Newell, W. H.（2001）. A theory of interdisciplinary studies. *Issues in Integrative Studies, 19*: 1–25.

Newell, W. H.（2008）. The intertwined history of interdisciplinary undergraduate education and the association for integrative studies. *Issues in Integrative Studies, 26*: 1–59.

Newell, W. H., & W. J. Green（1982）. Defining and teaching interdisciplinary studies. *Improving College and University Teaching, 30*(1): 23–30.

Nikitina, S.（2005）. Pathways of interdisciplinary cognition. *Cognition and Instruction, 23*(3): 389–425.

O'Rourke M., S. Crowley, & C. Gonnerman（2015）. On the nature of cross-disciplinary integration: A philosophical framework. *Studies in History and Philosophy of Biological and Biomedical Sciences, 56*: 62–70.

Repko, A. F.（2007）. Integrating interdisciplinarity: How the theories of common ground and cognitive interdisciplinarity are informing the debate on interdisciplinary integration. *Issues in Integrative Studies, 25*: 1–31.

Repko, A. F., & R. Szostak（2020）. *Interdisciplinary research: Process and theory.* 4th edition. Thousand Oaks: SAGE.

「総人のミカタ」へのコメント

渡邉浩一〔哲学史〕

　「総人のミカタ」（以下，ミカタ）は，京都大学大学院人間・環境学研究科の大学院生によって幾度となく試みられてきた自主的プレ FD 活動のなかでも，おそらく最も組織としてのまとまりが強く，制度に肉薄した取り組みである。実施主体の制約ゆえにプログラム面は十分実践的とはいえないが，院生集団の自己教育という点ではたいへん貴重である。そのことは一見して明らかであるが，それにしても，なぜミカタメンバーはこうも性急に自分たちの活動を意味づけようとするのか。いささか言葉数が多すぎはしないか。

　思うに，しかし，それは《大学院生による自主的プレ FD》という倒錯した活動の必然的帰結である。プレ FD とはファカルティによる将来のメンバーたるべき者の育成を指すが，そうである以上，目指されるべき研究者／教員像は当のファカルティによって提示されるのが本来のあり方である。研究大学の FD センター主導で定着しつつあるプログラムのように，教育・研究・校務に携わる大学人としての必要条件を伝えるものであれ，あるいは京都大学大学院文学研究科のプレ FD のように，自学部生に向けた授業を研修の場とする徒弟制的なものであれ，参加者たちの「気づき」をファシリテートするのは正規のファカルティでなければならない。──だがミカタは，そうしたファシリテーターを得ることができなかった。結果，自らその役を引き受けたメンバーたちは，現にある研究者／教員の向こうに，そうあるべき・ありたい研究者／教員像を投射するに至っている。

　本書の各章に割り当てられた学際性・専門性・教育／ PFF・コミュニティという観点は，たしかにミカタの活動のある側面を捉えているのだろう。しかし，当然ながらいずれも萌芽にすぎない。そのことは当人たちも承知のうえではあろうが，それでもやはりしばしば意味づけが活動そのものから離陸してしまっているような印象は禁じがたい。執筆者たちはそれぞれの観点について相応に理論武装して臨んでいるが，経験の不足は──個々の大学院生としても，ミカタという集団としても──いかんともしがたく，身構えるほどそのギャップは広がらずにいないようである。

　だがその「弱点」は，「可能性」の別名でもある。ミカタメンバーたちは，ささやかながらきわめて貴重な活動経験を，その自己解釈によって自分たちの将来に向けて投げかけてみせた。ここで語られた研究者／教員像は，たとえミカタそのものが制度として持続しなかったとしても，メンバーたちがそれぞれ自分の持ち場で──仲間たちの助けも得ながら──自己教育を続けていく道標になるに違いない。そういう意味では，容れ物としてのファカルティはもはや問題ではないのである。

　以上，いささか口幅ったいコメントになったが，ひと足先に「学際」に呪われた者からの祝福の言葉として受け止めてもらえるようであれば幸いである。

【引用・参考文献】

臼田泰之・瑞慶覧長空・須田智晴・佐野泰之・寺山　慧・萩原広道・渡邉浩一〔編〕（2017）．『学際系学部の教養教育　報告書　教員にとっての学際／学生にとっての学際』京都大学大学院人間・環境学研究科学際教育研究部

第2部
「共同性」を育て合う

第9章

学際教育のなかの「地図作成」と, その制度化をめぐって

谷川嘉浩〔哲学・観光学〕

　作家のレベッカ・ソルニットは,『迷うためのフィールドガイド』のなかで感情と結びついた「場所の感覚」について語っている。その土地の雰囲気や気配を知ったときにもつことのできる感覚のことだ。総人のミカタにおける学際的な取り組みを,複数の場所(=専門分野)に関する地図作成ないし地理感覚の涵養と捉え,学部生と院生に対する学際教育の効果の違いについて論じる。すなわち,学部生には,高校までの(しばしば間違った)印象を改め,適正な土地勘を形成する機会として,学問の世界を歩き始めている院生には,自分と他者の近さと遠さを正確に測るための機会として,学際教育は存在しうる。そうした議論を経たあと,スタンフォード大学などの北米の院生能力開発の取り組みや教育学の議論を参照しつつ,院生能力開発の制度としての総人のミカタを比較しつつ論じ,インフォーマルな試みを制度化することの可能性と限界を明らかにしていく。

1 「内なる場所」の育ち

作家のレベッカ・ソルニットは,自伝的な著作で「場所の感覚」について語る。

> 重大な出来事があった場所には感情の刻印が残されている。[…]場所は,人がその場にいるときにだけ意味を持っていると語られるが,場所の感覚というものは,そのようにしてたとえその場にいないときでも雰囲気や強い感情と結びついた喚起力として人を支配している。(Solnit, 2005: 118=2019: 129–30)

大学という場所は,数年の時間と,さまざまな施設と情報と人間関係を集積することで,学生たちに多様な機会を提供する。同じ大学の大学院に進学する者なら,

さらに数年同じ場所で過ごすことになるので，いっそう強く「感情の刻印」が残るだろう。ただし，ソルニットは上の文章に続けて「内なる場所も外なる場所と同じくらいの重みを持っている」と書いた。彼女が特に重視したのも，そして本章が注意を向けるのも「内なる場所」にほかならない。

「総人のミカタ」（以下，ミカタ）では，それぞれが「学問の地図」を自分なりに描くよう促される。このことが示唆するのは，ミカタを通じて形成される「内なる場所」とは，絡まり合った諸分野からなる《学問の地平》であり，参加者は，その地平に諸分野をマッピングしながら，自らの専門を位置づける作業が求められるということだ。本章の関心は，ミカタを，学際教育的側面のある「将来教員養成（Preparing Future Faculty: PFF）」あるいは「院生能力開発（Graduate Student Development: GSD）」とみなし，大学院生による教育活動が，受講生たる学部生と当の大学院生に対してもつ教育的意義を論じることにある。なお，大学において教育の重要性が前景化し，「教員能力開発（Faculty Development: FD）」が叫ばれるようになった経緯は別稿で論じたことがある（谷川, 2017; Tanigawa, 2019）。

本章の議論は以下の順に進む。まず，学際教育としてのミカタが果たす機能の学部生と院生に対する関係を，地理的メタファーによって特徴づける。学部生にとってミカタの試みは，土地（＝専門分野）に関する漠然としたイメージを提供して，地理感覚を養う素地を整備するものである（2節）。その一方で，大学院生にとっては，今後出会わなかったかもしれない分野を含めて，学問の地平を再マッピングする機会となるだけでなく，自身の専門分野の周辺地図をより詳細かつ具体的に測量し直す機会となっている（3節）。そのうえで，そうした教育効果をコンスタントに実現するような制度化の可能性を検討する。具体的には，GSDないしPFFとして知られる国内および北米の取り組みを一瞥し，そのうえで，制度化するうえでの注意点を明らかにする（4節）。なお，2・3節では，私の印象に残った事例を扱っているので，一定の偏りを含んでいる。

本章では「教育」や「大学」を題材として扱っているが，読解がそれに縛られる必要はない。まず，本章の議論は，コミュニティ形成や場所づくりに関連する話と読める。加えて，学際系の大学院出身でなくとも，たいていの研究者は，キャリアを重ねるなかで異分野との接触を増やすものであり，諸分野のマッピングはすべての研究者に関係する。そして，学問に限らずビジネスや家事においても，部門・業務・業種など諸分野の関係に目を向け，それらをマッピングすること自体は多かれ少なかれ生じている。このように，本章で考察する事柄には大学や教育に尽きない

普遍性があるだろう。

　さて，分析には手がかりが必要だ。哲学者のジョン・デューイが新しい時代の教育に関連して述べたように，既存の取り組みを変更したり，新しいプロジェクトに着手したりするとき，哲学，つまり，拠って立つ理論が必要とされる（Boydston, 1991: 13-15）。何か新しいことに取り組む際，場当たり的でなく，首尾一貫したかたちで状況に応答することが求められるからだ。したがって，私たちはまずミカタの立脚点を明らかにすることから始め，そのうえで，学部生にとっての教育的意義を検討しよう。

2　学部生に対する学際教育

　そもそも，京都大学総合人間学部／大学院人間・環境学研究科が理念として背負っている「学際教育」とは何だろう。すぐ頭に浮かぶのは，「学際とは何か」という付随的な問いである。学際概念のサーヴェイ研究によると，当初の学際（interdisciplinarity）概念は，国際関係のように明確に領土の境界線が存在するようなさまざまな学問分野（disciplines）を修めた専門家同士の相互交流として構想された（渡邉ほか, 2017: 116）。だとすると，専門分野に習熟する段階にすらない学部生に「学際」を教育することは定義上できないはずだ。こうした学際概念自体を検討したい気になるが，それは本章の課題ではない（cf. 第3章）。

　ここで考慮すべきは，そもそも学部生とはどのような特徴をもつ存在であるかということだ。学部生は，専門分野が含み持っている，一連の知識や問いや関心を身につけていない。小規模書店の「心理学」コーナーに行けばわかるとおり，学問に触れていない人にとっての心理学は，メンタリストが説く心理テクニックや性格診断，人間関係のうまい立ち回りを教えてくれるものであり，それゆえ，少なくとも初年次の学部生にとって，心理学はそうしたものである可能性が高い。こうしたイメージと実情の落差は，たいていの学問分野にあるだろう。漠然としたイメージすらない場合もあるかもしれない。要するに，学問分野との出会いをもたない学部生には，いかなる「場所の感覚」もない。

　こうした特徴を踏まえるなら，学部生を専門性ある存在に変えたうえで相互交流に導くことは難しくとも，各学問分野のネットワークがどのようなものであるかについて，より実情に近いイメージをもってもらうことは可能だろう。つまり，学問分野がどのように関係し合っているかについて，一定の直観を形成してもらうこと

はできる（cf. 冨田, 1994）。それは，学問分野間のつながりを意識するための「地理感覚」や「土地勘」のようなものであり，これを一種の学際性だと捉えることができる。こうした「学際教育」のために，学部生が専門性を身につけている必要はない。

　この観点からみて重要なのは，講師役や質問役の大学院生に与えられた制約である。すなわち，その学問分野特有の「ものの見方」がみえる講義，分野内の各領域の関係が伝わる講義，研究の雰囲気がわかる講義にするという縛りである。ミカタの講義を連続的に受講している学生ならば，分野同士の関係性——たとえば，研究内容や研究対象が違っても，これらの分野の方法論は同一だということ——に気づくかもしれない。加えて，毎回の講義後にある「院生質疑」では，異分野の大学院生が，講義内容の理解が深まる質問だけでなく，分野間の差異や類似が際立つような質問をすることになっている。これが学際的な土地勘の形成に寄与するかもしれない。

　庭園論（garden studies）の講義に，観光学（tourism studies）の大学院生から出た質問を例に挙げよう（スコルシ・谷川, 2018）。いずれも，研究対象を共有する複数分野から構成された専門分野である。以下が質問した内容の一部である。

　　　研究と現場の関係はどのようなものか。観光学と観光ビジネス，文学と文学研究／批評，ゲーム研究とゲーム制作，発達科学と保育現場などの対比と，それぞれの具体例を簡潔に述べながら，研究と現場の多様な関わり方を示し，庭園論の事情を聞いた。

その質問に関する回答を，質問者はこう振り返っている。

　　　私なりに総合すると，ロレダナさん［庭園論の院生］の答えは，「誰が現場の人か」「誰が実践知を持つ人か」は視点や文脈で変わるというものでした。例えば，ロレダナさんは，作庭しないという点では「現場の人」ではありません。しかし，日本の庭園を多く目にし，日本の研究事情に詳しいという点では，留学生向けに庭園の講義をしたり，母国で庭園について話したりするときのロレダナさんは，間違いなく「現場の人」だと言えます。これは，すごく当たり前のことではあるのだけど，人が忘れがちな重要な観点だと思いました。

ここから複数のことが読み取れる。複数分野が集まってできた専門分野があるこ

と，研究にはそれと接地する「現場」が存在するか，少なくとも現場に相当するものを想定できること，庭園論において，専門知を作庭に還元することが現場との関わりの典型であること，研究が実地を離れたものだと考える必要はないこと，講義や講演で発信すること自体が「現場」になりうること，などである。ミカタでは，講義のたびにこうした質疑を繰り返すだけでなく，同様に異分野同士が共通のテーマでディスカッションする企画（異分野ディスカッション）を半期ごとに2回行っている。

　講義上の制約，院生質疑，異分野ディスカッションは，専門性をもたない学部生に，場所＝分野ごとにより明確なイメージを抱き，場所同士の関係性について何らかの印象をもつ機会をもたらすだろう。ここで育まれているのが，学問の地平についての場所の感覚である。ミカタ全体を通してさまざまな場所のイメージが提示されるため，一分野を歩き回るためのローカルな「場所の感覚」だけでなく，そうした土地が複数連結している大地の全体像を意識しながら歩き回る地理感覚が身につく可能性がある。

　とはいえ，土地勘が実際にどれくらい身につくかというと，自主企画ゆえに出席が任意となるためどうしても限界がある。また，講義回数も限られているので，ミカタの授業を半期や1年受けるだけでは，主要な学問分野すらカバーできない。それにもかかわらず，「ものの見方」に集中して学問分野のイメージを伝えることは重要である。専門分野の知見や成果を，クイズや雑学のように単発的に伝えるというより，分野特有の着眼や関心のもち方，研究実践の雰囲気（の違い）を伝えることで，進路選択のミスマッチを減らすことができるからだ。たとえば，人間関係をうまく乗り切りたいと考える人が，「心理学は心理テクニックだ」という誤解に基づいて進路を決めたとすれば，これは学生にとっても，分野にとっても不幸なすれ違いというほかない。ミカタは，このすれ違いを解消しようとする組織的な試みだと解釈することもできる。

3　大学院生に対する学際教育

　地図の比喩というと，冒頭でも引いた作家のソルニットは興味深いことをいっている。

　　たいていの地図帳には，国や地方について，人種や教育レベルや農作物や外国人比率の仔細な地図がある。それをみると，どんな地域についても地図に描く

方法は数限りなく存在するということがよくわかる。地図は徹底して選択的なのだ。(Solnit, 2005: 162＝2019: 177)

　私たちは目的や親しみに応じてさまざまな地図を作ることができる。等高線があるのか，縮尺はどうか，何を中心に置くのか，店名は記すのか——。さまざまな地図を作ることができる一方で，すべてを盛り込んだ地図を作ることもできない。学問という地平でも同じことがいえる。研究対象，視点や概念，方法論，研究モチベーション，証明や論証のあり方，分野の歴史的成り立ち……マッピングはさまざまな観点から可能なのである。

　それでは，大学院生にとって「「ものの見方」を示す」という制約の下で行う講義や交流は，どのような教育的意義をもっているだろうか。大学院生は，学部生と異なり，一定の専門性を身につけている。地理的な比喩を用いれば，異分野間のやりとりは，一度はどこかの土地に馴染んだことのある人物が，ほかの土地を訪れたり，ほかの土地を想像したりするように促されるようなものだ。大学院生は，自分野を歩き回って得た知見や経験に立脚しながら，異分野の事情について理に適った推定を行えるのである。大学院生にとって，異分野を想像するためのヒントが手元に複数あるのだ。このように，大学院生は，自身の分野の知識を用いながら，他者との差異や一致に目を向けられる。こうしたマッピングの過程をミカタにおける三つの例から検討したい。

1）分野全体を「代表」する

　誤解や理解について研究している言語学の大学院生が，他者理解の議論に革新的な視座を開いた「根本的翻訳／解釈」として知られる哲学の議論について，哲学の大学院生に自分の理解を確認する場面があった。また，発達科学の大学院生は，哲学院生との会話のなかで，言語獲得の文脈では「根本的翻訳」概念がかなり変形されて用いられていることを知り，それを論文の一節として盛り込んだ（萩原・阪上，2019）。こうした知識確認は，講義内，講義検討会，その他の日常的な接触において頻繁に行われている。

　上記の会話の直接のきっかけは，哲学の講義で「根本的翻訳／解釈」というアイディアが紹介されたことである。しかし実のところ，哲学という分野を直観的に把握してもらうための素材として「根本的翻訳／解釈」が用いられたのであって，講義を行った哲学の大学院生にとっては「根本的翻訳／解釈」は直接の専門ではない

し，哲学において入門講義で言及される定番の話題というわけでもない。ポイントは，この題材選びに，《分野を特徴づける見方を学部生に伝える》という制約が関わっているだけでなく，当の制約が，講師に専門分野を「代表」するよう求めていることだ（制約の効果については，エドモンドソン（2014）のフレーミング論を参照）。講師は，講義や質問などの具体的な場面で急に分野の代表者になるわけではない。講義準備において「この分野を特徴づけるものは何か」と自問することで，単に研究活動を進めるのとは違う仕方で，自身の分野の理解を深めることになる。そして，こうした「代表」する態度ゆえに，先に述べたような異分野との気軽な知識交換が行われるのだといえるだろう。

2）気軽に質問できる関係性

　文化人類学の大学院生による講義の後，人類学に関心をもつ参加者が質問をしたことがあった。「文化人類学」と「社会人類学」は，研究内容としてさほど違いがないにもかかわらず，なぜ呼び分けられるのかとの質問である。このことを，参加者はかねてより疑問に思っていたかもしれず，この程度の疑問は検索すればわかったかもしれない。それほど初歩的な質問だと思われる。だが，それゆえに一層，その疑問を確かめたいと思うことができたことは驚くに値する。私たちは，異分野にちょっとした疑問を抱くことがよくある。しかし，面倒だったり，調べるほど重要ではなかったりして，疑問の多くを素通りして忘れてしまう。

　先の事例において，一連の会話は，高度な研究というより「学部生向け講義」という概説的な内容の講義で十分な知識を得たうえでなされた。しかも，講義を終えた後のインフォーマルなタイミングでの会話である。その参加者と文化人類学者は，単なる研究者同士ではない，より打ち解けた仕方で出会うことができた。時間をかけて互いを認知し，講義を通じて基本的な知識共有がなされたうえにある関係性だからこそ，互いの土地＝専門分野のことを知りたいと参加者は欲望できる。これ以外にも，受講院生が講師に「こういうことを知りたいのだが……」と案内を求める場面は頻繁に見受けられる。

　疑問を確かめる際の気軽さを支えるのはインフォーマリティだけではない。講師などすべての参加者が専門分野を代表して話してくれるという前提にも支えられている。そうでなければ，その人自身の研究テーマに合致しているかどうかを気にせず，「その分野のこと」を気楽に質問できないだろう。自分がもつ断片的な知識を，その道の専門家に確認してみるやりとりを重ねることで，学問の地図をより正確で

詳細なものにすることができるのだ。

3) 他者の自明性に直面する

　さらに，異分野の専門家が，自身の専門知を用いて一瞬でたどり着いた地点に，当の分野の専門家は回り道をして到着するかもしれないという事例を紹介しておきたい。先に言及した哲学講義の院生質疑において，数学の大学院生から，「「根本的解釈」として哲学的に紹介された議論は，ベイズ統計で記述できそうだ」という一言があった。その概念を提示した哲学者ドナルド・デイヴィドソンの後年の著作を読み直した際に，哲学の大学院生は，デイヴィドソン自身が「根本的解釈」をベイズ統計で記述できるものとして位置づけていることに気づいた。いわば，異分野からのまなざしを経由することで，以前は印象に残らなかった論点が新鮮に感じられ，それによって，自身の分野に新しく出会い直したのだ。ある分野で鍛えられた直観が自身の分野に向けられるとき，人は自分の分野と出会い直せるかもしれない。

　ミカタが，分野を代表し合う会話のゲームであることが，こうした事態が生じる蓋然性を高めていると思われる。参加者は，講義担当者は当の分野について全般的にカバーしているのだから，どんな質問や感想でも，何か応答してくれると期待することができ，いくぶん無責任かつ気楽に発言することができる。他方，発言に応答する側も，時に若干無理をしながら分野を代表していることを聞き手と共有していることから，その点を割り引いてくれると期待でき，気楽に回答を用意することができる[1]。

　こうした特徴を挙げると，ミカタのあり方は学際研究と変わらないようにみえるかもしれない。ミカタの大学院生は，自分の研究を話すのでも，概論を話すのでもなく，学問の地平に属さない学部生に分野を特徴づける見方を提示しようとしている。つまりマッピング（場所の感覚の形成）が目的である。したがって，資金獲得や社会課題などの外的事情が先行し，問題解決や新分野の展開が主目的である，多くの学際研究とはそもそも趣旨が違うというべきだろう。また，異分野との協働のあり方も結果的に異なっている。ミカタは，専門家として分化する途上の大学院生

---

1) 短い会話での説明には，戯画化された特徴づけや，多少の単純化が含まれることがあるとはいえ，その場合でも，その分野のすべてに精通していると称するのではなく，たいていは「直接の専門ではないが」「個人の見解だが」「推測ではあるが」と断ったうえで，会話が行われていることは注記しておきたい。

が，タコツボ的な縦割りに陥る前に，互いの分野の関心の方向性や特徴を把握しながら，協働するという資質を育むものであり，すでに専門家として確立された人びとが対話していく，いわゆる学際研究とは，交わり方も異なっている。

　これまでの三つの指摘は，教育能力の向上にも直接結びついている。特に先述したような，専門分野の重ならない人による講義検討については，専門家自身は「どのように学んだか，なぜそれが理解できたり，理解できなかったりしたのか思い出すのは難しい」のに対して，異分野の専門家は「賢いがやや素朴な学習者」として，学生向けに語るにあたっての適切なフィードバックを与えることができると指摘する教育学者もいる（ナイキスト，2012b: 35）。これはミカタの取り組みを支持する議論だといえるだろう。

　ただしこうした助言は，有益であるときほど注意も必要である。少人数の教員の前で短時間の模擬講義をし，映像撮影していたものを閲覧したり，グループ討論したりすることで，教授上のフィードバックを得ようとする「マイクロティーチング」という手法を説明する際に，教育学者のナイキストは，二つ興味深い指摘をしている。

　　研究によれば，何かを学ぶには，自分の弱みではなく，強さに注目するべきです。弱みを取り上げて，そのことばかり考えると，弱みはどんどん大きくなります。そこで，私たちはまず自分のよいところを把握し，ティーチングの強みとなる要素を強調し，そのあと改善できるところを確認し，改善の方略を開発する方がよいと思います。／［また］マイクロティーチングのセッションに参加した教員は，ファシリテーターが適切に指導しないと，改善点を10件も持ち帰るのが典型的です。誰も10件も改善できません。セッションではたくさんのフィードバックが得られますが，そのすべての改善に取り組もうと思うと，ダイエットや早寝をしようという新年の抱負と同じことになります。［…］数件だけを選んで，体系的・持続的に改善に取り組むべきです。（ナイキスト，2012b: 31）

　ミカタの参加者は，ミカタ自体が自主企画であることもあって非常に積極的であり，自身の講義やコメントを積極的に改善しようとしているところがある。検討会ではむしろ，挙げられた改善点のなかで，講師がどの改善点を持ち帰るべきかということ自体を検討する時間が必要なのかもしれない。

　ミカタの現場では，ここで検討したもののほかに，方法論，解析のやり方，教科書

と実際の研究の落差，研究上のモチベーション，影響を受けた研究などをめぐって，さまざまなやりとりがなされており，その結果として，読書会・研究会・共同研究を行うような派生的なコミュニティが生まれている。こうした派生的な研究活動は，学問分野をマッピングする過程で生じた共通の関心をベースにした，未知の土地に関する共同のフィールドワークだといえるかもしれない。ある分野に対する「場所の感覚」は，その分野とどう関わるかと切り離せない。「内側と外側というのは，普段区別されているよりも複雑に絡まりあっているのだ」（Solnit, 2005: 119＝2019: 131）。こうしたコミュニティ内での成長や，コミュニティの制度設計，それが集団としての熱量に与える影響などについては，社会心理学の「横断的記憶」をめぐる議論，そして経営学や組織論，チームビルディングなどの知見に学ぶところがあるかもしれない（Wegner et al., 1991; エドモンドソン, 2014; 藤村, 2019）。

4 大学教育における「総人のミカタ」：北米や国内の院生能力開発と比較して

　たしかにミカタは，学部生と大学院生に対して一定の教育効果をもっているのかもしれない。ミカタは，大学院生発案型による草の根で非公式の取り組みとして始まったものであるが，公的制度に組み込まれていないため，その活動の効果をコンスタントに発揮できるように，制度化へ向かう理路を素描することも必要だろう。それゆえ本節では，大学で制度として実現されたフォーマルな活動（主に北米と国内の事例や研究）を検討し，ミカタの応用可能性とその限界について論じることにしたい。以下では，制度化されていないがゆえのミカタの弱みについて北米の事例との比較を通して考察したうえで（4-1, 2），ミカタの制度化にあたって考慮すべき点を「学生の視点」と「大学の文化」に分けて検討する（4-3, 4）。

4-1　大学院生への教育支援や能力開発

　大学院生と教育制度との関係というと，ティーチングアシスタント（TA）が思い浮かぶ。TA に関わる国内の好例としては，新任 TA 向けの学内研修を FD の一環として行っている北海道大学の事例（細川, 2012）が挙げられるだけでなく，フィールドワークを用いた授業などで学習支援に TA を活用するという提言（清水ほか, 2009: 33–35）が思い出される。こうした試みは，国内では稀かもしれないが国際的にみれば誇るほどの水準ではない。

　主として新任教員および TA を対象にサービス提供をしているスタンフォード

大学の Center for Teaching and Learning（CTL）は，1975 年に設立され，文献・映像の貸し出し，授業撮影，ニュースレター発行，各種講習・ワークショップ等の企画を実施するだけでなく，各部局でどのようなサービスの需要があるかを CTL に報告するリエゾンコンサルタントとして大学院生を採用していることで知られる（中島，2006）。将来教員や新任教員への教育支援そのものは，ティーチングティップスをまとめた書籍，授業担当者向けのハンドブックなどが，国内でも整備・流通しているし（cf. 清水ほか，2009: 49-61），京都大学でも，FD 系のセンターが新任教員に研修を行ったり，将来教員養成（PFF）として「大学院生のための教育実践講座」（一日研修）や「大学で教えるということ」（集中講義）などのプログラムが提供されたりと組織的な対応がなされている（京都大学 FD 研究検討，2019）。

　こうした試みに比して CTL が優れているのは，TA や教員の事情と，個別的なニーズを察知しつつ，各人に合わせた支援を組織的に行っていることと，そのためにリエゾンコンサルタントを雇用していることにある。コンサルタントは，TA として学生評価の高い経験豊かな大学院生から選ばれ，CTL での訓練を済ませた者が雇用される。彼らは，需要調査だけでなく，ワークショップ実施，教員のティーチングへの助言や提案，少人数による教員への授業評価，授業観察と分析を仕事としており，一見してミカタの活動と近い側面がある。しかし，ミカタが行うのは大学院生同士の授業検討にすぎず，公的な制度ではないため，コンサルタントとしての技能は，部局や研究科にリーチすることがない。ミカタは，大学の正式なコミュニティへの参加を認められないがゆえに，大学全体の教育向上に資するものではない。

　部局への影響という点で興味深いのが，京都大学文学研究科の試みだ。ボトムアップ的に行われる「相互研修型 FD」の理念を基礎に，大学院を卒業してから専任職に就くまでの若手研究者支援（いわゆるポスドク問題への対処）として，高等教育研究開発推進センターと連携しつつ，PFF 科目を設けた。若手研究者数名を非常勤として雇用し，教授法などについての事前研修と，事後フィードバックをするだけでなく，受講学生へのインタビューを行うなど，かなり周到で組織的な支援を行っている（田口ほか，2013）。この授業には専任教員も関わっており，彼らが，教育学者や講習を受けた若手研究者と相当交わることになる点で，間接的かつ小規模ではあれ，部局の教育環境の向上も期待できる。ただし，大学院生に対して，教育だけでなく，研究へのフィードバックにまで踏み込んで影響を与えうる点は，ミカタの強みだといえるかもしれない。

4-2　教育の応用性，教育以外の能力開発

　ナイキストは，アメリカの大学で共有される文化を強調している。専門職とし
て生き残っていくうえでも，企業・政府機関・NGO に行くうえでも，「学位をもつ
者は研究だけでなく教育を効果的に行えなければならない」という価値観のことだ
（ナイキスト, 2012a: 25）。考えてみれば，大学外でも，たとえば部下や後輩に対し
ての「教育」が求められる。そもそも，教育能力は応用性が高く，学問に限らず必
要とされる。アメリカの院生能力開発は，この点を当然のように強調するだけでな
く，さらに先を行っている。教育能力の開発は当然のこと，研究室運営やチームマ
ネジメント，研究資金管理，需要調査などの能力開発も重視されており，制度の相
当部分を占めているのだ。さらに，北米の各種の院生支援のなかでも，各種の資質
を向上させるために，学内の利用可能な資源を丁寧に説明する機会を設けたワシン
トン大学の試みは注目に値する。ワシントン大学では，「こういうことに困ってい
る」「こうしたい」とニーズを発声し助力を求めるための「前提知識」を整備する
ことから能力開発が始まっている（ナイキスト, 2012a: 25-27）。かたやミカタでは，
試行錯誤のなかで，渉外やマネジメントの能力が高まることはあるが，それは上記
のような組織的な支援の結果ではないうえに，参加者にニーズや困りごとを伝えて
もらうための周到なオリエンテーションがあるわけでもない。

　カリフォルニア大学では，サブリナ・ソラッコやリンダ・フォンヘーネといった
教育学者が所属するアカデミックサービス部が，アカデミックライティングを重視
し，助成金申請，博士論文や修士論文の研究計画，学術出版，編集と校閲，人権上
の配慮が必要な研究などに関わる，さまざまな支援やワークショップなどを行って
いる（ソラッコ, 2012）。同部局では，大学院生同士で計画書や論文のピアレビュー
するサークル，留学生を中心とするサークルなど，インフォーマルな共同体形成が
なされている点も興味深い。こうしたサークルは，フォーマルな制度で傷つく大学
院生たち——指導教員のネグレクトやハラスメント，過度に否定的な指導——に対
するケアとしても機能している。また，カナダのダルハウジー大学では，大学院生
の能力開発の締めくくりには，より踏み込んだ支援として，就職などの面接で活用
するためのティーチングポートフォリオ（教育業績をまとめた冊子）を作成する機
会を設けている（テイラー, 2012: 91）。こうした多岐にわたる支援は，大学の組織
的バックアップなくして持続的になしうるものではない。

　ダルハウジー大学では，ティーチングポートフォリオにおいて，教育能力開発の
経験を適切にアピールできるように，TA 研修，専門職能力開発講座，大学教育の

ための大学院授業など複数の課程を修めて，十分な知識と教育経験を得た大学院生向けに──つまり，高いハードルを課して高い質を担保しながら──「大学教育学習資格認定書」を出している（テイラー，2012: 90-93）。前述した京都大学の各種取り組みでも，それぞれ修了証が発行されるのだが，これほどのハードルはなく，公募書類の執筆支援などはない。あえて冷めた見方をすれば，学生に認証バッジを与えて野に放り出しているともいえなくもない。

4-3　学生の視点に立つ制度

　これまで，制度化されていないミカタの弱みについて北米の諸制度との比較を通じて検討してきた。以下では，この種のインフォーマルな試みとして出てきたものを制度化するにあたって考慮すべき点を，「学生の視点」と「大学の文化」に分けて考察しておきたい（本項で前者，次項で後者を扱う）。

　文部科学省が，学習者視点を強調したことがある（いわゆる「廣中レポート」）。各大学で進められている組織改革やカリキュラム改革は大学の教育向上を目指すものだが，「それが真に実効あるものとなるには，教育を提供する立場の論理だけでなく，学習する側である学生の立場に立ったものとして進められる必要がある」と強調された（文部科学省，2000）。教育の主人公は学習者だという視点は，近年の教育学で洗練されたかたちで再提示されている（たとえば Weimer, 2013=2017）。もちろん，こうした議論の背景には，諸々の知識の相互依存関係を指摘しつつ，学習者の関心に掉さす学習を唱道したジョン・デューイの教育哲学がある（Boydston, 1980: ch.12）。

　大学内での人事や改組，行政による大学改革，政治家と教育産業主導の入試改革問題，産業界の大学への要請，家庭の経済状況から来るアルバイトや学生ローン（奨学金）の必要性などは，それぞれ合理的な理由があって出てきたものだ。しかし，ただし，忘れてはならないのは，このいずれの要因からも，なすがままに振り回されているのは「学生」である。この状況を酌んで，学習者視点を強調する試みもある。学生の教育ニーズを拾う「学生 FD」と呼ばれる類の授業改善（木野，2012），大学や部局の FD 推進に学生の声を織り込んだり，学生のエフォートを借りたりする岡山大学の学生・教職員合同の「学生・教職員教育改善委員会」という FD 検討会などである（清水ほか，2009: 76-95）。

　特に，「学生・教職員教育改善委員会」に注目したい。これは，新入生向けの履修相談会や，教育改善のためのフォーラムを主要な活動としているだけでなく，新科

目の提案，大学の取り組みへの助言活動なども行っている。ミカタでは，教育環境の改善を試みるだけでなく，ミカタ内の有志が制度化の提案書，学部生の初年次教育に対する調査報告書，初年次教育への意見書などを制作して部局に提出するなど，同委員会に類似した実践を行った。ただし，これらの自主的な取り組みが学内で実際的な影響力をもつことはなかったし，ミカタが部局の教育改善に活用されることも，教職員を交えた正式な委員会が組織されることもなかった。

4-4　大学の文化を考慮する

　院生の教育能力開発に関する企画では，キャリア上，教育へのインセンティブがより少ない自然科学系の院生のリクルートにつまずくことが多いが，北米は多少恵まれている。理系院生が実験室を出て，大学院生の能力開発や教育機会に積極性をもちうるかという疑問に対して，教育学者のフォンヘーネ（2012: 122-123）は，カリフォルニア大学バークレー校の大半の理系部局では，大学院生は少なくとも一学期教育をしなければならないという制度的事情があると答えている（一学期の段階では，たいていの大学院生が研究グループに所属していない）。実質はさておき，同大学では，「教育」という理念が部局を超えて機能しており，少なくとも制度として実現されている。

　しかし，学部が求める期間を超えて大学院生が教育に関心をもち始めると，研究を最優先させるべきだという考えの教員との軋轢が生まれることも多く，大学院生は指導教員に向けて「私は研究者にならない」という趣旨の宣言をしなければならない場合もある（フォンヘーネ, 2012: 122-123）。教育への積極性には大幅な違いがありそうだ。とはいえ，院生能力開発の一環として教育に従事させるという制度をもっているという一点で，北米ははるかに進んでいる。ただし，北米が先進的だからといって，大学を改革すべく，その制度をただ輸入すればよいというわけではない。上意下達で何かが行われるとき，根本的な事情を考慮し損なうことが多いという事実をただちに指摘すべきだろう。

　スタンフォード大学のミシェル・マリンコビッチ（2008）は，CTL成功の背景として，同大学において「そもそも教育と研究は切り離せず，この大学で成功するには両方よくやらなければいけない」という大前提があることに注意を促している。スタンフォード大学に存在する「文化」が，CTLの取り組みを実際に機能させているのだ。それゆえ，CTLが優れているとしても，自大学の文化に注意を払うことなく制度だけを輸入することは望ましいとはいえない。「研究と教育が切り離せず，

両方でうまくやらなければならない」という価値観が実質的なものとして機能していなければ，CTL に類似した試みをしても形骸化へ向かうだけだ。ここから学ぶべきことは多い。先進事例や海外動向の上澄みを，あるいは文科省の提言や指針を，無批判に取り込んだり実施したりすることは悪手である。各大学の文化の違いを考慮し損なっているからだ。何かが不足していると感じられ，外に輝いてみえるものがあるからといって，表面的に先行事例を後追いするとき，その組織は道を踏み外しかけている可能性があるのではないか。

5 地図は終わりではなく始まりの合図

　本章では，ミカタから得られる教育効果，そして，ミカタの制度化の理路を探ってきた。いわば，ミカタという活動が与えうる「地図」と，ミカタのような能力開発の試みを制度化するための「地図」を手にしたということだ。しかし，地図は，どれだけ正確に描かれたとしても，変化していく現実に完全に釣り合うものではない。

　　ラスベガスでは新しい地図が毎月作成されているが，これは街があまりに急速に成長するため，配送業者が常に最新の街路情報を必要とするからで，このことにも，地図が対象に応じたものにはなりえないと思い知らされる。（Solnit, 2005: 162=2019: 177-178）

　どのような描写や記述も現実を汲み尽くすことはできない。これがミカタのすべてではない。また，どのような地図も，そこから歩いていくための参照項であって，ゴールではないし，現実の「場所」でもない。当座の地図を手にした私たちにできるのは，実地に歩き，時折その地図を改訂しながら，また歩き始めることだ。

【引用・参考文献】
臼田泰如・佐野泰之・瑞慶覧長空・須田智晴・寺山　慧・萩原広道・渡邉浩一［編］（2017）.『学際系学部の教養教育 報告書——教員にとっての学際／学生にとっての学際』京都大学大学院人間・環境学研究科 学際教育研究部
エドモンドソン, A. C.（2014）.『チームが機能するとはどういうことか——「学習力」と「実行力」を高める実践アプローチ』英治出版
木野　茂［編］（2012）.『大学を変える，学生が変える——学生FD ガイドブック』ナカニ

158

シヤ出版

京都大学FD研究検討委員会 (2019).『2018 京都大学のFD――京都大学の教育を，語り合う』〈http://www.fd.kyoto-u.ac.jp/resource/fd2018.pdf（最終確認日：2022 年 4 月 26 日）〉

清水　亮・橋本　勝・松本美奈 ［編著］(2009).『学生と変える大学教育――FD を楽しむという発想』ナカニシヤ出版

スコルシ，L.・谷川嘉浩 (2018).「明治の庭園を歩こう」〈https://sojin-no-mikata.jimdofree.com/ 講義/2018 年度後期/2- 明治時代の庭園を歩こう/（最終確認日：2022 年 4 月 26 日）〉

ソラッコ，S. (2012).「大学院生向けアカデミックライティング・プログラム――カリフォルニア大学バークリー校」安藤　厚・細川敏幸・山岸みどり・小笠原正明 ［編著］『プロフェッショナル・ディベロップメント――大学教員・TA 研修の国際比較』北海道大学出版会, pp.127–140.

田口真奈・出口康夫・京都大学高等教育研究開発推進センター ［編著］(2013).『未来の大学教員を育てる――文学部・プレFD の挑戦』勁草書房

谷川嘉浩 (2017).「効果的なファカルティ・ディベロップメントの条件を考察する――デューイの反省的注意とセネットのクラフツマンシップ」『人間・環境学』26: 107–118.

テイラー，K. L. (2012).「研究大学における大学院生TA 研修――ダルハウジー大学」安藤　厚・細川敏幸・山岸みどり・小笠原正明 ［編著］『プロフェッショナル・ディベロップメント――大学教員・TA 研修の国際比較』北海道大学出版会, pp.79–103.

冨田恭彦 (1994).「直観・語彙・自己形成――ローティの「希望の哲学」」『クワインと現代アメリカ哲学』世界思想社, pp.209–223.

ナイキスト，J. D. (2012a).「学内諸組織の連携によるFD プログラム」安藤　厚・細川敏幸・山岸みどり・小笠原正明 ［編著］『プロフェッショナル・ディベロップメント――大学教員・TA 研修の国際比較』北海道大学出版会, pp.17–27.

ナイキスト，J. D. (2012b).「マイクロティーチングの活用――ワシントン大学授業開発センター」安藤　厚・細川敏幸・山岸みどり・小笠原正明 ［編著］『プロフェッショナル・ディベロップメント――大学教員・TA 研修の国際比較』北海道大学出版会, pp.29–52.

中島（渡利）夏子 (2006).「教員の自発的な教育改善を支援するFD の方法論に関する調査研究――スタンフォード大学 Center for Teaching and Learning の事例を中心に」『東北大学高等教育開発推進センター紀要』1: 149–160.

萩原広道・阪上雅昭 (2019).「初期言語における意味の全体性と可塑的変化――子どものことばに品詞構造はあるか？」『ベビーサイエンス』18: 14–24.

藤村能光 (2019).『「未来のチーム」の作り方――《働きやすさ》を考えるメディアが自ら実践する』扶桑社

フォンヘーネ，L. (2012).「将来の大学教員養成研修（PFF）――カリフォルニア大学バークリー校」安藤　厚・細川敏幸・山岸みどり・小笠原正明 ［編著］『プロフェッショナル・ディベロップメント――大学教員・TA 研修の国際比較』北海道大学出版会, pp.105–126.

細川敏幸（2012）.「北海道大学における新任教員研修，FD，TA 研修」安藤　厚・細川
　　敏幸・山岸みどり・小笠原正明［編著］『プロフェッショナル・ディベロップメント
　　――大学教員・TA 研修の国際比較』北海道大学出版会，pp.187-198.

マリンコビッチ，ミシェル／中島（渡利）夏子［訳］（2009）.「学士課程教育を重視する研
　　究大学の時代におけるFD――スタンフォード大学と全米の動向から」東北大学高等
　　教育開発推進センター［編］『研究・教育のシナジーとFD の将来』東北大学出版会，
　　pp.33-50.

文部科学省（2000）.「大学における学生生活の充実方策について――学生の立場に立った
　　大学づくりを目指して」『大学における学生生活の充実に関する調査研究会報告』

渡邉浩一・臼田泰如・寺山　慧・瑞慶覧長空・須田智晴・佐野泰之（2017）.「学際教育を
　　求めて――Interdisciplinarity の歴史と理論」臼田泰如・佐野泰之・瑞慶覧長空・須
　　田智晴・寺山　慧・萩原広道・渡邉浩一［編］『学際系学部の教養教育 報告書――
　　教員にとっての学際／学生にとっての学際』京都大学大学院人間・環境学研究科 学
　　際教育研究部, pp.105-121.

Boydston, J. A. (ed.) (1980). *The collected works of John Dewey, the middle works 1899
　　-1924, vol.9: Democracy and education.* Carbondale: Southern Illinois University.

Boydston, J. A. (ed.) (1991). *The collected works of John Dewey, the later works 1925-
　　1953, vol.13: Experience and education, freedom and culture, theory of valuation,
　　and essays.* Carbondale: Southern Illinois University

Solnit, R. (2005). *A field guide to getting lost.* Penguin Books. (= 東辻賢治郎［訳］
　　(2019).『迷うことについて』左右社)

Tanigawa, Y. (2019). Reconstructing ideas of faculty development in Japan: From a
　　pragmatic viewpoint. Proceedings of the conference on "The future of whole
　　person education in East Asian higher education: Its philosophy and endeavour
　　from within and abroad," 317-332.

Wegner, D., Erber, R., Raymond, P. (1991). Transactive memory in close relationships.
　　Journal of Personality and Social Psychology, 61(6): 923-929.

Weimer, M. (2013). *Learner-centered teaching: Five key changes to practice.* 2nd edition.
　　San Francisco: Jossey-Bass. (＝関田和彦・山崎めぐみ［訳］(2017).『学習者中心の
　　教育――アクティブラーニングを活かす大学授業』勁草書房)

Commentary 01

金澤木綿〔日本中世史〕

　総合人間学部生にとって，おそらくもっとも切実な問題が，自分はどこへ進んでいくのか定まっていない，ということであろう。専門分野を一つに定めてずぶずぶに浸かっていくにしろ，そうしないにしろ，一つの落としどころをみつけたいという焦りがある。ミカタは，そのような迷える学生が集まる場でもある。かくいう私も，1年ほど前までは総合人間学部の学生であり，そのなかの一人だった。

　こう書くと，この問題が総合人間学部特有の悩みのように思われるかもしれないが，そうとも限らない。たとえば，受験時に学部を選択するときや，専攻や研究室を決めたりするときに，大なり小なり，似たような悩みに直面するだろう。こんな悩みを抱えた学生には，よく，興味のある分野の講義を受けてみなさいとか，概説書を読んでみなさいだとか，とにかく手当たり次第に気になるものに触れていくようにというアドバイスがなされるが，経験上，どれも面白いとわかるだけで，絞り込むことはなかなかできなかった。本や講義で手に入るのは，研究そのものについての情報ではなくて，研究の結果得られた情報であるからだ。

　ミカタでは，「ものの見方」や「研究の雰囲気」を伝えようと重視する。それは講義に限らず，講義後のフリートークでもそうだ。一研究者である大学院生との対話を通じて，学部生はその研究分野の「ものの見方」や考え方に触れる。それを受けて，自分のやりたいものをみつけていく。こういった，いわば研究とのお見合いのような場は，特に学部生にとってはなかなかないように感じる。ミカタは，その希少な場であるのだ。

　惜しむらくは，そういった「ものの見方」に触れることについて，参加者全員の意識を向けきれていないところだろうか。学部生に対してもであるが，講師役である大学院生に対してもそう感じる。もちろん，講義のなかから「ものの見方」を吸収してマッピングしていくことは，個々人で行うべきだという指摘もあるだろうが，それを個人に委ねすぎてしまうと，ミカタはただのリレー講義になる。

　以上，雑駁ながらミカタについて述べてきた。かつて私自身がミカタに学部生として参加していたことから，学部生の視点に終始してしまったが，第9章の筆者が「廣中レポート」の引用で，学生の立場に言及したことにかこつけて，かつての学習者からの応答ということでどうかご容赦いただきたい。

Response 01

谷川嘉浩

　金澤からのコメントにおいて，前半では，「やりたいこと探し」問題が語られ，後半では，それへの運営側の対策において，意図と実情に乖離があると指摘されている。字数の関係で，学部生に論点を絞りながら，後半から前半に返るかたちで答えたい。

　それぞれの学問分野の「見方」に触れるというフレームを実質化するための運営上の工夫としては，院生質疑の際に，分野ごとの「見方」を重ねたり対比したりするという補足説明が毎回行われているので，おそらく理念としては，すべての大学院生や受講生に記憶されているだろう。また，受講生から毎回とっているアンケートには「見方」に関する質問項目が含まれるので，具体的に調べられるかもしれない。だが，金澤の文章に対する応答として，これは非本質的だろう。

　金澤が前半で吐露するように，学問における「場所の感覚」を得ることは，受験時か入学後に研究分野を選ばねばならない学生の視点では重大な関心事である。しかし，この問題が現実的に迫るものとして一人称的に経験されるのは，実際に，学部・専門・研究室を選んで，その分野に習熟するようになってからではないだろうか。要するに，事前に諸々を伝えたところで，当の問題にリアリティを感じてもらえなければ，知識としては死蔵されてしまいかねない。

　たとえば，1回生の頃からやりたい分野が決まっていた人が，本や論文などは読んでいたにもかかわらず，いざ卒業研究を意識するほどに分野に入り込むと，イメージとの乖離に直面し，分野やテーマを変更するということは珍しくない。その分野に深く入り込むほどに，入り口では気づかない独特の雰囲気や関心のもち方に出会い，想定とのずれに今更のように気づくことがあるからだ。知の成果を提供するだけの通常の講義や本を通じては知ることのできない，泥臭い事情，研究者たちの熱量や気分，暗黙知，こだわり，分野や指導教員の「哲学」のようなものが現場にはあり，それこそが，一人称的に体験することになる各人の「学問分野」の内実を大きく左右する。学問における「場所の感覚」は，その重要な一角を占めていると思われる。

　この点について，私は具体的な解決策はもたないし，もつ必要もないと思う。ただ，ミカタが提供した知見がただちに理解されたり，役立てられたりせずとも，なんとなく頭に留めておいてくれる学生がいるかもしれないし，進路選択や研究で行き詰まったとき，ふとミカタでの会話がフラッシュバックする学生がいるかもしれない。それで十分なのではないか。

　思い返せば，私たちが『論語』で老境の感慨や人間関係の機微を暗唱し，『平家物語』で盛者必衰の理をインプットしたのは，小学生の頃だったが，そこに書かれた内容を実感したのはずいぶん遅れてからのはずだ。いつか「これを知っていてよかった」と思えるように，芽吹きに先んじて種は撒かれている。というより，すぐに認識されないことだからこそ，人は前もって知らせたがるのかもしれない。レベッカ・ソルニットが示唆するように，認識は遅れてやってくるものだ。教育とは，本質的にそういうものかもしれない。シンポジウムでの発言を引用するなら，ミカタは漢方薬のように遅効性で効いてくるもので，ただちに効果を実感する人は多くないだろう。しかしそれはそれでいい……というのは開き直りだろうか。

Commentary 02

伊縫寛治〔確率論・力学系・フラクタル〕

　論考に対し，自身の経験をもとに，他分野とつながることの難しさについて思ったことをコメントしたい。

　はじめにミカタの良点を述べると，私自身，ミカタを通じて学問に対する視点の変化があった。例を挙げると，私の専門分野の数学では，（特有の？）推論の方法を共通認識として議論を進めるが，多くの他分野では，主に自然言語を使い，幅広い考え方をもって議論が進む（ように少なくとも私からはみえる）。この点において，ミカタのおかげで新しい視点の発見があり，私自身が学際的教育の恩恵を受けているのではないかと感じている。

　しかし，このコメントで一番言いたいことは，分野によっては"漠然とした，飛び地の学問地図マッピング"しかできなかったという私の経験についてである。詳しく述べると，他分野の講演を聞いて「自分の専門分野と違う」こと以上の情報が得られないときがしばしばあったというミカタでの経験である。学際的な学問地図に喩えるなら，"数学エリアから遠すぎて，エリア同士を行き来しながら土地の違いを理解する感覚にはほど遠い"という感じだろう（ちなみに，論考に登場した数学の大学院生は私ではない。また，すべての分野が"遠い"と感じているわけではないことを強調しておく）。

　立場が逆の場合でも，同じ現象が起こっていると考えている。例に挙げると，私は2018年度の前期にミカタで講義をさせていただいたが，自分の思う数学に対する考え方を十分に伝えられず，また参加者にも伝わっていないように感じた。このときに関しては講義時間や講義内容の問題があったかもしれないが，このときに限らず，聴衆のどれぐらいの人が，数学に対する考え方の話を聞き，数学的な情報に刺激を受けたことで，「自分と違うことがわかった」という以上の感想を抱き，自身の学問に活かせるのだろうかと思ったのである。予想であるが，この感覚をもった人は講義担当者のなかで私だけではないはずである。

　そして何より，この「自分分野と違うことがわかった」ということを「学際的教育を受けた」と捉えてよいのかという疑問が浮かぶ。先ほど，学問に対する視点が変わったという良点を感じていると述べたが，悪くいえば，他分野を漠然としか捉えられていない。私の意見だが，大学院生にとっての学際的教育といえば，さまざまな他分野の講演を聞いたとき，自分分野との共通点や相違点を認識し，他分野を理解することが理想的であり，まさにこれこそ"学問地図を作っている"感じがする。学部生も学際的教育に似た理想をもっていてもおかしくない。最後になってしまったが，谷川のいう大学院生に対する学際的教育に共感するものの，私自身，ミカタを通じてそれができたかというと，あまり達成できていないだろうというのが正直な感想である。ただ，「自分の学際的な考え方に対して，何かしらの視点が欠けている」せいであるような気がするのだが，いったい何が足りないのだろう。

Response 02

谷川嘉浩

　応答するのが難しい提題だったので，思わず叫びそうになった。が，一般的な事柄から始めたい。大学院生間の交流では，常に何かが比較されている。「比較する」とは，自分の研究生活であれ，自身の分野の知識であれ，「共通部分をフックに自分と相手を重ねる」ことだ。ただし比較には巧拙がある。うまく互いを比較できなければ，「わー！　違うね！」と確認し合うだけのトリビアルなやりとりしか生じない。

　何か異なるものを重ねる力を，人類は「想像力」と呼んできた。哲学者のジョン・デューイによると，想像力は関心や感情によってのみ左右される。関心が惹起されなければ，比較は生じない。これを学問間の比較に当てはめよう。学問分野ごとに方向づけがあるので，同じ分野の研究者は，知識や関心をかなりの程度共有している。だから，直接の研究内容が違っても互いを重ねやすく，会話が容易に成立する。加えて，分野が近いほど，互いがやっていることがイメージしやすく，研究への興味も喚起されやすいだろう。他方で，学問領域をまたぐ場合，基本的には知識や関心のもち方が共有されていないので，比較が失敗したり，うまい比較にならなかったりしやすい。

　要するに，分野が近ければ知識があるので，互いの研究実践をイメージしやすく，したがって実際に互いを照らし合わせようという関心も生じるし，知識があるほど精度は上がるので比較がうまくいきやすいということだ。いずれにせよ「知識」が比較の鍵である。

　しかし，これまでの話はディシプリン依存的すぎるかもしれない。私には，社会学の本を読む習慣がある理論物理学の友人，哲学の研究者だが数学を体系的に勉強している友人がいる（それぞれ研究に直接の関係はない）。こうした事例は，互いに比較するフックとなる関心や知識を，自分の分野のなかで用意する必要がないことを示している。論考で登場した数学の大学院生との会話は，こうした事例だったように思う。私の記憶が正しければ，哲学・数学の大学院生にとって，ベイズ統計は各人の研究で扱う直接の範囲を逸脱している。

　各人の専門分野を超えるという話でいえば，ミカタ参加者の有志で，1年目に大学教育学会等で研究発表を行ったことがある。ここからわかるのは，共通して関心を抱く対象や，協働して取り組める問題がありさえすれば，私たちはうまく相互作用できるということだ。共通の関心事をめぐって共に行為するなかで，互いをうまく比較できるかもしれない。ここでは，互いの専門分野の事柄を直接重ね合わせる必要はないし，誰かが該博であることを期待する必要もない。取り組むべき共通の課題や主題を用意できるかどうかが重要なのだ。

　おそらく，ミカタに参加する人であれば，「教育」という切り口は，共通して関心や注意を向けられる対象であり，講師を務めたことがあれば，分野を問わず経験的な知識をもっている。「教養」も，学際系学部出身者は常々意識させられる主題である点で，有力な主題だろう。「妥当性」や「方法論」などは，異分野ディスカッションでもしばしば扱われる主題だが，それだけ研究者なら分野を問わずに関心をもつ論点であるといえる。以上から，伊縫には「皆が，ある程度等しく知識をもって参加できるような主題があったり，フレームを設定できたりすれば，そのときには，何らかの学際的コミュニケーションが行われているといってよいのでは？」という応答を提示したい。

Commentary 03

北川裕貴〔無機材料化学〕

　まずはじめにこのコメントは，実験系科学が専門の一理系院生である私が，実際にミカタの講義を受講したことを踏まえたうえで感じた率直な意見であることを断っておく。

　総合人間学部（以下，総人）および人間・環境学研究科（以下，人環）は，広範な諸領域にわたる学問を融合して新たな学問体系を構築することをポリシーとしている，文系理系の入り混じる学部，研究科である。総人に在籍していた以上，「学際教育」という言葉自体にはそれなりになじみがあったのだが，学部生のころより疑問に思い続けたことは，「日本の理系院生に，学際教育は必要か」ということである。カリキュラム上では自然科学系の科目のみを履修しても，博士号を取ることは可能であるし，他の学問分野に対する知見は「あってもよいが，なくても研究に支障はない」と捉えられている場合が多い。理系院生にとって，学際性はまったく重要でなく，それは総人や人環に属している学生にとっても例外ではないと感じる。

　そんな学際教育の意義について，本章において谷川は「地図上における各学問のマッピング作業を通じて，《学問の地理感覚》を身につけさせ，発展させていくこと」であると主張している。ミカタにおける学際教育がこのような側面を有していることは，私も身をもって体験した。大学院生による講義を受けるまでは，社会学，歴史学，心理学といった人文社会分野における研究手法に関して，その共通項や差異を理解していなかったし，それらの分野の学生が交わす白熱した議論を目の当たりにして，初学者として各分野の大雑把なイメージをつかむことができた。こと学部生にとっては，広すぎる学問分野に関して，土地勘のあるものからの導きを受けることができるのは非常によい機会であろう。しかし同時に，ある種の疎外感を感じたのもまた事実である。地図のメタファーを拝借して喩えれば，異なる惑星の地図をもっていて，それでもってマッピング作業をしているような感覚であった。これは参加者のバックグラウンドが大きな原因ではないだろうか。参加者および講義担当者のほとんどは物理や化学を履修していなかった人文社会科学系の学生であり，自然科学のエッセンスとなる面白さを共有することや方法論を短時間で示すことは非常に困難であるように思える。また人文社会科学分野と自然科学分野には大きな壁があることも感じられた。講義の後にいろいろ話をしていると，「なんかよくわからなかったけど……」や「途中からついていけなくて……」といった感想をよく耳にした。お互いまったく異なる分野間の話になると，どこか思考を放棄してしまっているように感じてならない。しかし現状ではこれといった解決策もなく，こうした問題は野放しになっている。

　ミカタという企画自体は，異分野の研究者・学生と対話できるという観点からよい企画であると思う。だからこそ，今後の展望として自然科学分野についても広くマッピングができ，研究の時間を割いてでも受講したいというような意義のある講義・企画がなされることを期待する。

Response 03

谷川嘉浩

　ミカタでは，講義の 60 分で言及できる範囲を除けば，一定の蓄積があることを前提せずにコミュニケーションせねばならない。つまり，大学院生には，さほど積み上げずに理解できる範囲で，その分野が何を提示できるかという問題が突きつけられている。この点，体系的に知識を積み上げて入門するタイプの分野の大学院生は，「壁」を感じる傾向にある（むしろ伊縫のいうように，自然言語ベースかどうかに由来する違いかもしれないが）。

　北川の疎外感を理解しながらも，根本的には共感し損ねるところもある。私も哲学者として別の仕方で疎外を感じるからだ。哲学には，化学や数学ほど明確な学習順序はない。何の手順や前提もないわけではないが，それらと同じような意味では，統一的な学習の順序はない。これは，主題やテクストを決めないと，基礎や基本の中身が定まらないというだけの話ではなく，ある種の深い知的習熟が，哲学の基礎的な素養であることを意味する。

　数学界隈では，単なる技術的修得以上のものが必要であり，「数学的成熟度（mathematical maturity）」を高めねばならないという話があるそうだ。私の研究仲間の言葉を借りれば，哲学では，具体的な予備知識というより「数学的成熟度」に類するものが，ある主題やテクストを理解するための前提の相当部分を占めている。哲学者は，異分野との協働において，上記の意味での「わかってもらえなさ」を感じていると思う。これと同じように，学習にまつわる事情は分野ごとにさまざまなのだから，どの分野の研究者もそれぞれの仕方で「疎外感」をもつというべきなのではないか。だから，自然科学系の研究者は，たまたま会話の一言目で「壁」を感じやすい傾向があるだけのことだと考えるべきなのかもしれない。学問分野ごとの疎外感の細かな違いについて，異分野が寄り集まって検討すると楽しいかもしれない。

　もう一点言及すれば，科研費の申請や学部学科選びで出くわすような「専門分野の割り当て」に基づく分断を感じることよりも，「実際の研究」に基づく分断を感じることの方が多いと思われる。つまり，研究で実際にしていること，たとえば，生活，手続き，手法，設備，指導方法，年間スケジュール，ルーティンといった事柄に関する類似と差異が，相手を直接的にイメージでき，会話できるかどうかを左右していると思われる。たとえば，数式を使うか，化学反応や計算処理などによる「待ち時間」があるか，夜に活動する必要があるか，統計解析をするか，どの設備・機材を用いるか，フィールドに出るか，実用化や実装が念頭にあるか，現場への還元が念頭にあるか，シミュレーションを用いるか，追試可能な主題か，倫理審査を経るか，人に相対するか，侵襲性があるか，人に関するテーマか，文献を用いるか，史料を扱うか，主に一人でやるか，インタビューを用いるか……こうした実際的な違いの方が，異分野間の会話のスムーズさを規定しているように私には思われる。人文社会科学系のミカタ参加者が会話において盛り上がりがちなのは，個々人の資質として，たまたま好奇心旺盛だったり該博だったりする人が多いからであって，人文社会科学系同士なら異分野でもコミュニケーションがとれるかというと，必ずしもそうはいえない。

第10章

学際的コミュニティの実践と課題
学際による凝集性と制度との関係

杉谷和哉〔公共政策学〕

　ミカタを一つの学際的な「コミュニティ」であると捉えた時，大学の周縁に存在する，さまざまなつながりがみえてくる。本章では，「コミュニティ」としてのミカタの役割や機能に着目し，それがいかなる特徴を備えたものであるかを論じる。この作業を通じて，人々はどのようにして自発的なコミュニティに集うのか，それが空中分解しないためにはどういった要素が必要なのか，そして，それらを達成する上で，「学際」という要素が極めて重要な役回りを演じていたことがわかった。大学を「ハコ」と捉えた時，ミカタのような「コミュニティ」は「へり」にあたる。「へり」における学びに伴って現れたさまざまな創意工夫こそが，私たちをつなぎとめ，私たちの実践を内省的なものにし続けたのである。これまでの大学論では十分に注目されることのなかった，「へり」の効用が，本章を通じて明らかにされるだろう。

　「コミュニティ」としての「総人のミカタ」（以下，ミカタ）の側面を執筆するように依頼されたミーティングの場で，あらためて感じたことがある。それは，総合人間学部出身の大学院生たちが，学際教育に対して大きな不満を抱いているということである。彼らは学際教育が看板倒れになっている実態をひしひしと感じており，自分たちの手で教育の新しいかたちを作り出す必要性があると確信しているようであった。思えば，最初にこの企画への参加を持ちかけられたときも，その話をされた。ほかの大学から進学してきた私にとっては，彼らの不満と問題意識は完全に共有できるものではなかったが，それでも，教養教育，学際教育への問題意識は共有できた。私の所属していた「公共政策学部」は，日本で今現在，唯一私が専攻する「公共政策学」の名を冠する学部である。公共政策学とは，その名のとおり公共政策を対象とした学問であるが，公共政策を考察するためには，政治学や経済学，法学，

さらには政治哲学などさまざまな分野の知見が必要とされる。よって，公共政策学は「学際的（トランスディシプリン）」な学問であり，「公共政策学部」においてもまた，さまざまなディシプリン（専門分野）を交えた教養教育の授業が実施されていた。そのため，教養教育や学際教育への問題意識を共有できたのである。

　私が所属していた学部についていえば，個々の授業のディシプリンは明確であったが，それを統合する視点を獲得する方法は必ずしも明確ではなく，卒業論文も指導教員の専門に沿ったものを仕上げた。彼らが京都大学総合人間学部で「学際」に向き合い，苦悩していたとき，私は別の場所で，自分なりに「学際」について考えていたのかもしれない。私のコミュニティとしてのミカタへの参入の第一歩はこの共感から始まったといっていい。

　本章の役割はコミュニティとしてのミカタを論じることにある。では「コミュニティ」とはいったい何であろうか。本章ではさしあたって，「学生による自発的な集まり」という意味合いで考えたい。もちろん，ミカタ以外にも大学にはさまざまなコミュニティが入り乱れている。学部生に関連するコミュニティでいえば，同じ授業を受講している人や同じゼミの人，サークルや読書会，学部自治会や同じ学部のなかで何となく一緒にいる人たちなどがそうであろう。大学院生に関連するものであれば，研究室（学部生の場合もあるが，大学院生の方がより濃密だと思われる）や読書会などがある。両者にまたがるものとして，寮自治会などを挙げることができる。これらのコミュニティとミカタの違いは何であろうか。

　第一に，ミカタは教育（授業実施）という明確で特異な目標をもっていることが挙げられる。サークルなどでも，教育に関する社会活動を実施しているものもあるが，各人の研究内容や学問について，学部生に対して入門講義を行うという目的の特殊性は大きいだろう。第二に，ミカタには多様な専門分野の人間が集まっているという特性がある。もちろん，サークルや寮自治会でも専門分野の多様性は確保されているが，そこでお互いの専門分野について論じるということはあまりない。これに対してミカタは多様な専攻をもったメンバーが，自らのディシプリンに基づいた発言や行動を期待されている。これらの点は，ほかのコミュニティにはない特性であろう。実際，私は講義の振り返りやディスカッション，フリートークなどの現場で，「政治学の視点からはどうですか」といった質問や「公共政策学はこういう問題をどう考えるんですか」という問いかけを何度も受けた。このような特性を備えるミカタは，所属するメンバーが多様であると同時に，その多様性を発揮することを前提としたコミュニティであるといえるだろう。

　以上の認識を踏まえたうえで，本章ではまず制度とコミュニティの関係について論じ，ミカタのもつ多様性と凝集性[1]に焦点を当てて考察する。ミカタもまた，多様であるとともに，熱意にあふれたメンバーによって成立しているため，この取り組みがすべての大学で実践できるとはいえない。しかし，そこで培われた実践は，「学際」が看板倒れに終わっていることに悩んでいる多くの大学院生や学部生たちにとって，ささやかな手がかりを提供している。

1　「総人のミカタ」と制度の関係

　ミカタは上述したように，その学際性によって，コミュニティとしての凝集性を確保している側面がある。コミュニティの維持は，参加している大学院生や，運営に協力している学部生，加えて，講義を聴きに来ている学部生，大学院生といった多様な人びと（アクター）の努力によってなされている。

　しかしながら，こういったコミュニティの形成および維持は，その多くを自生的なモチベーションに拠っているとはいえ，既存の制度，すなわち，総合人間学部および，その上の研究科として設置されている人間・環境学研究科の存在を抜きにして実現することはできない。ミカタは，そのような制度を基盤としつつ，制度によって包摂しきれない側面があるという，きわめて微妙な立ち位置にいるということができよう。

　これに近い議論として，法哲学者の那須耕介は，大学という制度と，制度外部での学びについて，「ハコ」と「へり」という的確な喩えを用いて論じている（那須,2013）。那須は，大学の制度に支えられたフォーマルな学び（授業など）を「ハコ」と呼び，その周辺で展開される読書会や無名のサロン，大学周辺の古本屋までも含めて「へり」と呼ぶ。「へり」は「ハコ」があってこそ存在する。しかし，「ハコ」だけで行われる学びは単調なものにならざるを得ない。重厚な「へり」があってこそ，学びは充実したものになる。「へり」は設計されたものでも意図されたものでもないが，「ハコ」の周りにたしかにある。この相互の関係を考慮に入れたとき，大学の学びは広がりをもったものになる。

　ミカタはこの喩えでいえば「へり」にあたるものになるだろう。一つ付け加える

1）ここでいう凝集性とは，なぜ集団としての活動が動機づけられ，維持されてきたのかを指す。

とするならば,「へり」のあり方は,「ハコ」のあり方に大きく依存するということである。ある「ハコ」の「へり」がすばらしいものであったとしても,ほかの「ハコ」でそれを再現できるわけではない。

そして,「へり」としてのミカタは,院生 FD として研究科（供給側）に利益をもたらすと同時に,入門講義として学部学生（需要側）に利益をもたらすという二つの側面がある。そして,総合人間学部においても,入門講義として,多様な教員陣によるリレー講義が実施されている。那須の喩えでいえば,「ハコ」において行われていることを「へり」でも実施している。このため,ミカタはいわば,既存の入門講義に屋上屋を架しているようにみえるかもしれない。

しかし,既存の入門講義が,学際系学部を謳う総合人間学部の建前を完遂できているかは疑問符がつく。実際,総合人間学部に限らず,多くの学際系学部の入門講義では,実際には各教員がそれぞれの研究の細かい話をするだけで,ディシプリン間の相互関係などはほとんど扱われることはないと聞く。ミカタの中心となっている,総合人間学部から人間・環境学研究科へ進学したメンバーの多くは,既存の入門講義にかなりの不満を抱いていた。冒頭に述べたように,私も学際的な学部の出身であることから,「学際系学部」の看板倒れともいえる状況には共感できた。また,これだけ学際間の交流の必要性が叫ばれているにもかかわらず,専門分野同士の相互不干渉が慣例となっている現実に対する危機感もまた共有していた。ミカタはいわば,既存の制度への不満と危機意識をその存立基盤とするものである。

総じていえば,人材の供給という観点や学際の希求という需要側の観点からみても,総合人間学部と人間・環境学研究科の存在なくしてミカタは存立しえなかっただろうが,それと同時に,既存の制度や枠組みへの不満がミカタを新たに生み出した。このように考えると,ミカタという存在は,アンビバレントなものであるといえる。なぜ,このような事態が生じているのであろうか。実のところ,それは日本の大学や学生が置かれている状況と密接に関わっている。

この数十年間,「大学改革」の名のもとで,さまざまな改革が行われてきた。大学を独立行政法人にしたり,補助金の配り方を変えたり,学長のトップダウンを強めたりと,ありとあらゆる方法が試みられてきた。ところが,その改革の帰結として生じたのは,研究アウトプットの低下であった。それに対して,改革側のロジックは,改革が意図した成果を生み出さない責任を,改革の意図どおりに動かない制度内のアクター（個々人や組織）に帰するものである（神田, 2016）。

制度を変えることは,改革において最も試みられやすい方法の一つである。新し

い制度をデザインする際には，その制度に携わっているアクターの行動をある程度予測したうえで，改革の意図が達成されるように設計する。しかも，大学改革に口を出すアクターは多種多様である（渡邉, 2017）。彼らはそれぞれ自分たちの信念や利益，さらには後悔までをも投影して改革せよと大学に迫る。しかし，大学改革に限らず，制度改革は必ずしも意図した結果を生み出すとは限らない。事実，結果として大学改革は果てしない「迷走」を繰り返している（佐藤, 2019）。それは，制度に関わるアクターが，制度から有形無形の，改革が意図していなかったような影響を受けるだけでなく，制度外の影響をも受けるからである。したがって，誤解を恐れずにいえば，ありとあらゆる制度改革は，その出発点から「失敗」を運命づけられているのである。とはいえ，このことは既存の制度を批判的吟味をまったくせずに放置しておいていいということを意味しない。制度改革によって期待どおりの成果が出なかった際に，アクターにすべての責任を帰するだけでも，改革論者の浅はかさを批判するだけでも十分ではない，改革の結果，何が生じたかを，幅広い視野で顧みることが求められているのである。

　ミカタはこのような制度改革の「意図せざる結果」である。フォーマルな制度と，それを基盤として存在する，インフォーマルなコミュニティの関係──「ハコ」と「へり」──は，ときに友好的であり，ときに敵対的である。ミカタに関しては，上述した制度改革の結果生じている形骸化した（と思われる）理念を，制度と非制度のあいだで問い直したうえで，実践を重ねていく試みであったといえる。

　さらに，実際には制度改革の結果生じる直接的なアウトプットにしか関心は集まらない（大学でいえば，志願者の数や卒業生の進路，論文のインパクトファクターや寄付額などである）。それは，制度改革の対象がフォーマルな領域を対象とせざるをえないからである。コミュニティの実践を教育政策の評価の一環としてどう考慮するかは難しい課題であるが，総合人間学部が生まれた経緯であった，京都大学における教養教育改革は，20年を経た現段階においても進行中であり，制度と非制度のあいだにある新しいコミュニティの出現は，私たちが，大学という存在をより長いスパンで観察する必要性があることを示唆している。

2 「総人のミカタ」における「凝集性」

2-1 「総人のミカタ」の「多様性」と凝集性
ミカタは京都大学大学院の人間・環境学研究科の大学院生によって行われている

自主的な取り組みである。取り組みの概要は第1章に詳しいが，文理を問わず，多様な大学院生がコミットしている。人間・環境学研究科は文理融合を掲げてはいるものの，実際には各講座とそこに属する研究室が縦割りで並んでいるという色合いが強く，講座間・研究室間でも交流がまったくない場合も珍しくない。この状況を踏まえると，講座や研究室をまたいだ院生コミュニティの存在は貴重だということがわかる。つまり，同じ研究科とはいえ，人間・環境学研究科の大学院生同士には，ほとんど交流と呼べるものはないのである。

　したがって，ミカタは必然的に学部生向けの入門講義やチュータリングの役割だけでなく，大学院生同士のコミュニケーションを活性化させ，コミュニティを形成する役割をも担うことになった。

　この役割を果たすのは一見すると難しい。同じ研究科とはいえ，研究室ごとに取り組んでいる課題はまったく異なっており，お互いに使用している言葉の意味合いなどにも相違が認められるからである。しかし，私見ではミカタはそれほど大きな労苦を負うことなく，この役割を担っているように思える。それはなぜであろうか。

　私はこの理由の一つに，「多様性」があると考えている。実際の授業において大学院生は，自分が専門とするディシプリンの方法論や発想について講義する。学部生を対象としているため，その内容は，それぞれの専門分野の導入となる入門講義に近いものになるが，その場に居合わせている他の大学院生もその講義を聞くことになる。授業後，院生質疑というかたちで授業を行った大学院生へ別の分野の大学院生が質問をする。その際には，自分のディシプリンに引きつけた質問を行うが，多くの場合は当該分野に明るくないため，いわゆる「素人質問」に近くなる。

　授業を行う側からすれば，まず「そんなことから説明しなければならないのか」という驚きがある。普段，特段の定義をせずに専門用語を用いていることを自覚させられるわけであるが，同じ語彙がディシプリンによって異なった用法で使われている事例があるとよりいっそう，議論は盛り上がる。

　このようなやりとりを見せることは，聴衆に対して二つの効果をもたらす。第一に，大学院生であっても自分の専門外のことはよくわかっていないということを示す効果である。これにより，学問に携わっている人間の「リアル」な姿が伝わる。第二に，他分野とはいえ，大学院生が専門分野以外については「無知」であることをあえて晒すことにより，全体として質問しやすい空気が作られるということ効果である。このような点は，対話をめぐる議論で「セイフティ」（自分の意見を躊躇なく言うことができる状態）と呼ばれる。

　実例を示そう。ミカタが始まった年に，数学の大学院生による，「構造と公理化」という授業があった。これは私が講師として授業を担当した翌週の講義だったが，私は内容をさっぱり理解できなかった。特に，数学の世界でいう「実数」やら「公理」といった概念をうまく掴み取れなかった。「恥ずかしながら理解できないところが多かったので，次回の授業でわかりやすく説明してくれ」，とお願いしたことをよく覚えている。すると，その大学院生は 2 回目の講義で「デデキント切断」という数学的な手続きに関する議論を紹介し，「どうだ，わかりやすくなったろう」といわんばかりの解説をしてくれた。当然，目の前は真っ暗である。講義が終わったあとのフリートークで，私は学部生たちに「後半はチンプンカンプンだった」と吐露した。すると，安心したのか学部生の何人かが，「私もでした」と相槌をうってくれたり，「そうですか？　私はここまではわかりました」と意見してくれたりと，会話が大いに弾んだ。私はこの経験から，授業がわからなかったときは，院生質疑が終わった後のフリートークに移るときに素直な感想を率先して言うようにしている。受講生の側も「そうですね」という反応を返してくれて，「どこらへんが難しかった？」という調子で話が展開していく。講義をした者からすると，たまったものではないかもしれないが，こうした空間は，学びの場として優れている。受講生たちは自分たちが理解できなかったことを，講義担当者にその場で素直に質問することができるからである。また，お互いに何が難しかったかを語り合うことで，自分の理解度や思考を確かめることもできる。複数の大学院生がいる場で，講義担当者を巻き込んで議論が行われる場は特異であろう。

　以上のような状況がコミュニティとしてのミカタの凝集性を高めている。すなわち，ほかの大学院生が自分たちとはまったく異なったディシプリンに属することを参加者は了解しているため，自分の考えや信念と異なった議論が展開されても，それを拒否するのではなく，受け止める準備があらかじめ整っているのである。いわゆる「文理」の連携のためには共通の場を作り，限定された目的のもとで他分野の研究者を協働させる必要がある（塚原，2013）。ポイントは，本来は凝集性を損ねる機能を有する差異や多様性が，教育の場を通ずることで，各人にとって居心地のよい空間を形成するのに貢献しているという点である。

2-2　大学院生が「総人のミカタ」に参加するメリット

　しかし，ミカタに参加するには一定の労力を払う必要がある。模擬講義を実施するには準備が必要とされるうえ，さまざまなミーティングなどにも参加するとなれ

ば，かかる手間はより膨大になる。参加メンバーによってコミットしている度合い
は異なるものの，メンバーはそれぞれ，一定以上の労力を払ってミカタに参加して
いるといえる。なぜメンバーはこのようなコストを払ってでもミカタに参加してい
るのだろうか。

　この理由を説明するのは難しい。なぜなら，その理由はメンバーそれぞれで異
なっており，コミットの度合いも違うからである。ここでは私の個人的な理由を挙
げておこう。端的にいえば，それは自らの利益のためである。しかし，利益と一口
にいってもその内実は多様である。

　たとえば，ミカタは大学で授業を担当する非常勤講師（大学で特定の講義を担当
する，常勤職でない講師のこと）の職を得る前の大学院生にとっては，短いとはい
え教歴をつけることができるいい機会であるうえ，最近の大学院生の評価指標の一
つである，アウトリーチ活動への参加，社会貢献活動への従事という得点も稼ぐこ
とができる場である。それらの効力が就職においてどれほど有効であるかは別にし
て，このような機会を活用することは自分のキャリアにとってプラスになると思っ
たことが大きい。人間を，合理的に自己利益を最大化する存在として捉える経済学
や政治学の教義に従うならば，このような考えで参加しているメンバーは私一人で
はないはずである。

　このような利益は参加するにあたって事前に予測し得たものであったが，一方で
思わぬ収穫を得ることもできた。たとえば，メンバーの一人に誘われて哲学の国際
セミナー（日中哲学フォーラム）に参加したことがあった。公共政策学を踏まえた
報告は，予想していたよりもオーディエンスから歓迎され，多くの研究者たちとも
つながることができた。報告内容は専門性と政策についてのものであったが，思想
を専攻する研究者から，ある思想家の専門性と政治に関する興味深い議論の示唆を
いただいた。また，人工知能について研究している研究者と話をし，技術革新と政
策の関係についても大きな示唆を得ることができたほか，ギリシャ哲学を専門とす
る研究者とは，アリストテレスの哲学や，犬儒学派の議論について，現代日本の民
主主義のあり方を踏まえて議論を交わし，大きな刺激を受けた。このような経験は，
ミカタに所属していなければ得られないものであっただろう。

　このように，多様な研究分野を背景にした大学院生が集うコミュニティにおいて
は，お互いの研究に関する資源（人的ネットワークなど）を利活用し合えるという
メリットがある。私の資源がメンバーにどれほどの利益をもたらしているか，いさ
さか心もとない面もあるが，ミカタに参加したことによって，自分だけではアクセ

スできなかったコミュニティにアクセスできるようになったことは，大きなメリットであるといえる。

　これらは参加している大学院生たちにとってのメリットである。聴講しに来ている学部生たちにはまた別の視点があるだろう。これについては本章に対する学部生のコメンタリーを参照していただきたい。

3　限界と課題

　すでに述べたように，ミカタというコミュニティは制度の存在なしには生まれえなかった。ここから，ミカタは，総合人間学部と人間・環境学研究科の存在がなければ存立しえないという，重大な制約を抱えていることがわかる。したがって，このような大学院生による学際 FD の試みが普遍性をもったものであるとはいえない。端的にいえば，制度的な条件が整ったうえで，熱意あるメンバーが集まらない限り，ミカタのようなコミュニティは成立しえないし，存続しえない。より踏み込んでいえば，成立メンバーが大学院から去った後のミカタがどうなるかは誰にもわからない。ここに，制度的な裏打ちがない，コミュニティの脆弱さがある。制度に裏打ちされていない分，フレキシブルな活動ができる反面，持続可能性が低く，所属する人に大いに依存することになってしまうのである。これは，ミカタの大きな限界であるとともに，ありとあらゆる「コミュニティ」による先進的な事例にも付き物であろう。

　また，ミカタは学際教育への疑問から生まれたものであったが，ミカタそのものの学際性も限定されたものである。

　というのも，ミカタでは他分野の大学院生による質疑応答やディスカッションの機会が設けられているが，ミカタの場合には，それらを学部生の前で公開したうえで行うという制約がある。つまり，「学際」といってもそれは，あえてお互いの違いを際立たせたり，逆に共通点を見出したりしようとする，いわば「ポジショントーク」的な側面を常にもつ。学部生からすれば，ディシプリン同士の違いが明確になるような講義は，学際系学部における入門講義としては理想的なかたちだろう。また，進路に迷っている学部上回生からも「参考になった」という声が上がっているなど，学際教育の一つのスタイルとしては十分な成果を上げている。

　しかし，これらの学際性はあくまでも「教育」の側面にフォーカスしたものである。総合人間学部や人間・環境学研究科が目指しているところの学際的な研究成果の創出に資するのは難しい。もちろん，ミカタが研究ではなく教育に注目した取り

組みであるから，こういった面があるのは致し方ないともいえる。ただ，学際という側面の困難さにあらためて向き合うとき，「ミカタ」の発揮している学際性には限界＝特性があることも理解しておかなければならない。

　しかし，先に述べたように，私はミカタに参加したおかげで新しい学会へ参加することもできた。残念ながら私の研究が学際的なものになっているわけではないが，他分野の研究コミュニティとのつながりというきっかけは，ミカタへの参加によって得ることができている。ミカタはこのようなきっかけを多くの参加者に与えているといえよう。よって，ミカタのようなかたちでの取り組みには大きなポテンシャルがあると考えられる。

4 おわりに：「学際的コミュニティ」のこれからを考える

　本章を締めくくるにあたり，学際的コミュニティの今後の展望について，ミカタにおける検討会の機能に注目しながら論じておこう。

　検討会は，講義終了後に大学院生が集まり，講義についての質問や感想を述べる場である。私は何度も経験しているが，予想していたよりも忌憚ない意見が飛び交い，わざわざ模擬講義を担当してくれた大学院生に対してそこまで言うことはないだろう，と感じる場面も一度や二度ではなかった。

　私がよく覚えているのは，講義に対するコメンテーターとして登壇した後，もう今日の仕事は終わったといわんばかりに検討会を漫然と聞いていたところ，「杉谷さんのコメントがよくなかった」ということを複数の大学院生から言われて狼狽したことである。いわく，もっとディシプリンの違いを明確化したコメントをすべきだったとのこと。たしかにそのときの私のコメントは精彩を欠くものであったように思う。その講義は，視覚科学に関するものであり，実験を用いて，人間の視覚がどのような働きをするか検証を行うという研究が紹介された。これを受けて，最近の政策研究でも実験が行われることなどを踏まえて，共通している部分があることを確認した。しかし，講義全体のことを踏まえれば，同じ実験といっても考え方や手法が異なることなどを念頭に置いて質問すべきだったというのである。後から考えれば，たしかにその方が受講者にとっても教育的であるように感じられた。このように，授業を実施する大学院生だけでなく，それに対してコメントをする立場であっても油断や無精は許されていない。

　自分の講義のスタイルを率直に指摘してくれる場は，大学院生にとって貴重であ

る。私も，非常勤講師を始めるにあたって，ミカタの講義で指摘されたことが大いに役立った。特に私は，人前で話す際に早口になる傾向があり，ミカタの講義でも指摘されたほか，自分では気づいていなかった癖などについても気づくことができた。このような機会は，研究者を目指す大学院生にとっても価値あるものではないだろうか。院生 FD の実践例として参考にしてほしい。

　講義の感想を言い合うとき，文理の講義の進め方が違う場合が明らかになることがある。また，逆に講義という枠組みにおける課題は，ディシプリンの垣根を越えて普遍的であるということもわかる。学際的なコミュニティが成り立つには，このような細かいほかのディシプリンへの理解と尊敬――これは，相手が自分のディシプリンの用語を理解していなくても，決して見下したりすることなく，相手を研究者として尊重して扱うという態度に顕れ，上述した「セイフティ」とも関わっている――が基盤になくてはならない。検討会はこの意味で，荒療治な面もあるかもしれないが，コミュニティの維持と活性化に一役買っているといえるだろう。なぜなら，検討会の場は，お互いに遠慮なしに批評し合うことで，大学院生間の自由闊達な空気を醸成することに寄与するからである。

　大学における「コミュニティ」の成立は，ディシプリンや大学院生，学部生の垣根を越えてありうる。もちろん，これらの取り組みは結局のところ，一過性のものにすぎないという「見方」もできる。だが，それでもなお，「コミュニティ」は別のあり方で存在し続けるし，これからも生まれ続ける。その存立要件として「学際性」を掲げることがもしできるのであれば，今後の大学のあり方に，ささやかな示唆を与えることになりはしないだろうか。

【引用・参考文献】

神田眞人（2016）.『超有識者達の洞察と示唆――強い文教，強い科学技術に向けてⅡ』学校経理研究会

佐藤郁哉（2019）.『大学改革の迷走』筑摩書房

塚原修一（2013）.「文系と理系の間――文理の壁の克服とその課題」広田照幸・吉田文・小林傳司・上山隆大・濱中淳子［編］『研究する大学――何のための知識か』岩波書店, pp.135–164.

那須耕介（2013）.「大学というハコとその "へり" について」『京都大学総合人間学部広報』*51*: 14.

渡邉浩一（2017）.「「外圧」の分析――大學改革の諸アクターについて」『人間存在論』*21*: 29–43.

Commentary 01

杉山賢子〔菌類生態学〕

　ミカタは制度に縛られていない，緩いコミュニティである。ミカタの参加者は出席したいと思ったら出席するし，欠席したところで何かの責任を問われることはない。それにもかかわらず多くの学生が出席し，役割分担をしてコミュニティが維持されているのはなぜだろうか。ミカタの何が人を惹きつけ，この先何ができるのか，ミカタの特色の一つである学際性に着目して考えてみた。なお，私も杉谷さんと同じく，模擬授業に魅力を感じてミカタに参加した口なのだが，模擬授業に関しては論考のなかで述べられているためここでは触れないこととする。

　まず魅力についてだが，異分野の研究者の生の声を聞けるというのはミカタの最大の魅力だろう。異分野の研究者と交流できる機会自体なかなか珍しいが，ミカタは，大学院生が自発的に企画・運営しているという性質ゆえ，互いにフランクに質問をしあったり議論をしたりできる。かしこまった難しい話だけではなく，分野の概要を捉える基礎的な話や研究生活についての話なども聞けるのはミカタならではの特色だと思う。

　また，ミカタでは「学際教育」という目的のおかげですべての分野の学生に同等に存在意義がある点も重要だと思う。ミカタでは異分野の学生が集まっているため，自分の分野の感覚で意見を言える人は自分しかいない。そのため，ただ参加して交流するだけで周囲に新たなモノの見方を提案できる。自分の研究生活が役に立っている感覚が得られるというのはミカタに参加する魅力の一つだろう。

　しかし，このような魅力をもつ一方で，ミカタはその高い学際性ゆえ，学際性の意義を十分に発揮できていないとも感じる。ミカタに参加する大学院生は，全員が異分野（のように私にはみえる）に属しており，違うことが当たり前になってしまっている。院生質疑も互いに離れた分野の大学院生が行うため，お互いに違いを確認するだけに留まることも多く，分野ごとに違うんだなぁ，この分野はこうなんだなぁ，で終わってしまっている気がする。つまり，次から次に新しい考え方が流れ込んでくるミカタのなかでは，学際性という感覚が麻痺してしまっているように感じるのだ。

　特にミカタの活動では，研究科の幅広さ，分野間の違いに焦点が当てられることが多く，共通点がおざなりになっているという点もこの原因として挙げられるだろう。離れた分野同士で交流をすると，違いに目が行きがちになるのは仕方のないことなのかもしれないが，学際交流を成功させるためには，共通点にも目を向ける必要がある。「お互い違う」では，分野間の関連性や立ち位置がわからないからである。ミカタの活動から，私は，学際交流を行う際には，共通点をどれほど意識できるかも重要であると感じた。

Response 01

杉谷和哉

　ここで指摘されている「限界」は，「多様性」を実践すると称する場が抱える，普遍的なものであろう。そして，その限界は，このコメント内の印象的な言葉を拝借すれば，「麻痺」という症状によって表現される。自分が明るくない学問の知見を大量に，熱意をもって聞かされたとき，受講生と同じように，大学院生もまたそれを十分に消化できないという問題が生じる。

　この問題に対処するために，「違い」ではなくむしろ「共通点」を探し出すというのが，提示されている処方箋である。たしかに，論考でも書いたとおり，ミカタ内では，「共通点」よりも「相違点」を強調することに重点が置かれてきた面はある。降り注ぐ他分野の情報という洪水を前に麻痺する感覚を正常に戻すには，これらの語彙が，自分が普段慣れ親しんでいるそれと，共通している点もあると認識し直すことは，有効であるといえよう。

　しかしながら，ここで記されている「麻痺」という感覚は，それ以上の意味合いをもっているようにも思われるのである。すなわち，われわれは「違いを確認」することでさえ，しばしば失敗していたのではないか。違いの有無さえわからない，前後不覚の状態に陥っている状態が「麻痺」ではないのだろうか。なぜなら，何が違いなのかわかれば，それはおのずと「共通点」を見出すことにつながるからであり，それができないということは，「違い」さえ明確になっていなかったと考えるのが自然だからである。

　だとするならば，ここで提起されている問いかけはよりいっそう，深刻なものであるといわざるをえない。われわれは，単に他分野の大学院生の言葉をシャワーのように浴びせかけられ，混乱状態に陥っていただけなのではないか。ただ，その場を乗り切るための言葉を並べ立て，自分を防御し，取り繕っていただけなのではないだろうか。そのような自戒の念が頭に去来している。

　われわれはまずこのような弱さ，自分自身が陥っていた麻痺状態を認め，みつめることから始めなければならないようだ。コミュニティとしてのミカタの存在意義は，このような「戸惑い」としかいいようがない感覚をもち，それを吐露して共有できることにあるともいえる。全国の大学で，組織で展開されている，美しいスローガンの陰には，このような麻痺や戸惑いがあるのではないか。「共通点」を見出して麻痺状態から回復するためには，このような率直な感想や疑問を共有する機会が不可欠ではないだろうか。ミカタの取り組みの今後においても，このような意見の共有は必須であると思われる。

Commentary 02

近藤真帆〔臨床心理学〕

第10章を担当された杉谷さん，コメンタリーを書いてくださった橋本さん。彼らがミカタにどっぷりコミットしているとすれば，私はせいぜい片足膝下あたりのコミット具合です。そして私自身は，関係論的視点から，精神医療領域のコミュニティについて，フィールドに出て研究をしています。そのような私の立場から，ミカタというコミュニティについて，そしてそれを他所での営みへつなげることについて，思うことを述べてゆきます。

「ハコ」と「へり」がある種の相互依存関係にあること，ミカタそのものが総合人間学部という特殊な制度に依存していることについては，私も杉谷さんと同意見です。凝集した，熱気あるコミュニティは，制度になった瞬間に本来の意義を失います。また，制度化までいかずとも，傑出したカリスマや，偶然の状況的重なりによって発展した，意義深いコミュニティは，他所に転写しても大抵うまくいきません。多くの場合，器の外形の転写に終わり，核となる理念や裏支えしていた礎を置き去りにしているからです。しかしそうした顛末は，傑出したコミュニティを営む本人たちが，自らの営みの特殊性やその礎に無自覚であったために生じる面もあります。

そこで，片足膝下コミット＆フィールドワーカーの私の出番です。専門上，関係性の深い人たちにフォーカスして物をみる傾向が強いので，ミカタの営みにおける人的特殊性を，描き出していきます。

ミカタを営む中心的な大学院生たちは，まず，自らの専門研究において多くの業績を残されている，優秀な人たちです。学際性とは何ぞや，ということを根本的に問いつつも，そこで立ち止まらず，学際に向けた具体的試みに次々取り組んでおられます。そういう方たちなので，教養深く，自らの専門性を十分に相対化したうえで，ほかの専門性に深くまで突っ込んで，かなり難しい議論を進んでされます。そして知的および身体的体力が実装されていますので，そんな議論を何時間も，深夜に及ぶまで続けることができます。さらにさらに，理知的で他者への配慮がある人たちなので，即興的な協力関係でもさまざまな教育機会，交流機会を次々に企画されます。

そんな，スーパー・スーパー・スーパーマンが，ミカタには何人もいて，複数的な中心を成しています。彼らがミカタの中身をしっかりとかき回し，循環させ，水が腐らないようにしています。さらに，同じところで水を回すだけではなく，ほかのところにつながる水路を作ろうとしています。その一つが，本書の営みです。そんな人たちが何人も寄り集まって，ミカタを運営しているのです。別にこれはミカタを褒めそやし持ち上げているわけではなく，私の立場から見える事実を正直に述べているだけです。

どのような人たちの参画によりミカタが成立しているのか。それを知ることは，他所でのコミュニティ形成に役立つと思っています。ミカタをそのまま転写しようとしないことが，むしろ大切とさえいえます。精神医療領域で，先進的海外事例を日本に取り込むときにも同じくいえることですが，あくまでその地の，その場の文化をベースに，参考にする程度の，ある種の軽妙さが必要なのではないかと思います。そして，そうしたことを考えてやってみようとする人たちが複数いるところに，意味のあるコミュニティが新たに立ち上がるのだと思います。

Response 02

杉谷和哉

　政策研究において，優れた実践例のことを「ベスト・プラクティス」と呼ぶ。そういった類の学術誌を紐解けば，われわれは多種多様な取り組みが紹介されているのを目にするだろう。この世は「ベスト・プラクティス」であふれている。

　しかし，そうであるならばなぜ，われわれの社会はちっともよくならないのだろうか。理由はいくつか考えられるが，そういった実践の背景にはたいていの場合，優れた人材や，恵まれた環境要因があることと関連している。要するに，そのような事例は，たとえマネしたくてもできないことが多いのである。

　ミカタもまた，たまたま集まった人材に恵まれたおかげで成立した取り組みにすぎない。ここでも指摘されているように，ほかの場所でこのような取り組みを実践しようとしても難しいだろう。だとすれば，いくらわれわれの取り組みを具体的かつ詳細にリポートしたところで，それだけでは資料や参考としては役立つかもしれないが，取り組みの波及という意味では限界がある。

　それに対して，ここで活写されている，「水が腐らないようにする」というたとえは，われわれが自分で何をしてきたかを思い起こさせるものであるとともに，いわば「ベスト・プラクティスの説明書」として，これ以上ない「具体的」な内容であるようにも思える。それは，ある場所での具体的な取り組み内容を，「軽妙さ」をもってほかの場所で実践するための手がかりになりうるのではないか。一挙手一投足の詳細な報告だけでなく，そこで何が行われていたのかを，絶妙な立ち位置から観察したうえで，豊かな表現でそれを伝えること，これが「ベスト・プラクティス」の報告において必要だったのではないか。何が決定的な要因だったのか，どういった人材が必要なのか，といったことは誰にもわからない。しかし，そこで行われていたことは，ここでいわれているように，たしかに水をかき混ぜるような──しばしばそれはがむしゃらに，行き当たりばったりに行われたと思う──営為であった。

　自分の周りの「水」が腐っていると思うのであれば，とりあえずかき混ぜてみる。別の水流とつなげてみる。われわれがやったことはそれだけのようにも思える。そこで必要とされている「軽妙さ」とは，「ここではとてもマネできない」と諦めるのでもなく，「この取り組みに比べてウチは……」と卑下するのでもない，「できることをやれるところから，とりあえずやってみる」という，ある種の開き直りに似た発想である。もちろん，志を同じくする「スーパーマン」がいるに越したことはない。しかし，それと同じかそれ以上に，「片足膝下コミット＆フィールドワーカー」のような，「軽妙さ」をもった存在も，実は重要なのかもしれない。

第1部

第2部

Commentary 03

橋本　悠〔戦後日本社会論〕

　本コメンタリー執筆時に未だ学部 3 回生である私が，自身の専門である公共政策の観点と，ミカタを実利的なコミュニティとして活用してきたという素直な思いを盛り込んだ杉谷氏の秀逸な文章にコメントを申しつけるのは甚だ僭越であると思うが，これが複眼的な自省を杉谷氏に促し，さらに，自己利益を最大化することを最優先に考える合理的な主体として人間を想定する経済学や政治学の教義に従い，書籍の執筆に携わることが自分の経験値としてこれから活かされることを期待してコメントさせていただく。

　最初に杉谷氏の学部生コメンタリーへの要望にお応えしたい。私が思う，学部生にとってのミカタのメリットは，大学院生とつながることができる場であるということだ。考えてみれば，教育の場において学部生と大学院生が接する機会がどれほどあるだろうか。ほとんどないというのが私の印象である。とりわけ総合人間学部は，多種多様なディシプリンが同居することを特徴とした学部であるので，大学院に進むかどうかに加え，それ以前に自分の専門分野を決められない，迷える学部生が当然のように存在する。そんな迷い多き当学部において，ミカタは輝きを放つ。数あるディシプリンのなかからなぜその分野を選んだのか，そして，アカデミズム界という魔境で生きていく喜びと苦しみを知ることは，多くの迷える学部生にとって一つの指針となるはずだ。このような場に参加できたことは私の大学生活における一つの快事であり，ぜひこのような場が提供され続け，多くの学部生が自身のために活用することを望む。

　論考への指摘も忘れずにしておきたい。杉谷氏は，ミカタは，「ハコ」である総合人間学部と人間・環境学研究科がなくては存在しえないものだとしており，京都大学における教養教育改革の「意図せざる結果」だとしている。「ハコ」の存在と併存するかたちで，学際性を実現できていない現状への不満がミカタを新たに生み出したという，アンビバレントな構造を提唱している。それに私は一つの疑問を投げかけたい。たしかに，ミカタは両組織の学部生・大学院生を主対象とした企画であるので，両組織はミカタにとって必要条件である。しかし，ミカタの駆動力となったのは両組織が掲げている学際性が看板倒れになっている，甘んじた現状である。杉谷氏は組織と甘んじた現状をミカタの誕生をもたらしたものとして両義的に並立させているが，両者に深い関係性はあるのだろうか。私はないと思う。学際性が看板倒れになっているところには，その実現を求める胎動が存在し，それが偶然京都大学の総合人間学部と人間・環境学研究科だったのであり，ミカタだっただけなのであると私は思う。組織の存在は，自生的な胎動が発生した場として結果的に紡ぎだされた必要条件にすぎないのではないか。

　このように因果関係を捉えなおしていくと，新たな疑問が生じる。学際性を掲げる組織が理念どおりにそれを実現できていたとしたら，ミカタのような自生的な活動は生まれたのだろうか。組織が設計どおりに理念を実現しようとするのなら，それはトップダウン状に施行されていくだろう。その結果，ミカタのようなコミュニティは発生するのだろうか。先に述べたとおり，私はミカタを学部生と大学院生がつながる場として評価している。トップダウン状に実現された学際性はミカタとは違う，コミュニティとしての機能性の薄い，いわば窮屈な学際性の場になってしまうのではないか。そのようにコミュニティとしてのミカタを考えたとき，そのような自生的な活動を生み出した，学際性の創出に失敗した総合人間学部と人間・環境学研究科はむしろわれわれにとって僥倖と呼べるものであるのかもしれない。

Response 03

杉谷和哉

　一つの寓話から話を始めよう。とある日，とんでもなく恐ろしい生命体が宇宙から送り込まれ，破壊の限りを尽くし始めた。それまでずっと核開発競争を繰り返していた各国は，共通の宇宙からの敵を目の前に，一致団結して，何とか怪物を退治した。宇宙からやってくる敵に対抗するため，地球上のすべての国家のあいだで協力体制が生まれ，戦争も対立もなくなった。その頃，宇宙空間では，地球を観察していた宇宙人たちが，地球から核実験の形跡がなくなったことを祝っていた。いわく，「こんなかわいい生物を見たら，殺気だった心も落ち着いてくる。地球人も喜んでいるだろう」（出典：星新一「プレゼント」『ボッコちゃん』新潮文庫（1971年刊）に所収）。

　宇宙人の目的は，核実験を繰り返す物騒な地球を平和にすることであった。目的は達成されている。しかし，そこに至る道程はまるで違うというのがこの話のポイントである。

　ここでは，かわいい生き物を見て心が和んで達成された平和と，怪物との戦争を通じて獲得された平和は違うということに注目したい。「よくできたものだ」と思って送り込まれた制度に腹を立て，それに対抗したわれわれが到達した「学際」は，送り込んだ者たちが構想していた「学際」とはやはり違う。宇宙人が，「われわれの送り込んだ生物がご迷惑をおかけしましたか。しかし，結局は平和になりましたよね？」と言ったとき，地球人は納得できるだろうか？

　「結果として自由闊達な「学際」の雰囲気ができたから，よしとしようではないか」，とする見解は，その制度を構想した者たちと，それを運営する現役の教員たちの責任を免除することにつながりかねない。結果はよかったとしても，地球の現実を踏まえず，怪物を送り込んできた宇宙人たちはやはり批判されなければならない。ましてや，そこから得られた平和は，宇宙人の手柄では決してない。

　ただし，宇宙人が怪物を送り込まなければ地球に平和は訪れなかったように，制度ができなければ「ミカタ」も生まれようがなかった。このことは何度強調してもしすぎることはない。しかし，それを踏まえてもなお，「失敗したからよかった」，「結果としてよかったから成功したのでは」，と捉えてしまうと，多くの問題点を見落とすことになってしまうのである。

　ところで，生き物に絆されて得られた平和と，戦いの果てに得られた平和，どちらがよいのであろうか。どちらも同じ平和であるが，経路が違う以上，その意味合いはまったく別物である。そして，その優劣については，一概にはいえないというのが本当のところだろう。想像の域を出ないが，すべてが宇宙人の意図どおりにいった世界がどのようなものであるかを考えてみるのもまた，面白いかもしれない。

第 11 章

シンポジウム 2：「共同性」を育て合う

大山牧子〔教育工学・大学教育学〕・成瀬尚志〔哲学・高等教育〕・朱喜哲〔哲学〕
＋谷川嘉浩〔哲学・観光学〕・杉谷和哉〔公共政策学〕

1 テーマと人選の意図

谷川嘉浩

　「総人のミカタ」（以下，ミカタ）の「ミカタ」という音には，専門分野やキャリアについて迷いがちな学生の「味方」であるという共同性に寄ったニュアンスも託されている。私たちの試みは知り合いのつてをたどって何とか集まった数名の大学院生によって立ち上げられ，大学の公的制度とは無関係の領域で運営されていた。その後，学内部局の後援を得ることになり，さまざまなかたちでの制度化が幾度も模索されて頓挫し，現在は一定のかたちに落ち着いた。とはいえ，基本的にはミカタが，大学という「公式的共同体」（中心）の傍流，いわば「非公式的共同体」（周縁）として位置づけられていることは疑いようがない。

　そう書いてしまえばなんてこともないが，シンポジウム企画時に私たちがこだわっていた事柄を以下のように分解して記せば，この話題の普遍性に気づくかもしれない。異なる能力や関心をもつ人物をどう協働させればよいか。勢いで立ち上げた試みを制度としてどう軟着陸させられるのか。その説得の手続きはどうすべきか。メンバーの熱量は公的制度に組み込まれていないから生じているのか。そうだとすれば，インフォーマルだからこそ生じている熱量をどうすれば維持できるのか。メンバーの入れ替えに伴う企画意図や熱量はどうすれば継承可能か。ミカタの試みに普遍性があるなら，この活動をどう記録し，論じ，位置づけることができるか。──私個人は，唐の太宗が投げかけた「創業か守成，いずれか難き」（国家を打ち立てるのと維持し続けるのはどちらが難しいか）という問いが頭のなかにあった。

　このシンポジウムは，ミカタを題材にしながらも，それがこうした普遍的な問いにつながるように座組を設定することを企図した。ゲストとして大山牧子氏，成瀬

尚志氏，朱喜哲氏を迎え，メンバーからは谷川嘉浩と杉谷和哉が登壇した。

　大山牧子氏は，高等教育学の専門家であるだけでなく，大阪大学において（潜在的教員である）大学院生の教育能力開発を目的とする授業に携わっていた。魅力的な高等教育研究を展開しているだけでなく，ミカタと類似した実践を行っている類例ない研究者である大山氏に，講演を依頼しないという選択はありえなかった。

　成瀬尚志氏を，ミカタメンバーの有志が大学教育学会で発表したことをきっかけに，2017年にミカタが企画したシンポジウムに招いたことがある。成瀬氏は，うまくフレームを設定することで人が集まって事が動くという「ソーシャルアクション」の視点からミカタを位置づけるような講演を行った。その研究はその後も継続していると聞き及んでいたため，ミカタという個別事象を普遍的な文脈に置き直して論じるうえで，これ以上ない講演者だと考えた。

　朱喜哲氏は，研究者であると同時に，社内の部門をまたいでさまざまなプロジェクトを動かしている会社員である。しかも，「ELSI」と呼ばれるビジネスのトレンドを意識しながら，大学と企業をつなぐ試みに着手し，実際に組織を動かした経験をもっている。朱氏の実践は，「領域や部門の異なる複数コミュニティを横断した活動」，あるいは「異なる属性やスキルセットを抱えた人からなるチームワーク」という視点から捉えることができる点で，アカデミアや大学という枠を越えた議論へと派生する可能性を秘めていると考え，講演を依頼した。

　なお，第1部でのシンポジウム（☞第5章）と同様，上記の3名には，第9章と第10章の初稿を事前に共有したうえでシンポジウムへのご参加を依頼した。さらに，シンポジウムでの議論を踏まえて執筆いただいた論考を第12章，第13章，第14章に収録している。以下，2節に登壇者の当日の発表要旨を掲載している点，全体ディスカッションの後に谷川からの全体を総括するコメントを付している点，また，紙幅の都合上，全体ディスカッションの一部を抜粋して掲載している点も第1部と同様である。

2 登壇者・発表要旨

2-1　学者養成機能としての「総人のミカタ」（大山牧子）

　シンポジウムでは，「学者養成機能としての「総人のミカタ」」と題し，プレFDのニーズ・国内のプレFD事例の紹介を通して，学者としての大学教員の存在について議論した。

　近年わが国の大学では，「在学中に何を学んだのか」という卒業時の教育質保証が求められるようになってきた。教員は従来型の授業に加えてアクティブ・ラーニングなど自分が学生時代に経験していない授業をデザインする必要が出てきた。そこで，大学院生から大学教員への接続の平滑化を目指して，将来大学教員を目指す大学院生を対象にした教育プログラムであるプレ FD が，研究大学を中心に推進されるようになった。

　国内のプレ FD では主に，高等教育論・授業設計（授業方法や評価含む）・ティーチングスキルズ（模擬授業や検討会）・教育業績のまとめ方，といった内容が展開されており，それぞれ TA 制度に関連づけて実施（TA 制度型），大学院の授業として開講（大学院授業開講型），大学の課外プログラムとして実施（課題プログラム型），という形式で提供されている。総人のミカタは，分野融合型の学部生向けに授業を展開していることから，プレ FD のなかでもとりわけ学習者中心の授業設計・分野別教育の問い直しの機能を有していると考えられる。また，大学院生の自主組織が主導していることから，院生発学部融合型のプレ FD ともいえるだろう。

　プレ FD の目的は教育技術の向上，知識の獲得，教育者としての意識の向上，研究者としての成長（田中ほか, 2014）であるといわれている。いずれも各プレ FD プログラム内で網羅されているが，研究者としての成長は，どのように捉えることができるだろうか。

　米国の教育学者である Boyer（1990）は，古くから大学で勃発していた教育 VS. 研究の構造に歯止めをかけるべく，大学教員を研究者（researcher）ではなく学者（scholar）として捉えるべきだと指摘した。学者がもつべき四つの学識（scholarship）は，発見の学識（自分野での研究），統合の学識（他分野のなかでの位置づけ），応用の学識（実世界での位置づけ），そして教育の学識（後継者の育成）と示される。とりわけ教育の学識は，その後，学習者の視点が加えられて Scholarship of Teaching and Learning（SoTL：教授学習の学識）として発展し，普及している。SoTL では，教育を研究の営みと同様にすべきとされ，教育においても研究と同様に，公表・批判・評価・利用のプロセスをたどるべきだと説明される。総人のミカタは，学部生をはじめとして公開を前提とする議論の機会を重層的に設けており，総合人間学部／人間・環境学研究科の組織的な知見を生成して発展していく特徴を踏まえると，まさに学者を育てる取り組みであるといえるだろう。

2-2 ソーシャルアクションとしての「総人のミカタ」（成瀬尚志）

　総人のミカタはソーシャルアクションであるというのが私の考えである。いわゆる社会福祉の文脈で語られるそれとは異なり，私はソーシャルアクションを「楽しさや魅力に惹かれて周りの人が巻き込まれていく活動」と定義し，その研究を行っている。

　ソーシャルアクションの具体的な事例として「シャルソン」を挙げよう。シャルソンとは「ソーシャルマラソン」の略で，地域の魅力を再発見するためのマラソンイベントとして，2012年から始まった。シャルソンは，コースも自由，走っても歩いてもタクシーに乗ってもOKという非常に気軽なイベントである。ルールは「揃いのTシャツを着る」と「ゴール後のパーティーに間に合うようにゴールする」の二つだけである。シャルソンには「給○（きゅうまる）スポット」というものがある。これは，マラソンでいうところの「給水スポット」のことであり，ランナーが当日，割引などのサービスが受けられるスポットのことである（たとえば「給たこ焼きスポット」や「給ソフトクリームスポット」など）。当日参加したランナーは，こうした給○スポットを巡りながら地域の魅力を楽しむのだ。このシャルソンは「ご当地シャルソン」として「神田シャルソン」や「嵐山シャルソン」など，これまで全国で200回以上開催されている。

　このシャルソンのようなソーシャルアクションは，他者とともに（社会的に意義のある）同じアクションを行うという共同性にその本質の一つがある。そして，ソーシャルアクションは結果として緩やかなつながりと楽しさをベースに他者を巻き込んでいく。私は，総人のミカタのこうしたソーシャルアクション的な側面に着目したい。というのも，総人のミカタの活動は共同性を有しているが，その共同性の内実は「目的」や「課題」といった「目指すべきもの」によってというより，他者との出会いや他者性そのものの発見によって活動が支えられているようにみえる点にあり，その点がソーシャルアクションの共同性そのものだと考えるからである。こうした分析のための道具立てを手にした今，総人のミカタの共同性について考えるということは，単なるローカルな出来事の分析ではなく，「他者とは何か」やそもそも「活動とは何か」といった普遍的な問題に取り組んでいることになるのだ。ここでハンナ・アレントの『人間の条件』を連想された方もおられるかもしれないが，その方も安心してシンポジウムのディスカッションを読み進めてほしい。

2-3　私たちが協働するとき，私たちは何を共有しているのか？（朱喜哲）

　私たちは，多かれ少なかれ誰かと一緒に何かをしている。狭義の賃労働に限らず，たいていのことは協働（association）によって取り組まれる。往々にして個々人で取り組むものとされがちな人文科学系の学問研究でさえ，時空間をともにするわけでなくともテキストを介してやはり誰かと協働しているといえる。では，そのとき私たちは何を共有しているのだろう。本シンポジウムのテーマにひきつければ，「共同性」が立ち現れ，育まれるための条件の一端を考えたい。

　私たち協働する者たちは何を共有しているのか。この問いに挑む際，アメリカの哲学者リチャード・ローティが自身も属していた学術ディシプリン共同体を評した言説を参照したい。ローティは，一般に「言語（概念）分析という手法」が共有されるといわれがちな「分析哲学」に属する者たちは「共通の方法を実践する訳ではない」としたうえで，「彼らを一つにまとめているのは［…］問いへの共通の関心（shared interest）である」[1]と述べる。

　方法はもちろん，共有されているのは「問い」そのものでもない，という点に注意が必要である。つまり「同じ問いを解く」という目的さえ共有していないというのだ。それに代わって打ち出されるのが「関心」である。さて，ある協働のコミュニティにおいて，手段はおろか目的ですらなく「関心」が共有されるとはどういうことだろうか。

　ここで，マルクスから用語を援用して「協働」を二つに分類して考えてみたい。一つは「分業（division of labor）」である。これは一連の仕事を分割して従事することであるから，「目的」が共有された協働と捉えてみる。分業する者同士は，最終目標は共有するが互いの作業に関心をもつ必要はない。もう一つが「協業（cooperation）」である。本来は同一の作業にともに従事することであるが，そのとき隣の人が何をやっているかはわかる。つまり「関心」を共有していると捉えられる。また，同じ作業チームとしての「利益（interest）」を共有してもいる。

　この区別に基づいて，具体的な「仕事」の例として，私が従事しているビジネス（広告業）における協働の構造を紹介する。広告業は一般に著しく分業化が進んでいる業態である。そのただなかでセクションを超えて協働する他者の仕事に関心をもつ（「面白がる」）ことが，競争優位性さえもちうることを自身の体験を通して紹介し，より一般に「関心」の共有がもたらしうる可能性について論じる。

---

1) Rorty（2007: 142，邦訳158頁）。強調は引用者による。

3 ディスカッション

3-1 共同性と関心の触発

谷川 朱喜哲さんの話を聞いているときに，成瀬尚志さんのソーシャルアクションの議論をそのまま重ねられそうだと感じました。成瀬さんからみて，朱さんの議論はどんな印象でしたか。

成瀬 ありがとうございます。おっしゃるとおりで「共同」とは何なのだろうということに，自分でもずっと関心がありました。シャルソンなどのソーシャルアクションをやっているときに，何でこの人たちは「一緒にやっている」と言えるんだろうか，と。シャルソンはイベントなので，「参加費を払って走る」という明確なアクションが設定されているから，わかりやすいといえばわかりやすいようにみえる。

実際にやっていくなかでの経験談を話します。まさに講演で朱さんがおっしゃった「分業」と「協業」の話題です。僕は，正課外の授業で学生を集めてシャルソンを実施しようとしていた。最終的に 20 名ぐらいの学生が集まりました。もちろん今日は限られた時間だったので簡単に言いましたけれども，学生と一緒にあのような活動をするのは，ハードルが低そうにみえますが，本当に大変です。

実情を話すと，最初は 20 名ほどいたのが，最終的に半分が抜けたんです。正課外の授業なので，「ランチタイムにミーティングをしよう，週 1 回。そんなに進まないので部門ごとに分けよう」と。〔水だけでなくいろいろなものを補給する〕給○スポットを探す部門，パーティー部門，運営部門とかに分けてたんです。それがまったくうまくいかない。このケースでは，朱さんがおっしゃった言葉でいえば，目的もたぶん共有していない。学生は言われて「じゃあ，君はこれやってね」みたいな感じなので，もう全然うまくいかない。もちろん授業でも何でもないのに参加したということは，ワクワク感をもって参加しているのに，うまくいかないんですね。

で，結局メンバーの半分が辞めるか辞めないかのような時期にどうなったかというと，二人の学生が立ち上がって，「私たちが仕切る」となった。そこから彼女たちが，既存の部門を活用しながら整理をして，企画を引っ張っていった。今から思うと，「シャルソンをやる」という大きな目的を共有しつつ，メンバーは，最終的に立ち上がったリーダーと，利益というか関心を共有したんですね。それに，今の僕の目からみればという話ですが，その二人が立ち上がったことには，おそらく僕が彼女らの関心を見出したことが大きい。その関心を発見する他者がいたということです。僕自身が学生をシャルソンに巻き込んでいったし，二人が本当に関心を共有して巻き込

まれた。だからこそ，その先があったということなのかなと思いました。ですので，朱さんの話は自分がシャルソンでやった失敗や経過を思い出させるものでした。

　朱　講演で言いそびれたんですけど，「関心はどうやったら育めるのか」，「どうやったらそれは触発できるのか」という，講演の最後で提起した問いへの一つの答えはシャルソンだと思っています。「火」のメタファーのように，燃え移る，ないし「感染」するものだと思うんです。今日の成瀬さんの講演にあった，自然発生的に参加者がどんどん増えていくといった話がそうです。たぶん，それに目的や狭義の利害関係では重要でないところもあって，面白がってやっている人がいると，周囲は面白がれる。

3-2　何が企画をドライブするのか

　朱　ただ，ゼロをイチにする最初の種火は何かというのは，僕もまだわからない。でも，「ジェネリックスキル」とか「アントレプレナーシップ」とかいろいろなフレーズのもとに，まさに最初の種火になる人を作り，ゼロをイチにするといった話を大学はしようとしている気がする。そこで，大山先生に質問があります。「リーダーシップトレーニング」など教育でいろいろなことを行おうとしていますよね。仕組みや条件など，今の自分たちみたいにやってみたことを後から言語化してみると，「このようにまわったよね」などとはいえると思うんですけど，「最初の種火をどう作るの」「そもそもモチベーションをどうやって喚起するの」みたいな話題は，方法論など何か学術的に定式化されているものか，ということをお聞きしたいなと。

　大山　リーダーシップなどの理念が何か上から降ってきた後で，プログラムを作らなければならない場合が通常ですよね。やはりその種の企画に集まってくる人には，キーワードが結局何かは知らないけど，やらなければならないという思いの学生が多く，往々にしてあまり盛り上がらないです。組織的に作ったもの，授業としてやったものも，もちろんうまくいくことはあるのですが，ものすごく意識が高く，知識も経験も豊かな学生と，何かよくわからないけどリーダーシップのこれやらないと……みたいな学生がミスマッチを起こしたケースをいくつか聞いたことがあります。

　リーダーシップとかアントレプレナーシップとか，その種のことに挑戦したいといった学生というのは，やはり自主的に動きます。そして，「何かこのようなものをやりたいんですが，何とかなりませんかね」といって，インフォーマルなかたちで相談してくるんです。私たちは学部に所属しておらず割と自由に動けるので，それを一緒に面白がって手伝ったりはしています。

成瀬 どういうかたちで人を募るか，つまり，募集ポリシーの問題がありますよね。たとえば，ソーシャルアクションの場合は「アクション×社会課題」というのが重要だと思っています。これが社会課題だけになると，いわゆる意識の高い人しか集まらない。それこそ楽しそうなアクションだったら，いわゆるパリピみたいな人しか集まらない。両方をかけ算していろんな人を集めるところが，ソーシャルアクションの面白いところ。パリピの人が来てもいいし，意識の高い人が来てもいい。片方では閉じないということ。そのことが，募集ポリシーというか，アクション自体，テーマ自体に含まれているというところが，たぶんソーシャルアクションのポイントで，総人のミカタもそういう側面があると思うんです。

総人のミカタは，「教育スキルを磨きたい」など狭義の利害が，シャルソンと比べれば明確なところはあるけれども，本当にそれだけならほかの手段を用いてもよかった。やはりそこで，交流だとか，狭義の利害だけではない何かが期待されるというのがいろんな人が来るポイントにもなっているのかな，と。総人のミカタの「ミカタ」という名前にも，少し遊び心がありますし。

3-3 理念と役割とインフォーマリティ

杉谷 先ほどの講演で言いそびれたことがあります。石橋湛山新人賞[2]に落選した経験にかこつけて，期待しすぎると駄目だという話をした。けれども，期待がまったくない社会というのも大変です。シニシズムの問題です。

先ほど大山先生から，学生が集まってきても全然うまくいかない，上から与えられた目的だけでは全然うまくいかないという話がありました。どう展開するかわからないまま言うのですけれども——谷川さんが何とかしてくれると信じていますが——たとえば，私たちは，いろいろな美しい理念を大量にもっている。大学のポリシーを開けば，もう社会にはこれだけたくさんの課題があって，このような人間を育てるということを，たくさん言っている。企業だってそうですよね。その理念を本当のところみんなどれぐらい信じているかというと，たぶん信じていないんです，多くの人は。理念では美しいこと言うけど本当は違うよね，と斜に構えて，何だかんだやり過ごすだけの学生も教員も多いし，社会人にもたくさんそういう人たちがいると思うんですよね。

---

2) 主に人文社会科学系の大学院生を対象とした，石橋湛山の思想に関わる研究論文を表彰する賞。

　これが何でシニシズムになるのかというと，最近思うのは，みんな裏切られたくないからなんですよ。期待してたのが駄目だったときに格好悪いじゃないですか。ソーシャルアクションにも，そういう側面があると思うんです。いっぱい頑張ったのに，駄目になったらすごい格好悪いし自分が傷つく。あと，傷つかないためにすごく引いた目線で見る立場に立ちたがるのが，インテリですよね。でもこの姿勢をやりすぎると，本当に何もなくなる。もうみんな誰も何も信じていないからそれでいいではないかと開き直って，建前もなにもなく今の政権みたいになる。

　これは，現代社会のさまざまな領域で，非常に大きな問題になっている。大学のなかでもがっつりやっていこうというときも，仕方ないからやっているという空気が蔓延すると，理念が本当に機能しなくなって，もう本当に何もなくなる。もちろん下手に信じすぎても駄目で，そこのバランスですよね。どうこの綱を渡っていくかというときの，ある種の強靱さは，どうやれば育まれるのかなというのは，実は結構気になっています。

谷川　なかなか政治学者っぽい話ですね（笑）。理念の話を，リクルートの話題にずらして朱さんの講演につなげます。総人のミカタに誰かを誘うとき，私は一応それらしく企画の理念を説明するんです。教育経験につながると指摘したり，総人（総合人間学部）・人環（人間・環境学研究科）固有の問題，たとえば研究室ごとに縦割り的で交流に乏しいと言ったりする。けれども，誘いに乗ってくれるタイプの人は，理念の説明を聞く前から話に乗る気があるんです。人間関係が先にある，「こいつならいけるんちゃうか」と信頼が先立っている。それは，誘う自分もそうだし，聞く側もそうなんですよ。それほど関係が深くないが，もともとつながりはあっただけの人のなかから，「何となくこの人なら来そう」と嗅覚を働かせ，相当数誘った。ある種の信頼が先立っていたんですよね。言い換えると，理念みたいなものを掲げていて，私自身それを信じてはいるけれど，別の基準を使って声をかけていたんだなと，今話を聞きながら思ったんです。

　そこには，相手に役割を押しつけないという関わり方があったと思います。役割分担しきらないことを前提にした関係というか。大山さんの話にあった阪大のプログラムは制度化されている，科目になっている（☞221頁）。そうすると，役割を指示するかたちになりがちなのかなと思う。でも私がうまく誘えたと感じる人は，企画のなかでも「何かできることはあるか」というように特定の役割に固着しない関係というか，「反分業」みたいな関係になっている。この点について，朱さんと大山さんに話を聞きたいです。たとえば，朱さんは通常の役割を提示せず，自分の裁量

で「分業を再構築した」と言っていました。これって，誰にでもどんな仕事でも振るわけではないですよね。仕事の再整理や仕事の振り方など，朱さんの嗅覚の働かせ方について，ぜひ聞きたいなと。

朱　たしかに，信頼できるかという要素や，属人的な要素が大きい気はする。ただ，自分のセクションの利害しか面白がれない人だとすると，たぶん協働してもお互いに割に合わないところがある。もちろん，それでも仕事が回るように全部調整するというやり方もあるが，それだとこちらが官僚機構の差配をするみたいな世界で，なかなか面白くなくなる。面白いときは，同僚と何かを共有していると思う。シャルソンに通じるものはビジネスにもあって，プロジェクトと一口にいっても，上から降りてくるパターンもあるけれども，自分で手を挙げて入っていくかたちもある。紋切り型でなく新しくやれる裁量がある場合は，このフレームでこれとこれをセットにすれば面白いんじゃないかとプロジェクトを設計して提示したり，されたりすると，「それなら面白いかもしれない」と思えるというか。面白がる要素をどう作るかをよく考えます。

　とはいえ，杉谷さんの話にあった「理念への不信」みたいな話ももっともだと思う。あるビジョンがあって，それがいくらきれいだとしても，それだけでは信じないですよね。では何を信じるのかというと，一つの答えとしては「人をみている」といった言い方がありうる。でもそこで生じかねないのは，理念への不信ゆえの「属人化」ですよね。そうして大衆の代表を求め始め，いわゆるファシズムではないですが，ナポレオン3世台頭の経緯のような英雄待望論みたいな話になりかねない。それはたしかによくないと思う。

　それと同時に，制度に乗り切らないインフォーマルなものをどう扱うかを考えないといけない。今日の話は，インフォーマリティをどう組織に取り込むかという論点だと思うんですね。私のいる会社にも，インフォーマルな動きを許す部分がある。大企業とはいえ多少の裁量があるので，役割や制度を染み出すことがある程度できてしまう。だからこそ，種火を作りやすいことはあるかもしれないと思ったんですけれども。たぶん，企業より大学・大学院は，はるかにインフォーマリティが乗りにくい官僚機構に近いですよね。その辺りの大きい話も含め，大山さんに話を聞きたいなと。

杉谷　一回質問縮めたのに，またでかくなった（笑）。

3-4　関心のズレを議論する，インフォーマルな共同性を維持する
大山　二つの観点でお伝えしたいと思います。まず，私たちの部署がどうやって

分業しているかという話。それは単純で，徹底して議論しました。みんな大学教育の専門家なのですが，それぞれ，研究者として「大学教育はどうあるべきか」についてのポリシーをもっています。私は「教育と研究というのは一致しているべき」という論者ですが，ある先生は「トレーニングの知識とか技術を教えることが大事」といっており，立場と関心にズレがある。講演で話したプログラムを作るとき，何を学んで，身につけて大学教員になってもらうかということを徹底的に話し合って，自分たちの専門性を生かして担当する授業を決めていきました。ですので，そこは今も自分としても自信をもってお届けできるプログラムになっているかなと思います。

　もう一つ，少しレイヤーの違う話です。この授業の修了生は相当数出ています。修了後は，まだ大学院生の人もいればもう就職した人もいるのですが，各人なりにリアルな教育の問題に直面するなかで，自主的なコミュニティ，「FD研」という研究会ができあがったんです。2ヵ月に1回ぐらい研究会を開きます。愚痴を言い合うこともあるし，互いの非常勤事情を共有することもあるし，研究にしよう——具体的には，今度京大で開催されるフォーラムで発表しよう——みたいな動きもある。ただ，やはりその組織の維持が難しい。これを総人のミカタと比べながらみていたのですが，教員であれ大学院生であれ忙しくなることもある。研究にフォーカスしたいときもあれば，やはり教育にフォーカスしたいときもある。そのとき，組織をどう維持するかという問題がやはりある。分業化して連絡役などを立てたりしているのですが，担当者の教育への関心がいくぶん弱まったとき，組織はぐらついてしまう。

　ですので，どうやって共通の関心を育むのかには私もすごく興味があります。FD研では，「もう少しみなさん緩やかにしたらどうですか」と助言することもあるのですが，緩やかに「教育」への関心を共有して，できる人が頑張って細々と，とにかく続けていけばいいんじゃないかなと思うんですけれども，やはり非常に難しい。このインフォーマルな共同体に，私たち組織の側がどれぐらい関わるのかも悩ましいところです。分業や分担にどれぐらい立ち入るのかということです。

　杉谷　「関心を育む」っていい言葉ですね。作るのではないですよね。何となくみんな共有している何かがあるのだけれども，それを育てにいくと。

3-5　スケール限界と小さな公共性

　杉谷　とはいえ，私なんかこういった人間なのでひねくれたことを言うのですが，たとえば，これが本になった暁には，ある人間はアマゾンで星1を付けるわけですよ，「こんなの一部の成功例だろう」と。「意識高い系の学生が楽しそうにやってい

てうざい」みたいなこととかを，どこかの大学の教員が書いたり，どこかの大学院生が書いたりするというのは容易に想像がつくわけです。

　共同性を細々と維持していくとき，たまにフィーバーみたいなものが起きますよね。たぶん，総人のミカタにもあるかもしれないし，成瀬さんの試みもそうですよね。企画は，ずっと成功していたわけではない。にもかかわらず，成功したことを針小棒大にいう人間なんですね，たぶん研究者というのは。成功譚を聞いていると，本当に煩わしいと思われるときもある。しかも，成功の裏にはいろんな挫折があるんです，という話の方が，受けがよかったりする。「俺たちだって大変ななかやってきたんだ，そんな成功ばかりではないです」と，今，勢いのあるベンチャー企業の社長とかが言ったりする。でも，こういう苦労自慢は，日々苦しんでいる人たちの何の知恵にもならない。私は反吐が出るほど大嫌いで，なんだその話といつも思うんですけれども。こうした意味では，この種の取り組みの「共感の輪」は拡がっていきにくい。だから，よりいっそう閉じられた感じになってしまうというのが，ずっと課題だと思います。

　ただ，今日みなさんの話をうかがっていて思ったのは，私たちが，ただでさえもっと閉じられているということです。たとえば，この総人・人環のなかでさえ，分野や講座や研究室，あるいは学年で閉じられている。いろんな人が集まって，総人・人環をいくぶんか開くだけでも御の字というか，それなりに価値はあったんじゃないかと。

　今日はいろんな実践事例が各講演で挙がりましたよね。私は講演で，制度の「へり」にある実践に意味があるかどうかという話をしたんですが，ひょっとすると意味はないかもしれない。だけれども，そのなかから何かを読み取るかというのは，これは読み手の自由だし，その読み手に読み込む余地をどれだけ幅広く作れるかということは大事な問題。簡単には共感の輪を広げられなくても，そのとっかかりになるようなフックを，どれだけたくさん仕掛けられるかというのが，われわれのように新しいことをやるはめになった人間の，パイオニアのある種の責務なのではないかと思います。

　そのフックをどれだけ作れるか，それをどれだけ平易な言葉で，どれだけ社会に届けるかですね。公共にどんどん開いていく営為が必要だし，それが新しいことを始める人たちの，始めてしまった人たちのある種の責務なのではないかと。しかも，その仕事は一人では無理なんです。実際，今日は先生方の手助けをいただいて，私なりの気づきとして，この発想に至ったと感じています。

3-6　素朴に理念を語り合うこと

谷川　杉谷さんの話は，新しい企画を始めることは，「いまだけ，ここだけ，あなただけ」に閉じるすごく小さい話かもしれないけれども，それでも十分価値があるという話だったかと思います。スケールしなくても，一定の価値はあると。でもその種の試みは，制度に還元されない，あるいは制度化できないインフォーマリティの力，インフォーマルな関係に支えられている。フォーマルな制度だけではいけないし，インフォーマルな関係がなくてもうまくいかない。

　そこで思い出されるのが大山さんの話です。理念やポリシーをめぐって，あるとき決定的に話し合ったと。この語り合いが可能になったのは，「踏み込んでここまで言っても，この人との共同関係は続くだろう」という，制度を超えたインフォーマルな信頼がベースにあったからのように聞こえたんですね。たいていの大学や部局，あるいは企業も，掲げられている理念は気宇壮大すぎて現実には困難なものが多い。けれど，他方で研究者はそれについて半分は信じている。大山さんの講演では，そうした側面を「研究哲学」「教育哲学」という言葉で表現していました。

　こうした深層の語り合い，恥ずかしいけれど半ば本気で信じている素朴なことには，気質，個人史，あるいは，各人がもっていて捨てられない根源的な関心が影響している。たぶん，理念について語り合ううちに，我が出るというか，そうした「関心」が染み出してくるんじゃないかと思ったんですね。プログラムには還元できない信頼があるからこそ，それを開示できるわけですが。

　この人ならいけるのではないかというときに，一緒に共同しようというときに，そのような語り合いの瞬間が，朱さんの場合はあったのか。あるいは，シャルソンの場合は，学生間，もしくは教員・学生間でそのようなことがあったのか。総人のミカタは，飲み会の場にせよ，検討会後に行く食事にせよ，あるいは，フリートークでの役割解除にせよ，インフォーマルに何か素朴に語り合う瞬間があります。お二人の例だとどうなのかなと気になったので，掘り下げてほしいなと思います。

成瀬　シャルソンの場合，先ほど言いましたように，いったん運営内でぐちゃっとした後に二人のリーダーが出てきた。もめたときは本当に大変で，学生からもいろいろ言われて，本当につらかったです。スライドで見せた写真はあんなに楽しそうなのにね。裏ではつらかったんですよ（笑）。

　結局，やはり信頼できるリーダー二人とは徹底的に話をしました。「この人なら」というのは，やっぱり何となくわかるんです。自身の講演に絡めると，やはり「どれだけ時間を使うか」が一つの指標だと思います。関心をもっているかどうかは，

目にみえないですよね。同じ関心をもっているかもわからない。でも，「あること
に関して時間を費やした」というのは，かなりわかりやすい徴表なんですよね。運
営だけでなく参加者もそう。シャルソンの参加者は，その日を空けている。お金も
使うけど，丸一日空けるのはそれだけでも大変ですよね。

3-7　時間は関心共有の指標

成瀬　講演で紹介した「おもいやりライト」という企画は，学生5人ぐらいを中心
に，月1回長崎大学の東門の前でやっていました。その学生たちはもう4年生だっ
たので，毎週は来られないとなったけど，5人のうち誰かは来るんですよね。来たら，
その学生はとりあえず友達に電話をかける。「お前，今日4時半ぐらい空いてない？」
と，手当たり次第に電話をかける。「交通安全のなんかで」とか何か説明するんです
ね。で，何に釣られたかは知らないけど，その電話で毎回一人か二人は来るんです。
学生5人は少しチャラい感じだったんですが，それよりもチャラい感じの学生が来
るんですよね。それで何やるかというと，交通安全を呼びかけるパネルを上げて車
のヘッドライトを点灯してもらうイベントなんですが，でも盛り上がるんです。

　なぜかというと，そもそも嫌だったら，言い訳つけて来ないですよね。だって，
交通安全のパネルを上げたところで，個人の利害に関わるわけではない。それでも
来る人は，「時間を作った」ということだけはっきりしている。それに，来た学生
だって楽しむ以外にないんですよ。先輩に呼ばれたということがあったとしても，
「いや，僕忙しいです」と言い訳つけて断れることもできたのに，時間を作って来た
のであれば，もう楽しむ以外ない。ですので，時間を作るということは，関心を共
有しているかどうかを見分ける際の一つの基準になるかなというのは，やっていて
思いました。

　朱　ビジネスの話なのですが，実は，成瀬さんに付け加えることがないぐらい同
じ話です。やはり，その人が今まで何をやってきたキャリアの人か，どういうカル
チャーで育ってきて，何に重きを置いているかという要素が，判断としては大きい
ですね。たぶん，時間にその要素が現れている。

　あえて違う点を加えるならば，ポジティブチェック，つまり，やりたいことを
言語化し合う，夢を語るみたいな観点もなくはないけれど，どちらかというとネガ
ティブチェック，つまり，「これだけはやりたくない」とか「こういうことに時間を
使いたくない」ということの共有の方が大事かもしれません。やっぱり，皆さんやり
たいことだけを仕事にはできないので。どうしても人生の大半は，やりたくもな

い事務作業とか，地味なデータの処理・分析とかするわけですよね——みなさんも，いわゆる「神エクセル」に触れたことがあると思います。これは，生産性どうこうの話ではないんです。ほとんどの人が自分にとって意味を見出しづらい作業に囲まれていることを踏まえると，そのなかの何が嫌だと感じているかを聞くようにしています。それをやらずに済むようにチームを作ろう，やらずにすむようなプロジェクトとしてやろうと動く方が，うまくいく傾向はあると思うんです。

　成瀬　それでいうと，シャルソンの広報部門での出来事を思い出しました。チームが分断される前の話ですが，そこで絵のうまい学生がソフトを使ってポスターを作ったんです。学内で色校を事務に回したとき，学外の人が関わるので手続き面で，これを書いて云々と指摘された。ポスター制作は専用のソフトを使ったために僕が修正できないので，作った学生に要望を伝えると，「今更言われても……」と言われました。僕はもう結構ダメージを食らうんですけど（笑）。これまさに朱さんがおっしゃったとおりで，これは「それにもう時間をかけたくない」ということの表れなんですよね。もちろん，その学生はリーダーにはならなかったし。おっしゃるとおり，何に時間を使いたいか，使いたくないかは，一つ重要なポイントだと思います。

3-8　ソーシャルアクションとしての「総人のミカタ」

　杉谷　〔質問票を手に〕では，リスナーからのお手紙をいただいておりますので，読ませていただきたいと思います。こんばんは。DJ杉谷です。みなさん，今日も一日お疲れさまでした。週末の夜，一緒にお過ごしいたしましょう。

　全体への感想をいただいております。【私も他大学出身者として総人のミカタに参加しているのですが，学際については考えたこともなかったし，ミカタに参加する動機は「なんか面白そう」だったので，きちんとしたモチベーションを意識の高いメンバーと共有できていないことについて引け目に感じていたのですが，ソーシャルアクションとして捉えているみなさんのお話を聞いて，肯定された感じがしました】とのことです。

　成瀬　ありがとうございます。

　杉谷　ペンネームは「学部時代から丸眼鏡」さんからいただきました。

　成瀬　あああー，丸眼鏡さん，自信もって！（笑）

　（会場笑）

　成瀬　新たな観点を発見することで，同じことでもみえ方が変わる——これは哲学に限らず，学問をするうえで重要なことですし，今まで知らなかった「ソーシャ

ルアクション」という観点でみると，これまで総人のミカタで経験したことの魅力
が違う仕方でわかったのかなと思います。

　ソーシャルアクションのポイントは，反PDCAであることです。目的を立てて，
それをいかにして達成できるかというようなサイクルがPDCA。もちろんそれが
向く場合，向かない場合があります。ソーシャルアクションの場合は，とりあえず
何かやってみて，その結果，そのアクションの意味は後から発見される，意味づけ
されるものという順序になっている。なので，ソーシャルアクションは「アクショ
ン」の定義であるとともに，われわれが「価値づけ」するときの，PDCAとは異な
るフレームワークでもあります。

　PDCAサイクルは，もともとアクションをする前にプランを立てて，そのプラン
が達成できたかどうかというかたちで，当のアクションを意味づけするのに対して，
ソーシャルアクションは，アクションがなされた後でその価値を発見する。「こんな
ところで同級生に会った」とか「あなたもあの給○スポットに行ったの」とか，これ
は最初に計画されていなくていい。むしろ，そこにこそ価値がある。だから，総人の
ミカタに入って初めて発見される価値があると思うので，それが重要だと思います。

　総人のミカタについて，ソーシャルアクションの観点からみて僕個人がいいなと
感じたのは，仲がよさそうなところですね。学会発表でこの企画に初めて会ったと
き，ポスター発表の場で三人が楽しそうにぺちゃくちゃ喋っていた。あの光景を見
ていなかったら僕も，この企画がよくわからなかっただろうし，ここに登壇してな
かったと思う。あれこそ，総人のミカタの価値だなと思いました。

3-9　管理・コントロールへの欲望

谷川　重ねて一つだけお聞きしてもいいですか。大山さんの話にもあったように，
続ける・持続させるというときに，コントロールへの欲望が入ってこざるをえない
し，PDCAはそうした必要性から導入されたんだと思います——内側からのニーズ
かは怪しいですが，少なくとも，外側から必要だと思われて導入されたんだと思う
んです。あるいは，「エビデンス」や「アカウンタビリティ」という言葉が象徴する
ような管理の欲望ですね。うまく続けるには何かいるんちゃうかと。でも，PDCA
にそぐわない領域に持ち込まれたり，サイクルを回すことが自己目的化したり，膨
大な事務作業を生んだりする。しかし他方で，PDCAや管理を要求する気持ちもわ
かるじゃないですか。こういう「コントロールへの欲望」とどう向き合えば，続く
ソーシャルアクションになるんでしょうか。

　成瀬　これ，本質的な質問だと思います。はっきりいって，僕は今，嵐山シャルソンはやっていないです。終わっている。続けたがる学生もいるんですが，やはり引き取る教員サイドの問題もあり，続いてないですね。長崎大学時代に，出島シャルソンというのをやりましたけれども，それも続いていない。

　ソーシャルアクションのポイントは「やらなくてもいい」ということです。やりたくなかったらやめたらいい。その代わり，始まりを作ることに重要性がある。始まりを作れば，その後に何かがあるということです。そう言ってしまうと，「しんどかったらやめたらいい」というだけの話になってしまい面白くないのですけれども。ただ，僕はソーシャルアクションの研究をずっと続けている。ソーシャルアクションのことばかり，5年ぐらいずっと考えているんです。いわば，僕はソーシャルアクション研究というソーシャルアクション，つまり，メタなソーシャルアクションをやっているわけです。別に毎年嵐山シャルソンを開催しなくても，シャルソンの開催へと向かうのと同じ「関心」が持続している。その関心は一貫してあって，嵐山シャルソンや出島シャルソンなどではないけれども，今は研究というかたちで表出している。

　谷川　同じアクションではなく，学生さんがソーシャルアクションを続けることはありますか。何か違う仕方で，後任を巻き込んで続けたり，違う火をつける試みをしたり。

　成瀬　嵐山シャルソンをやった学生はソーシャルアクションみたいな企画はたぶんやっていないと思います。というのは，その大学の性質もあって，ここまで深くソーシャルアクションの話はしていないんです。それに対して，長崎大学の学生は僕が長崎を離れた後もおもいやりライトを続けていました。彼らには，ソーシャルアクションの話をずっとしていた。長崎大学を退職する直前に，おもいやりライトをやってきた学生5人と一緒に大学の東門から雲仙温泉郷まで1泊2日で歩いて，雲仙の頂上でおもいやりライトをやるというよくわからないイベントをやったんです。そのなかで，何で僕がこういう企画をしているのかを語ったので，彼らはソーシャルアクションというものがわかっていると思います。やはり伝わる人には伝わって，その人なりに受け取ってくれているのかなと。

　谷川　思いの感染だけでなく，メタ認知というのもあるかもしれませんね。

3-10　「総合プランナー」の存在
　杉谷　それに関連したおたよりです。【初めての総人のミカタ参加です。】初め

て聞いてくれてありがとうございます。【総合学科のような存在がこれだけ多様な人たちの関心を集めて，何か一つの取り組み，関心に基づいてやるという意味では，総合プランナーはすごく大切になるのではないかと発表をうかがって思いました。聞けば阪大では先生がそのような地位を担っているようにお聞きしました。そのなかで，総人のミカタには，総合プランナーの存在はいるのかいらないのかというのを，大山先生に少しお聞きしたい。】谷川さんと先生，それぞれお答えいただければと思います。

大山　「授業」と淡々と表現しましたが，普通の授業とは違ってかなり大変です。授業が始まる前に，「すみません，ここ1時間だけ抜けても大丈夫でしょうか」といった感じで，さまざまな事情を酌みながら，教育訓練をしないといけない。このあいだは15人の授業で，事前に12人ぐらいとはメールでやりとりをしました。終わった後にも，「公募に出そうと思うので，面接の練習してくれませんか」と。「私もしてほしいわ」という感じですけれども，いってしまえば，教員としてというより，ピアとしてやっている。普通の授業と違って，かなり泥臭いことをやっています。

　私だけでなく，私よりももっとコミットしている同僚もいます。その彼女がハブになっていて，彼女に負うところは大きい。でも，体制が組織化されていて，絶対にそこに行けば教員としているからこそ，彼女は，プランナーみたいな存在になれるのかもしれません。ですから，制度化されていない総人のミカタで，誰かプランナーのような人が明確にできてしまったら，その人が抜けてしまう，関心が少し薄くなってしまうなどのときに，危ういのではないかと思いました。

谷川　その方は，固定された役割を出てるんですね。総人のミカタについていえば，事実上の総合プランナーはいるんじゃないですか。この企画をやろうと言い始めた真鍋公希さんのことを意識している人は多いはずです。ただ，意識に差はある。基本的に運営に深くコミットした大学院生は濃度の差はあれ，やはり意識しているところがあると思う。

杉谷　私はすごく薄いです。

谷川　知ってた（笑）。差があるのはあると。

3-11　誰が種火をどう点けるのか

朱　この論点，結構面白いですよね。先ほど話したことと関わるのですが，何が人を動かすのかという話にもつながる。理路整然とした差配をする人，ディレク

ションをする人が人を巻き込む力があるかというと，必ずしもそうではない。

　成瀬さんの，費やした時間の話がありましたよね。他人からすると，「この人，何でこんなに情熱をもてるの……」って人がいるじゃないですか。一晩でこれを作ってきたのかと思わされるような，謎の人。不合理な情熱をもった人が一人打ち合わせにいると，それが仮に1年目の人だろうが，その人を中心に動き出したりするんです。そのエネルギーを活かして差配するディレクター役はいたりすると思うけど，必ずしもディレクション自体が力を生み出すわけではない。

　要するに，火をつける人と，司令塔的な人は同一ではなくてもいい。それは違う性質として理解すべきだと思います。謎の情熱をもった人をどう作るかは別の問題として重要だけれども，そういう不合理な情熱のある人をうまく生かせる組織は，会社でいうところの「うまく回っている」ということなのかなと思います。上に立つ人がいつでも熱烈なパッションで仕事できるわけでもないなら，誰が種火をどう育てるか，といった論点に質問は触れている気がしました。

　あと，ディレクターと不合理な情熱の人が一致している方がいいかというと，立場上のディレクター役が無茶苦茶情熱かけて自分でやる場合は，チームに誰もいらなくなりますよね。たしかにスーパープレーヤーみたいな人は存在しますが，その場合，組織ではなくて，その人個人の技量で回っていることになる。

成瀬　ソーシャルアクションを始めたのは，もともとの性格とかではなくて，長崎に行っていろんな人と出会ったのがきっかけです。「大人の社会科見学」というのを立ち上げた，小島健一さんとの出会いが大きい。ソーシャルアクションと名づける前に，その研究をし始めたとき，私は「課題解決」へのアンチテーゼを出したかったんですね。よく授業の一環とかで，学生が地域の課題解決みたいなことをやってますが，本当にそんなんできるか，と。シャルソンみたいな試みのほうが面白いし楽しいし，こっちの方がいろんな力が身につくんじゃないかと思った。いろいろなイベントをやっているとき，反課題解決，ソーシャルアクションの種みたいな話をして「この話って面白いですよね？」と小島さんに言うと，「成瀬さんが面白がっているうちは面白いです」と言われた。

　もう，これなんですよ。僕が面白がることで種火になっていた。種火として，ほかの人も巻き込むというか，ほかの人の関心を発見していくんです。関心につながるんじゃないか，参加したら面白いことをやってくれるんじゃないかと思って連絡を取ったりして，人の関心を巻き込むというか，発見していく。それが時間をかけるということだし，巻きこんでいくということです。結果的に計画しているように

みえるかもしれないけれども，これはプランナー的ではないですよね。

3-12　マーケティング，あるいは，関心のない人を巻き込む言葉

杉谷　ありがとうございます。それに関連したおたより。【みなさんに質問なのですが，そもそも関心を共有する気のない人，関心をもっていない人を巻き込むような，そのような新しい行動やソーシャルアクションといったものは可能なのか】という質問です。そもそもそれを面白いと思ってくれない人たちは巻き込めないということでいいですか，という。今のお話だと，たぶん巻き込めないのかなと思ったのですが，どうですか。

成瀬　もちろん社会全体を巻き込むことはできないです。みんながみんなそれを面白いと思わないから面白い，というところがありますよね。シャルソンでも，一部の人しか面白いと思わないですし，やはり面白くないという人もいます。むしろ，キャズムを超えない，爆発的にスケールしない，地域で開催すれば地元の新聞で取り上げられる程度の人気であることの重要性がある。一気にみんながやろうと思ったら，それはそれで面白くない。つまり，関心のない人を巻き込めないことは，ある面からすると悲しいけれども，関心をもち続けるために，実は必要な条件じゃないかと思います。

朱　二つほど分けて話したいのですが，一つ目は，チームの話，すでに協働しているパターン。ゼロからイチにするのは難しいけれども，会社員としてビジネス界にいる時点で，みんな何かしら一定の拘束があり，その拘束をポジティブに意味づける方向にもっていくことは可能だと思う。先ほどの発言に返れば，ネガティブを消すという仕方でポジティブな意味づけを提示することができる。何かを省くだけでも十分な解決になるのだから，その問いに関心を巻き込めるか。マーケティングではよく「自分ゴト化」といいますが，会社員として自分が当事者であり，どうせやるのだからせめてよりマシにしようという意志がもてるか。もてるなら，意味づけを巻き込む余地はある。逆に，カスタマーマインド，つまり，お客さんとして自分は与えられる側だと思ってしまうと，たぶんそこに伝播するのは難しい。

　新しい商品を打ち出す，新しいカテゴリーを打ち出すというときに，どうやって関心をもってもらうかという，究極のマーケティングの問いがある。答えはないといえばないが，一つの手がかりは，人を当事者として巻き込むような言葉遣いをどう設定するかということ。そこに魔法はないけれども，人が自分のこととして喋れるような言葉遣いを作り出すしかないかなというのが，自分自身の実践を通じて感

じることです。

杉谷　反対の話ですが，みんながピンとこない大きな理念を語る政治運動・社会運動というのがありますよね。それを聞いても実感がわかないし，どうでもいいと思っている人が残念ながら大半です。だから，朱さんのおっしゃる「どんな言葉遣いをするか」ということは決定的に大事です。しかも，運動に携われば携わるほど言葉は先鋭化する。すでに運動にコミットしている人を結束させる言葉遣いになっていく。そうなると，ますます周りから遊離する。あらゆる運動体は，そういう困難を抱えている。

大山　関心という意味では，私のFDという仕事は，どうしても上から「FDやってください」と言っているように聞こえるという難しさがある。実はあまりFDという言葉も使いたくない。大学教員に，嫌な授業をしたいと思っている人はいないと思うんです。目の前の学生みんなが寝ている授業をいいと思っている人はいないと思う。だから，何かもう少し言葉遣いを工夫して，同じ教員として話し合える場を作りたいなと思い，その関心を惹く言葉がいったい何なのかをずっと考えているのですが，まだ明確な答えは出ません。

3-13　「総人のミカタ」は何を残しており，何として残るべきなのか

杉谷　最後の質問を紹介して，フロアに開きたいと思います。最後の質問は結構重要な指摘で，【総人のミカタには，もともとは正規のファカルティによって共同的に運営されるはずのカリキュラムに変容を促すという目的があったはずだが，その点，現状はどうなのか】ということ。実はミカタの活動の初期，アクションによって正規のカリキュラムを変えたいと私も言った記憶があります。ただそもそも，それがいい目的なのかという問題もある。

　カリキュラムを変えようとする大学院生の自主的な教育活動（PFF企画）と，正課内外での教育系ソーシャルアクションという二つの側面を，総人のミカタはもっているという質問として理解できますね。

真鍋　総人のミカタを制度化する試みはいったんなくなりました。制度なしに続けていけるのかという問題もあるとは思いますが，いずれにせよ，この企画が大きくカリキュラムに影響することは現状ありません。しかし，部局に何の影響も与えていないかというと，そうでもないとは思っています。

谷川　過去に制度化への試みのなかで，教員とインフォーマルなかたちで，制度化するにはどんなかたちがあるか，制度化しないならどんな方策があるかといった

話し合いをしたという前提の話ですね。企画の報告書を残し，初年次教育に関する
アンケートをとって意見書を部局に提出するなど，何らかのレガシーは作った。

萩原　萩原広道です。総人のミカタには立ち上げの当初から関わっています。私
自身は，総人に期待して入ってきて絶望を感じた身ではあるものの，総人のミカタ
はすごく好きな活動ですし，総人・人環の正課カリキュラムを含め，一番大事な活
動だと思っています。

だけれども，今日の話を聞いて痛感したのは，「総人のミカタを，そのかたちのま
ま残すにはどうしたらいいだろうか」という問いを立てて，これまで数年間僕は過
ごしてきたけれど，この問いの立て方はセンスがよくないのだなということでした。

講演では，ソーシャルアクションの話であるとか，総人・人環の文化を育ててい
くという話，「いまだけ・ここだけ・あなただけ」という話がありました。去ってい
く身である私たちは，総人のミカタとして，総人・人環という制度の「へり」で活
動してきた。だから，「何をどこに残すのか」という問いの立て方の方がいいのだろ
うなと思いました。総人・人環という「ハコ」に，総人のミカタの活動を通して何
を残したいか。自分たちがいなくなっても残っていてほしいものは何かということ
を突き詰めて考えなければいけないし，去っていく側として今後何をもち続けたら
いいのかという論点もある。私はあと1年この大学院にいる予定なので，その二つ
の方向性を整理して考えていきたいなと思いました。

杉谷　せっかくですので，小木曽先生。何かコメントがあれば。

小木曽　小木曽哲といいます。総合人間学部で地球科学をやっています。去年ま
で教務委員長で3年務め，今も学部の教務副委員長をやっています。ちょうど僕が
教務委員長になったとき，ミカタの動きが始まって，始まる前から真鍋くんとかと
相談をしていたという経緯があります。それで，カリキュラムにどんな影響を与え
たかについて。カリキュラムは何も変わっていませんので，明示的にはまだ影響は
ないんですけれども，教務委員長としての僕には，ものすごく影響があったという
のは確かです。萩原くんや杉谷くんが言っていた「期待して裏切られたときの絶望」，
それは僕も共有しています。というのは，僕が博士後期課程に進んだ頃に総人がで
きて，僕は理学研究科所属だったのですが，指導教員が総人に移った関係で，僕は
総人によく行っていたんです。掲げる理念はすばらしいけど，中身がないという
ことを当時から知っていました。本当に絶望した大学院生たちの姿をみてきました。
ただ，去る人は怒りを残して去ってもらえばいいんですけれども，去れない人もい
る。いろんなめぐりあわせの結果，僕は教員としてここに来ることになり，そうい

う思いを抱えていたときに総人のミカタが始まったというわけです。しかも，この企画の直接の契機になった国際高等教育院騒動（☞3頁）というのが起こったとき，京大内で「総人なんて消えてもいい」と思われていることを痛感していた。

　だから，何とかしなきゃという思いは強くあります。ただ，制度やカリキュラムは，すぐには変えられない。既存のものに新しい仕組みを付け加えるだけでも大変。「研究を語る」という制度をやっていますが，あれだけでも相当負担になっている。何かを減らさないと新しいことができないという状況のなか，何とか動こうとは思っています。

　あと，制度化について一つだけ。話をうかがっていて，この活動はインフォーマルだからこそいいと僕は思いました。そうでないと，こんなことできないです。たとえば，単位化するとなったら，単位授与の責任を誰がもつのかとか，15回で2単位にするのかとか，そんな規則でがんじがらめになると，あっという間にこの活動の魅力が消えると思う。インフォーマルだからこそ，ここまでできたのだと思います。

3-14　帰属意識と裁量について

杉谷　気づけば私が司会していますね。ということで，お待たせしました，フロアのみなさん，何かご質問のある方，挙手をお願いします。

佐野　お話ありがとうございました。ここで特定助教をしている佐野泰之です。総人で動いているプログラムの運営などをやっています。ミカタのオブザーバーとして3年間付き合ってきて，今回のお話，僕の体験を振り返っても身に染みました。投げかけたい質問が複数あるので，僕個人の体験を交えつつうかがえればと思います。

　ここで初めて教員という身分で働いたのですが，驚いたのが，会議に出るとみんな目が死んでいることです。質疑はすごく静かで，誰かが口を開いたと思ったら基本的に否定ベースのコメントが来る。誰も「こうしたらもっとここがよくなる」という未来志向の話をしない。僕が所属する学際教育研究部はもともとそういう未来志向の企画をすることを期待された部局のはずなのに，それでも会議はそんな雰囲気です。

　そういう体験を踏まえて思うのが，これまでの話に大学という組織の特殊性という論点を付け加える必要があるだろうということです。大学組織論でよくいわれることですが，教員たちの帰属意識やインタレストは基本的にはディシプリンに対してのもので，学会や研究に絡んだ活動には熱意を注ぐけれども，自分が所属する部局の業務はできることなら回避したい，というのが多くの大学教員の本音だろうと思います。朱さんはビジネスの組織ですので，こういう問題はたぶんないだろうし，

大山さんのいる教育系のセンターなんかは部局の仕事とご自身の研究が連続している面もあると思います。

　僕自身は，年度末ということもあり，ここ2ヶ月くらい専門である哲学の研究ができていない。そんなふうに，学内業務と研究のどちらかを立てればどちらかが立たずという問題がある。こうした大学組織の特殊性を考慮して，これまで出てきた「関心を引き出す・育てる」という話が，どこまで通用するのか，どうすればそうできるようになるのかをお聞きしたい。これが一つ目の質問です。

　それから，もう一つは裁量の重要性に関してです。一般に，自分の裁量で修正や改善ができる仕事がある一方で，言われたことをただやるだけの裁量がまったくない仕事もありますよね。僕の仕事でいえば，人環には「教養教育実習」という博士課程向けのプレFDプログラムがあるのですが，いろいろ課題はあるんだけれども，制度がかっちり決まっているので，僕の裁量でどうにかできる事柄はほとんどない。なので，率直にいえば，僕にとってこのプログラムに関連する仕事は上から言われたことをこなすだけの退屈な作業です。それに対して，研究会活動支援制度というプログラムがあるんですが，これは僕が学部生の頃から「こんな制度があったらいいな」と思っていて，僕の発案でゼロから制度を作って，基本的に僕が中心になって運営しています。この部局に3年間いて，これが一番やりがいある仕事でした。とはいえ，この仕事も研究ではないので，もっと哲学に時間や労力を注ぎたいという思いもあるんですが……。

　大学の仕事に就いたら，基本的にこの板挟みがある。学内業務をやるのは当然ですが，それに関心を抱くためには，その業務にやりがいを感じる必要があって，そのためには裁量をもって仕事ができることが大事だと思うんです。しかし，大学というがんじがらめの組織のなかで，教員がどれくらい学内業務に対して自分のイニシアチブを発揮できるのか。これが二つ目の質問です。

3-15　アドホックな編成，意味づけ，ディシプリンへの帰属意識

杉谷　佐野先生，ありがとうございます。二つの大きな問いでしたが，コメントのある方いらっしゃいますか。

朱　皮肉なことに，今の佐野先生のコメントを聞いて，会社といえどもいいところがあるなと教えられました。講演のなかで言及したように，うちの会社は，所属セクションを横断してチームを作る。案件ごとに差配されてチームが編成される。あるチームはコンペに負ければそれっきりだったり，何かあって続いたりもするけ

ど，基本アドホックです。ある意味で，社内のインフォーマルな組織として動いているプロジェクトチームなんです。

この種の働き方には，人事の難しさがあります。企業は，その人のスペシャリティを評価したいわけだから，営業などのセクションで評価する。でも，仕事も業務も大半は，実はプロジェクトごとに横串のセクション横断チームでやっている。だから，自分の仕事ぶりを知っているのはプロジェクトチームの人間だったりする。この評価をどう反映するかという点に会社はずっと悩んでいるんですけど，佐野先生の話を聞くと，逆に評価にならないからいいのかなと思いました。評判がいいから指名されやすいということもあるけれども，自分の給与に関係ないかたちで評価されるアドホックなチームが集まって，目的に応じて活動する方がむしろ風通しがいい。

成瀬　自分の話と結びつけて答えますね。僕は大阪成蹊大学で，一般教養の哲学の教員として採用されていますが，前は長崎大学の大学教育イノベーションセンターの教育改善の部門長を務めていました。博士論文は哲学で書いたんですけど，かなり大学高等教育関連の仕事をやっていたし，それでずっとやっていこうと思っていたのですけれども，色々あって今のポジションにいます。

長崎時代は，仕事としてFDの仕事をやっていた。今の大学でも，「前にやってたからやって」と言われて，学内の大きなプロジェクトを任されたりする。地方の国立大学と小さい私大は単純に比べられないとはいえ，やはり同じ仕事でも，専属業務としてやるのと，エクストラでやるのは全然違います。一見して同じことをやっていても，自分のなかでの意味づけが違うので，やりがいも違う。仕事の与えられ方が違うということもあるかもしれない。長崎時代では，決められたことを遂行するというものだったけれど，今の大学では手つかずのものを作りあげている。

大山　お二人がまっすぐ答えてくださったので，少し違うことを言いますね。教員の関心がご自身の研究領域にあると私もよくわかっています。FD担当者として，そこを何とか軟化できないかと思ってもいます。阪大では，新しく初年次教育が始まりました。少人数，20人以下で，いろいろな学部の学生がいる授業で，先生方にアカデミックスキルも含めながら自分の専門を教えることを求める，すごく大変な授業です。

それで，担当教員にインタビューしたときに気づいたのは，帰属するディシプリンによっては，強い危機感をもっている方もいるということです。たとえば，放射線の研究者，日本文学の研究者など，学生や社会からの関心をもってもらいにくい分野の先生方は，後進を育てていかなければという危機感をおもちでした。ですの

で，「自分のディシプリンを守るという意味でも，社会に伝えていったり，教育したりするとき，何か私たちにもお手伝いできませんか」とアプローチしていくといいのかなと最近は考えています。

3-16　労働と分野のマッチング

谷川　一般に，規則ベースで人を管理することが多ければ多いほど，自主性と意欲が損なわれますよね。制度で人を縛るのは，その人を信頼しないということでもあるので。加えて，労務と関心のマッチングの問題がある。成瀬さんの場合，前任校と今の大学で似た仕事が与えられているけれど，与えられ方の表現が違うというか，パッケージが異なっている。佐野さんの場合は，降ってきた業務と自分の関心のマッチングがうまくいっていなかった。裏を返せば，仕事や業務を振る部局の側に，パッケージングという責務，つまり，どうセッティングすれば動いてもらえる仕事になるか，どうすれば作業しやすい仕事のセットを作れるかを考えるという責務があるのかもしれない。

　たいていの学者が公募に応募するとき，経験的に大まかな仕事内容の想像がつくが，研究に割けるエフォートも，任されるエクストラな仕事も，与えられる学内業務の裁量も，その大学の教育体制のしんどさも，実際に入ってみないとわからない。つまり，マッチングが運任せになっている。企業だと，真偽や良し悪しはさておき，労働環境の評判を書く掲示板みたいなのが割と元気よく更新されてますよね。だから佐野さんの話は普遍的な話だったかなと。

成瀬　この種の話題は，PDCA をうまく回そうとか，どうコントロールするかといった議論に流れがちです。総合プランナーや管理職からすると，どうすればうまくいくかは考えないといけないけれど，「どうすればある企画がうまくいくか」は，かなりの程度結果論になる。もちろん，ある程度，うまくいくための規範や条件はあると思うんですが，最終的には現場の創意工夫がいる。たぶんその創意工夫に，先ほどの火種や時間という論点が関わり，にもかかわらず，必ずうまくいくとも限らないからこそ，面白いし，やりがいが感じられるのかなと。

朱　マッチングということで，講演で説明できなかった点を思い出しました。民間のマネーをアカデミアに入れるという試みを，政策的に数年やっていますよね。これは，マッチングの話だと思うんです。説明のために遠回りすると，ビジネスでいうイノベーションとか，本当にゼロからイチということではなく，大体，既存の要素の組み合わせですよね。全然違うものを組み合わせることで新しいものができ

る，別の価値観からこっちに移ってみると，あいだにある差額が価値になるということが大いにある。他方で，僕が知る限り，ディシプリンのなかでの出会いのバリエーションは小さい。哲学はとりわけそうかもしれない。

　僕自身アカデミアを出て，産学のマッチングにも携わる仕事をしていて思うのですが，哲学者が培っているスキルセットは，はっきりいって異常です。あんなに海外文献を読んで，内容をあれだけ急速にまとめて論点化し，クリアに議論が構成できる。この3フェーズだけでも実は結構異常なスキルセットなんです。この市場価値はたぶんもっとあるんだろうけど，それがうまくマッチングされていない。

　たとえば，調査。最近では，各種 Web 上のモニター・パネルを活用した調査が主流になっています。かつてはデスクリサーチとかサーヴェイという文献を調べてまとめる調査仕事があって，大手のリサーチ会社やコンサルタント会社が行っていたのだけれども，ニーズがあるにもかかわらず，担いうる人が減っています。でも，文献〔調査〕は大学院生にやらせていたらとてもいい仕事をして，市場価格としても安いし，マッチングする仕組みでも十分マネタイズできる。そういう試みを，今，哲学の院生を中心にはじめていたりします。

　ほかには，位置情報業界と倫理学者をマッチングしてみる。新しいテクノロジーの言語化できない怖さに，今の倫理学者が，別に「カントはこう言っています」みたいなことではなくて，人びとが潜在的にもっている倫理観を明晰に定式化するという仕事をテクニカルにやれる。そのスキルと，漠然とした不安はものすごい相性がいい。でも，倫理学者と位置情報業界はお互いを知らなかったりする。だからそこをつなぐというのも重要な仕事ですよね。

　大山さんのいうように，ディシプリン単体での持続可能性が低くなっているなかで，アカデミアだけでなく，より包括的なネットワークのなかであなたはどういう役割を果たしうるのかという点は，もっと問われたらいいと思う。どんどんマッチングの機会が増えるといいし，接続の回路が増えるといい。僕が総人のミカタの授業に参加したとき，すごく面白かったのが，数学と公共政策という異分野の大学院生たちが，「いい問いとは何か」をめぐって，お互いのボキャブラリーを使いながら議論していたことです。これは，すごくいい思考のクセだと思うんです。それ自体がすごく芽があります。それ自体が回りまわって，ディシプリンの持続可能性につながるという話になると思います。

3-17 中心と周縁，そして大学の現状

渡邉 現在，大阪経済法科大学という私大の教養部に務めています渡邉浩一といいます。先ほどご紹介いただいた最後の質問をした者です。その補足も含めた感想になりますが，中心と周縁という図式で見たとき，アカデミアとその外（朱さん），正課カリキュラムとその外（成瀬さん，ミカタ）の境界部分で面白いことが起こっているとして，それが中心にどうフィードバックしうるのかが気になっています。

教育機関としての大学の中心は正課の分厚いカリキュラムですが，それをみんなで運用していくことが実に難しい。ほとんどの大学は，生き残りをかけて毎年のようにカリキュラム改変や改組をやっているので，組織本体に手を入れているにもかかわらず，朱さんの講演の言葉を借りれば，どこまでも「分業」で「協業」にならないまま進行している。ここに問題の根っこがあるように感じています。ちなみに京大は，分業・協業の問題以前に，中心にあまり手を入れずに済んでいるという点で，傍からみると相対的に平和で余裕があるように見えます。

佐野さんが先ほど，「裁量」の話をされましたが，カリキュラム改革の現場に多少関わっている身からすると，これは両面あるように思います。まず，個々の教員が担当する科目の範囲内では相当裁量がある。（専任教員は）担当の授業で許される範囲内ならば，大学の外にはみ出していくようなことも相当できると。一方，カリキュラムレベルでの裁量もあるところにはある。組織内での改革担当者になってしまえば，お題目とかルールが制約条件の範囲内であれこれ設計できる。その代わり，研究者としての歩みは停滞するわけですけれども，裁量はある。

そこで，興味深い個別的な取り組みが生まれたとき，教育改善のためであれ対外的なプロモーションのためであれ，それをカリキュラム本体において制度化しようという動きも出てくるわけです。この点について小木曽先生は，総人のミカタは制度に乗せない方がいいとおっしゃった。けれども，それでいいのかどうか。私自身は，制度によって制度を超えられないかという淡い期待をもっています。というのも，それができなければ，周縁の盛り上がりはどこまで行っても，余裕のある組織のエクストラに終始するだけだろうからです。しかもその余裕もどんどん失われている状況なのだから，周縁から中心へのテコ入れは急務ではないか，こんなことを思っています。

杉谷 ありがとうございます。本当に最後に本質的で一番大事な質問をいただいたと思います。私，今すごく一生懸命考えているので，誰か先に言っていただいていいですか。

3-18　周縁の試みを制度に乗せるべきか

成瀬　制度に乗せるかどうか。やはりそこが本質的にかなり中心の問題だと思います。実際，シャルソンを授業にするとかいう話もありました。これは本当に難しい問題です。何を目的にして何を目指すのかにつながってくると思う。ソーシャルアクションという観点からすると，そこでの魅力というのは，インフォーマルなかたちで生み出されやすいのかなと思います。それが総人のミカタのすべてではないですけどね。

　僕なんかは，先ほど言いましたとおり，総人のミカタは，学会でぺちゃくちゃ楽しそうに喋ってるのがすばらしいなという視点でみています。でも，ひょっとしたら，学会でぺちゃくちゃ楽しそうに喋るというのは，制度に乗せても普通に生まれるものかもしれません。その辺りはどこを目指すか次第かなと。何を目指している，つまり，何に価値を置くのかについて考えるときの整理として，今日お話したソーシャルアクションといった観点で切り込んでいくと参考になるんじゃないかと思います。

　あと，言うのを忘れていましたけれども，シャルソンの創始者の佐谷恭さんは，総人の出身です。彼は，「パクチーハウス東京」というパクチー料理専門店を開業して，数年前のパクチーブームの火付け役になった。佐谷さんは，総人卒業後にイギリスのブラッドフォード大学で平和学の学位を取った。本当に冗談みたいなのですが，彼はパクチーを通していかにして平和を築いていくかを考えた。シャルソンもいろいろな人の交流を意図して設計され，作られているものです。ある側面で総人の理念が佐谷さんに残っていて，回りまわって僕がここでシャルソンの話をしている，ということはお伝えしておきます。

大山　私も，制度としてやっていくことの利点が，やはりあると思います。制度に乗せると，各大学が目指す人材像にちゃんと位置づけて実践できますし，プログラムなら修了証などを出して，修了のエビデンスを提示できるという意味でもいいと思います。他方，総人のミカタの活動には，制度に乗る部分もあるが，乗ってしまったら魅力がなくなってしまう部分もやはりある。そこを徹底的に議論する必要はあると思います。

朱　大学の外部から制度化についていうと，たとえば，今のかたちの総人のミカタと，企業が安定的に一緒に協働するなら，おそらくインフォーマルな参与になるので成立しづらい。たとえば，総人のミカタに対して民間が委託研究を仕掛けるとかは，やりようもないわけじゃないですか。間接経費など，大学ごとのルールでいろいろあり，大学が民間からお金を得るのは難しいとはいえ，フォーマルに制度に

乗せることで，外が関わりやすくなるというのは大事な点かもしれません。まさに周りとのチャネルを作るうえでも大事。

　ただもう一方で，そもそも，大学がもっている外とのチャネルの最たるものは，輩出した人材だろうと思うんです。僕もそうですが，卒業した学生の一定数がビジネスあるいは別のかたちで大学に戻ってくる。それぞれの課題を持って帰ってくる，研究のモチベーションを新たにして帰ってくるということがある。その積極的な仕掛け方の一つが，いわゆるリカレント教育でしょうか。これは，大学が市場として退職したシニアを当て込もうといった話ではない。現状の大学は，いつでも学び直せるわけではない。もっとなだらかに大学へのチャネルを作ることは，大学にもメリットがある。修士課程を出た学生には数年間いつでも戻ってこられるようにする，大学の図書館にアクセスできるようにする，電子データが読めるようにするなど，この京大の総人・人環というところで，自分のロイヤリティを保てるような仕組みを作ることは，即時的な効果があるのではないかと思いました。

3-19 「ハコ」と「へり」の未来

谷川　総人のミカタにはSNSで偶然つながっていただけの真鍋くんから誘われて参加したという縁ですが，立ち上げ時からいて愛着がある。いろいろいいこともやっているから，これをいっちょ制度化しようと交渉してきた。丸ごと制度に乗せる方針だけでなく，修了証発行，TA雇用，学部冊子への記載，初年次教育の教員への縛りを設計するなど，いろいろな案を検討し，相談しました。そのなかで，既存の「中心」への不満から活動している「周縁」の私たちを，中心の体制がうまくいっていることのエビデンスにするような発言を耳にしたことがあります。ほら，こんなに自発的な人材が出てきたじゃないか，この研究科の教育はうまくいっている，と。この態度が牧歌的だという指摘はまさにそのとおり。京大内でも先生方は「黒船が来ている」と言っているけれども，他大学に比べると実は小ぶりなんですよね。

　総人のミカタは，知り合いもいないなかで偶然から参加したけど，私は今や無茶苦茶コミュニティへの愛着がある。一部の参加者は，異常なエフォートを割いている。やらなくてもいいPFF活動を始め，制度化交渉をし，やらなくてもいいシンポジウムを企画・差配している。私個人は，友人たちが不合理なほどに時間と努力を注いで，この企画を回している現状を前に申し訳なさを感じることがある。自分はやりたいからいいし，みんなやりたいからやっていると頭では知っているけど，他者のやりがいを搾取しているという感覚が心のどこかにあるんです。自分の制度化

への一つのモチベーションは，協働している他者に報いたい，お気持ちだけじゃない保証や正当性，何らかのバックアップを提示したいというものでした。

それから，渡邉さんのコメントは，「試行錯誤はインフォーマルだからうまくいくと言っているけれども，試行錯誤は制度を作ることそのものにも行われていいのではないか」という話だと受け取りました。プロトタイピングじゃないですが，反制度的である制度主義者はいてもいい。組織サイズ，法令，規則，大学ごとの文化など，さまざまな困難があるけれども，制度構築そのものに試行錯誤的であるということもできる——これは大切な視点だと考えています。

杉谷　締めを担当させていただきます杉谷です。今日はありがとうございました。みなさん，本当にいろんな論点がたくさんあって，どういうところから片づけていけばいいのかと，たぶん考えていると思います。それぞれとっかかりがいろいろあると思います。ぜひシャルソンをやってみたいとか，阪大に行ってみたいとか，あるいは朱さんの会社を受けてみようかな，みたいな（笑）。いろんな将来の生き方というのがわかったのではないかなと思いつつ，最後の渡邉さんのコメント，本当に重要な指摘です。私は自分の文章があまり好きではないのですが，一つ気に入っている一節があります。——すべての制度改革は失敗する。というより，成功する制度改革はないんです。公共政策学や政治学をやっている人間としていえば，思いどおり，意図どおりにいくことを成功と呼んでますけど，期待どおりの成果が生まれるような制度改革なんてないのですね。

ミカタは失敗から生まれたと私は思っています。焼け野原から生まれたと。焼け野原から生まれるからいいんだという話なら，いっそのこと焼け野原にしてしまえとか燃え切るのを見守ろうといった話になるかもしれませんが，それは話が違う。渡邉さんからみると，こんな大変なことになっているのに，「へり」が暴れているだけでいいのかと。中心があくびしてるけど実際は地獄絵図になっている，本当に「へり」を助けなくていいのかという話だと私は勝手に読みました。たしかに，「へり」だからこそ私たちは暴れられるんです。私は吉田寮に住んでいますが，ああいったものは，「へり」だからこそ存在しえているのだと思います。ただ一方で，「へり」は「へり」のまま残していればいいかというと，もちろんそんなわけにいかない。悲惨な現状から目を背け続けていれば，「へり」の楽園もいつかなくなるんですよね。まさにこれが大学で起きていることだと思います。

いつか，私たちは絶対に「ハコ」の中を見ないといけません。「ハコ」の悲惨な実情を直視しないといけない。これは企業も同じだと思います。そして，どうやっ

て「ハコ」をよくしていけるかというときに，実は「へり」で鍛えられた私たちの実践がどこかで生きてくるんじゃないか。そのために一人ひとりが，それを共有しておくということが必要なんじゃないか。それがおそらく総人のミカタという特殊例を扱う意義でもあるのでないかと思います。ということで，話をまとめさせていただきたいと思います。今日はみなさん，遅くまで本当にありがとうございました。

4 シンポジウムのまとめ・その後の展開

谷川嘉浩

　学際性をテーマにしたシンポジウムでは，「関心」がキーワードになっていた。興味深いことに，今回のシンポジウムでも関心という言葉が幾度か登場する。両方のシンポジウムに登場した朱喜哲氏の言葉を借りながら，この論点を一瞥したい。

　今回の議論では，火をつけるほどの異常な情熱を抱いて活動に取り組んでいる人がいれば，その人が面白がっていることを周囲の人は面白がることができる，というモチーフが反復された。「面白がってやっている人がいると，周囲は面白がれる」。これは「他者の関心に対する関心」（二階の関心）の話題であり，前回シンポジウムと重なっている。

　そのうえで朱氏は「セクションの利害しか面白がれない人だとすると，たぶん協働してもお互いに割に合わない」と述べ，よき協業を支えるための「裁量」の重要性を指摘している。裁量は，公的な「役割や制度を染み出す」インフォーマルな動きや関係性を許容するからだ。大学は好奇心に従って探求を進められる場だと考える人は多いだろうが，氏は大学にありがちな謎の制約がない点で，企業の方が自由度はあるかもしれないと示唆している。しかしビジネスには利益追求という強固な前提があり，その前提を外れたことをするには，それなりのロジックを用意する必要があるなど，単純には語りきれない。世間的には自由だと思われている大学から自由が失われつつあり，企業で自由を享受するにも条件や要領が必要なのだとすれば，私たちは社会のどこにどのような自由を望めばいいのだろうか。掘り下げられなかったこととして，以上の論点を提起しておきたい。

　こうした内容面での整理に加えて，COVID-19（新型コロナウイルス感染症）のパンデミックによる対面的相互作用の忌避──大学の授業も多くがオンライン化された──にも，共同性との関連で触れておきたい（ミカタも，オンライン化や活動縮小を余儀なくされた）。

　オンラインで授業せざるをえなくなったとき，私たちは，時間や場所を共有する

という制約から解放されたことを痛感した。しかし他方で，情報技術は，一緒にいることなしに情報を伝達することを可能にしたことで，これまでの講義がもっていた情報伝達とは別の側面，つまり「一緒にいる」（共在）ことの意味を露わにした。

美学者の吉岡洋は自身のブログ「ひるねのたぬき」で，「オンライン授業という状況」が明らかにした「講義という行為の近代的な見かけの内部に隠れていたもの」を以下のように表現している。

> それは何かというと，言ってみれば，私たちの遠い祖先たちが焚き火を囲んで集まって，長老やシャーマンの話に耳を傾けているような情景です。皆さんは，そんなものは文明化以前の原始的な段階であって，現在の私たちの世界には関係のないものだと思うでしょうか？ 私は決してそうは思いません。過去は完全に過ぎ去ることなく，私たちが「新しい」と信じている活動や行為の隠れた「核」のようなものとして，生き続けているのだと考えています。[3]

吉岡の語り口は，いくぶんロマンティックすぎるが，これに類する論点はさまざまな論者によって提出されている[4]。

この指摘の妥当性についての判断は読者各人に委ねたい。だが少なくとも，オンラインと対面，情報技術と接触を強烈に対比せざるをえなかったパンデミック下において，後者が強い存在感を放っていたことは確かだ。ただ単に対面性が抗いがたい魅力を放っていただけでなく，対面的相互関係をベースに社会を築いてきたため，いくら合理的に考えて非対面／非接触へとシフトしようとしても，それを完全には達成できず，ただちに対面／接触への惰性的な揺り戻しすら生じていた。

共同体は，時間・場所・情報の共有を基礎とするのか，そのいずれが有力なのか，これらをどう組み合わせるのがいいのか，あるいは，その他の「一緒にいる」やり方があるのか。それらを問うことが日常的な課題であり，今日明日に関わる疑問であるような社会状況を 2020 年，2021 年の私たちは生きている。それは，作家のアイザック・アシモフが『はだかの太陽』で描く「他人に直接会うことをタブーとする惑星」という世界が，（共感するかはさておき）直感的に理解できる社会状況であ

3）ひるねのたぬき「「美学特講 1」01」2020 年 5 月 20 日 〈https://chez-nous.typepad.jp/tanukinohirune/page/7（最終確認日：2022 年 6 月 8 日）〉

4）たとえば，「「集まる自由」問い直す 哲学者 東浩紀氏」『日本経済新聞』（2020 年 4 月 14 日）などが挙げられよう。

る。このように，上記の問いには時代的な背景がある。しかし，事前に対面的な関
係を築くことなく，総人のミカタのようなアクションが始まっただろうか，と想像
してみれば，こうした問いを探求することには，パンデミック終結後も失われるこ
とない価値があるといえる。

【引用・参考文献】

田中一孝・畑野　快・田口真奈（2014）.「プレ FD を通じた大学教員になるための意識の
　　変化と能力の獲得──京都大学文学研究科プレFD プロジェクトを対象に」『京都大
　　学高等教育研究』*20*: 81–88.

Boyer, E. L.（1990）. *Scholarship reconsidered: Priorities of the professoriate*. The
　　Carnegie Foundation for the Advancement of Teaching. Jossey-Bass.（＝ 有 本　章
　　［訳］(1996).『大学教授職の使命──スカラーシップ再考』玉川大学出版部）

Rorty, R.（2007）. *Philosophy as cultural politics*. Cambridge: Cambridge University
　　Press.（＝冨田恭彦・戸田剛文［訳］(2011).『文化政治としての哲学』岩波書店）

第12章

学者養成機能としての「総人のミカタ」

大山牧子〔教育工学・大学教育学〕

1 はじめに

1-1 国内外のプレ FD の動向

研究者は，大学院生時代に 5 年間やそれ以上をかけて全身全霊で研究の訓練を行い，そこでようやく大学に就職して「大学教員」という職に就くことになる。ほどなくして，容赦なく「今学期は 5 コマ授業を担当してくださいね」という具合に授業依頼がきて，多くが教育に関する何の装備ももたないまま教壇に立つ。初等・中等教育のように教員免許があるわけでもない。もちろん，教育の訓練をまったく受けてきていないわけではない。最近は TA（Teaching Assistant）制度の整備などにより，大学院生が授業補助者として教育に携わる機会は増えている。文系を中心とした一部の分野では，博士課程時代に非常勤講師として，大学教員デビューする人もいる。とはいえ，多くの人は教育に関する十分な準備をする間もなく，教壇に立つ日は突然やってくる。

一方で，日本の大学教育の質保証は，これまで高難度の入試によって担保されてきたが，近年入り口（入学時）だけではなく，出口（卒業時）における学習成果も質保証として重要視されるよう，変化がおきている（文部科学省, 2008）。すなわち，どこの大学に入学したのかではなく，大学で何を学んだのかを示すことが重要になってきている[1]。大学での学びの転換に伴い，社会から大学の教育に意識が向けられるようになるとともに，大学教員はこれまで以上に学生の学習を考慮して授業をデザインする必要が出てきている。このような状況下では，従来からある一方向の講義型授業だけではなく，アクティブ・ラーニングに代表されるような学生のインプットとアウトプット両方の学習活動を含むような授業（溝上, 2014）を創り上

げなければならない。大学教員にとってこれまで自分が受けたことのない授業づくりにチャレンジするのは困難であることから，各大学は，教員の教育能力向上を目指した Faculty Development（FD）のプログラムを提供することになった[2]。またFD の取り組みは現役の大学教員だけでなく，その対象は大学院生にも拡張し，研究大学を中心として将来大学教員を目指す大学院生向けにキャリアの平滑化を目指したプレ FD（Preparing Future Faculty: PFF）を実施することとなった[3]。

プレ FD では，大学院生の教育技術の向上，知識の獲得，教育者としての意識の向上，研究者としての成長（田中ほか, 2014）を目指して，大学教育について学ぶ機会を提供している。プレ FD に早期から取り組んでいた米国においては，新任TA のメンタリングを通して，大学教員の素養を学ぶという取り組み事例が紹介されている（吉良, 2014）。具体的には大学院生が教育力だけでなく，メンタリング，リーダーシップ，マネジメントなどの能力を身につけたうえで，これまでの教育体験を省察し，ティーチング・ポートフォリオとしてまとめる取り組みを行っている。また，英国では新任大学教員に対する教育の訓練に特徴がある。大学教授職に就くための高等教育資格課程（The PostGraduate Certificate in Higher Education: PGCHE）の履修が必須で定められており，各大学が提供する教育に関する研修を約300 時間受講し（大学によって多少異なる），そこで初めて修了証明が発行され，大学教授職に就くことができる（加藤, 2008）。

他方，国内のプレ FD については，今野（2016）がプレ FD の形式を，TA 制度

---

1) 大学教育における質保証の要請を受けて，いわゆる学士課程答申（文部科学省, 2008）が示された。大学は，入学時・在学中・卒業時とそれぞれにおける学習の方針を示すべく，アドミッション・ポリシー，カリキュラム・ポリシー，ディプロマ・ポリシーを提示し，学生の学習を踏まえた教育の方針を提示することを義務づけられるなどして，カリキュラム政策の改革にのりだしている。

2) 大学設置基準の改定による FD の義務化（文部科学省, 2008）が，大学院課程は 2007 年度から，学士課程は 2008 年度から課されることになった。2007 年度からの大学院の FD 義務化に際して，文部科学省（2008）は，FD の活動内容を「新任教員のための研修会，新任教員研修以外の教員のための研修会，教員相互の授業参観，教員相互による授業評価，教育方法改善のための講演会の開催，教育方法改善のための授業検討会の開催，授業方法改善のためのセンター等（FD センター）の設置，FD センター以外の学内組織等を設ける」と示したうえで，それぞれの大学の課題に応じた方策を講じることを求めている。

3) 学生のアカデミックキャリアパスに対する不安の脱却に加え，大学院が今後社会の需要に応えていくという観点から，博士後期課程のプレ FD 実施の努力義務化が 2019 年の大学設置基準の改正で示された（文部科学省, 2019）。

型・大学院授業開講型・課題プログラム型の三つに分類して紹介している。TA制度型は，TAとして雇用された大学院生が，その制度のなかで研修の受講等を通して教育の知識や技術を身につけるタイプ（たとえば，一橋大学，筑波大学，北海道大学）である。大学院授業開講型は，大学院の授業として単位認定を伴うかたちで開講される（たとえば，名古屋大学，広島大学，筑波大学，北海道大学，京都大学，東京大学，大阪大学）。課題プログラム型は，授業外のセミナーの形式で開講される（たとえば，京都大学，立命館大学，大阪市立大学）。内容については，多くが授業技術を涵養することを目的としており，大学教育の総論や動向・授業設計（授業方法や評価を含む）・ティーチングスキルズ（模擬授業）・学生とのコミュニケーション・教育業績のまとめ方等，授業のスキルを学ぶものが中心となっている。

　ここで，国内で実施されるプレFDのイメージを深めるために筆者が運用に関わった大阪大学のプレFDの取り組みについて，その構造や内容を紹介したい。大阪大学では大学院の授業科目で「大阪大学未来の大学教員養成プログラム（大阪大学FFP）」をプレFDプログラムとして2014年度より全大学院生向けに開催しており，2021年現在，三つの必修科目と関連する13の選択科目から構成されている。なかでも必修科目である「大学授業開発論Ⅰ・Ⅱ・Ⅲ（以後FFPⅠ・Ⅱ・Ⅲ）」はそれぞれ，大学の教授学習に関する知識（Ⅰ），実践のスキル（Ⅱ），知識と実践の統合（Ⅲ）を学ぶことを目的としている。なお，各授業の修了時には，全学教育推進機構長名の修了証が授与される。また本プログラムは大阪大学の学際融合教育（学部・研究科等の枠にとらわれない教育）の大学院等高度副プログラムに位置づいており，必修科目を含めて8単位を取得すると，大学院修了時に総長名が記載された修了認定証が授与される。具体的に学生は，FFPⅠで授業デザインと基本的な教育技法に関わる知識学習と技能トレーニングを行い，FFPⅡで高度な教育技法のトレーニングならびに授業実践・授業観察を学び，FFPⅢで教育・研究・社会貢献の抱負の作成，教育実践研究の計画を学ぶ。なお，FFPⅡとⅢはⅠを履修していることが受講条件となっている。このように，大阪大学では，プレFDのプログラムを授業単位として認定するとともに，一定の教育に関するスキルを証明する修了証を授与することで，大学での就職に役立てようとしている。

1-2　プレFDとしての「総人のミカタ」の位置づけ

　「総人のミカタ」（以下，ミカタ）は，大学院生が学部学生向けに自身の研究の紹介を中心とした講義を行う取り組みであり，まさに企画者である大学院生にとって

のプレ FD としての機能を果たしているといえる。ただし，前半の論考で詳細に述べられているとおり，ミカタは上に挙げた現行の国内プレ FD 事例とは一線を画す構造で実施されている。ここでは，ミカタの構造の特徴が，プレ FD としてどのように機能しているのかを考えてみたい。

1）「総人のミカタ」がもつコミュニティの対称性

一般的にプレ FD は，大学教育を専門とする教員がさまざまな分野を専門とする大学院生に向けてプログラムを提供しており，他の教育プログラムと同様に教員と大学院生が〈教える－学ぶ〉という非対称的な関係性をもって進められる。そして学習目標の多くは，それぞれ受講生（大学院生）が大学で教鞭を取る際に必要となる知識や技能を学ぶように設定される。一方ミカタの場合，大学院生が学部生に教え，〈教える－学ぶ〉よう構成されると同時に，同じ研究科に所属する大学院生同士が，切磋琢磨しながらその教え方を〈学び合う〉という複雑な構造をもつ。さらにいうと〈教える－学ぶ〉関係である大学院生と学部生も同じ（厳密にいうと同じ組織ではないが）系列の研究科・学部に所属している。ゆえに，〈教える－学ぶ〉関係性，ならびに集団としての教える人のコミュニティが対称性を形作っていることが大きな特徴である。大学院生がこの活動で獲得できることが個人の教育スキルにとどまらず，学部・研究科組織全体の知識コミュニティの強化にもつながるといえる。

田中（2011）は，FD がもつ意味について，現在一般的に捉えられる「授業内容や方法を改善し，向上させるための組織的な取り組み」という狭義の FD は，「大学教員集団の能力を引き出し，それによって大学の教育・研究の質の維持・向上を図ろうとする活動」という広義の FD に包含されていると指摘している。つまり，対称性をもつミカタの構造は，個々の教育スキルを涵養するという狭義の FD にとどまらず，世代を超えて共同性を生み出し，学問の周辺的参加者を徐々に十全参加へと導く構造になっているといえるだろう。そして個人と組織が相互に影響し合いながら，研究・教育の全体的な向上をもたらすと考えられる。

2）学習者中心の授業を本気で考える構造

この対称性の構造がミカタのメンバーの学びにもたらす部分を具体的にみてみたい。ミカタの活動は，学部生を研究に誘うためにさまざまな工夫が施されている。なかでも，学習者中心の授業を本気で考える仕組みが備えられている点は着目に大きく値する。

　近年の大学教育では，教員が何を教えるかという教育中心から，学生が何を学ぶのかという学習者中心にパラダイム・シフト（Tagg, 2003）が起きている。むろん，各大学で展開するプレ FD プログラムでは，それら教育の理論的知識，さらに理論を具現化するための授業設計の知識について学び，模擬授業や実習等を通して実践を試みる構造をなしている。しかしながら，大学院生がまだ見ぬ学生を想定しながら学習者中心の授業を設計するのはどうしても限界がある。その点，ミカタはまさに今，当該学部で学ぶリアルな学部生に向けて授業を行っていることが特徴である。このような状況下で，目の前の学習者を気にせず単に自分の研究を紹介するわけにはいかない。筆者はミカタの活動を実際に拝見したが，大学院生が学部生に向けて単に模擬講義だけを行うだけでなく，学部生発信型の学部生企画があったり，学部生が優先的に質問する時間をもった後に大学院生が質問する構成になっていたり，大学院生と学部生のフリートークが設定されていたりする。これは，FD 等でよく提示される「よい teaching とは何か」という問いをはるかに超えて，教育を徹底的に検討する状況にある。「学部生を学問コミュニティに誘うにはどうしたらよいのか」という問いを中心にして学生のアクティブ・ラーニングを促すプログラムが設計されているといえる。まさに学習者中心としたプログラム設計が体現されている。

　また，ミカタのプログラムでは，模擬講義に対して検討会が実施され，大学院生同士で授業設計や授業での振る舞いについて議論がなされている。その活動自体は他のプレ FD プログラムでも実施されていることであり，個々のスキルアップやプログラム自体の質向上に高い効果が認められる。ただしミカタの活動は，目の前のリアルな学部生をなんとかしたいという明確かつ強い目的があることから，ここでもまた，学生を中心に据えて本気で教育の議論が行われている様子が確認された。

2　学者養成機能としての「総人のミカタ」：
SoTL（Scholarship of Teaching and Learning）の考え方を通して

　ここまで述べてきたミカタの対称性の構造は，通常の（プレ）FD プログラムと比べて，研究と教育の一致が内在していることが確認できる。ここで大学教員の研究と教育活動の関係性について述べたい。大学教員の職務といえば，研究・教育・サービス（社会貢献と管理運営）であるが，一般的にそのメインは研究と教育として知られている。

　では，現在日本の大学で，研究と教育の関係性はどのように捉えられているのだ

ろうか。本章の冒頭でも述べたとおり，多くの「大学教員」は研究者を目指して研究の訓練を行ってきているため，「研究者」としてのアイデンティティを強くもっていることが容易に想像できる。ここが教育者としての側面が強い初等・中等教育の教員と大きく異なる点である。ひと昔前の大学教員のイメージだと，「研究ばっかりして教育は適当にする人が多い」というイメージが強いかもしれない（もちろん，近年は大学教育の重要性が大学内外から叫ばれることとなり，そのようなイメージは消滅しつつあるが）。実際，Teichler ら（2013）の日本の大学教員を対象に 2007 年に実施された調査では，「教育と研究のどちらに関心があるか」という質問に対して，「主として研究」または「どちらかといえば研究」と答えたのが 71%（4 件法，n=1097）と，研究に関心が寄っていることがわかる。ところが一方で，「研究者としての役割に対する教育の効果」については「大変よい」「よい」とポジティブに答えたのが 75.9% であり，決して教育を疎かに思っているわけではないことがわかる。大学教員の多くは，研究者として研究を推進することで，教育も向上すると捉えており，これら二つは必ずしも別のものとして捉えられているわけではなさそうである。

　大学における研究と教育は，歴史的にみてもその関係性について多くの議論がなされてきている。19 世紀のドイツでは，驚異的な科学革新が起こるなかで，これまでは不動であった知識が進歩するものであると捉えられ，大学において教えることは，知識の伝達だけではなく，新しい知識を発見するための方法であるというように変遷してきた（潮木，2009）。授業もこれまでの講義室での一方向型の講義から，図書館で本を閲覧しながら学習するゼミナール形式が採用され，実験室での実験も実施されるようになった。つまり，研究と教育の関係がぐっと近づくことになったのである。一方で，Ben-David（1977）は，そもそも，教育として教えられる程度の知識はもはや研究で扱うレベルのものではないと批判し，それら二つの距離を遠いものとして捉えた。実際 1980 年代のアメリカでは，教育は大学教員にとって終身雇用のポストを取得するための営みと捉えられ，軽視されがちな風潮にあった。このような二項対立に歯止めをかけるべく，米国の教育学者の Boyer（1990）は，大学教員を研究者（researcher）としてではなく，学者（scholar）として捉えたうえで学者の責務を明らかにした。大学教員の学識（scholarship）を，発見の学識（scholarship of discovery）【自分野での研究】，統合の学識（scholarship of integration）【他分野のなかでの位置づけ】，応用の学識（scholarship of application）【実世界のなかでの位置づけ】，教育の学識（scholarship of teaching）【後継者の育

成】とし，これら四つの統合の重要性を説いた。このことは，学者は自分自身の分野の研究に従事するだけでなく，社会のなかにおける研究活動の位置づけを問う責務があることを意味している。これらの学識を大学院生のあいだに見据えることは重要であるとされているが（吉田・栗田, 2015），現実的には，自分自身の専門性を極める段階にある大学院生にとってはなかなか難しい。

　しかし，ミカタの活動は四つの学識すべての要素を網羅的に醸成しようとしている。発見の学識はいうまでもなくメンバー各々が熱心に研究活動に取り組んでいることから見出せる。統合の学識は，人間・環境学研究科／総合人間学部の特色でもあるが，各メンバーの専門とする研究領域が多岐にわたっており，ミカタの活動を通して自分自身の研究分野を相対的にみる機会が十分に含まれることで深められる。さらにいうと，大学院生同士，また大学院生と学部生が共同して深く議論し，分野の位置づけを行うことで，分野間のコラボレーションの可能性を探るという活動は，まさに統合の学識を高いレベルで深めることを示していると考えられる。応用の学識は，他の学識に比べてその習得の要素は少し弱いものの，ミカタの活動を取材や報告書，Web 等を通して積極的に発信することで，社会のなかでの活動として位置づけている点にみてとれる。そして何より，後輩（学部生）を対象にして後継者を養成するために，教育の学識（scholarship of teaching: SoT）を涵養していることに高い意義を見出だせる。このようにミカタの活動には，プレ FD としてみた場合，研究者が教育を学ぶという意味を超えて，大学教員の学識を涵養する真意があるといえる。

　四つの学識のうちプレ FD の要素として取り入れられる教育の学識に着目したい。Shulman & Hutchings（1999）は教育の学識（SoT）に，学習の概念を取り入れてScholarship of Teaching and Learning: SoTL（教授学習の学識）を提唱した。研究と教育の一致を目指す SoTL では，教育を研究の営みと同様に行うべきとしており，公表・批判・評価・利用という研究のロジックとプロセスを教育にも応用することが提案されている。実際に，米国を中心に教育実践を研究として公開する活動は盛んになっている。大学教員が自らの授業を継続的に改善するためには自分の授業を研究と同じプロセスで分析できる力が重要となってくる（大山, 2018）ことから，大学院生が SoTL の力を身につけることは意義がある（大山ほか, 2017）。ここで筆者が関わってきた大阪大学のプレ FD プログラムで実施している SoTL を学ぶプログラムの内容を紹介する。

　プレ FD の授業科目の一つである「大学授業開発論Ⅲ（FFP Ⅲ）」（詳細は大山ほ

か, 2022) の授業の一部では,「SoTL に基づく教育実践研究の計画」を学ぶ。授業ではまず SoTL について，その概念と意義を講義形式で学ぶ。その後，SoTL のイメージをつけるために，大学での教育実践を研究対象とした SoTL 論文（英語および日本語）を閲読する。続いて，受講生のもつ教育実践の経験（実践をもっていない場合は，これまで履修した FFP Ⅰ・Ⅱで作成した授業計画書）に基づいて，カナダのブリティッシュコロンビア大学が実施する SoTL ワークショップの枠組み（Jones et al., 2014）に依拠して，1. 問いを立てる→2. 研究のアプローチを設定する→3. 実践における必要条件を考える，というプロセスで教育実践研究の立案を行う。計画書の完成後，受講生間で相互評価を行う。当該授業では，このような手順で将来 SoTL を実践できる人材の養成を目指して教育実践研究の計画書を作成している。プレ FD の修了生の一部は，すでに大学教員になった後，SoTL を実践し，教育分野の学会等で発表したり，論文を執筆したりしている。修了生が本プログラムで学んだことを，各分野の教育に広く活かしてもらうことを願っている。

　ミカタの活動では，研究を紹介する要素と，学部生に対する教育的な配慮の両方がバランスよく含まれており，まさに学者養成機能がはたらいている。おそらく，メンバーの大学院生は近い将来別の大学に就職したとしても，このような学識をもつ学者になるだろうと想像できる。

3　プレ FD としての「総人のミカタ」の活動に期待したいこと

　ミカタの活動をプレ FD としてみると，授業技術の向上のみならず，学者という存在としての成長が促進される可能性が大いにある。これは，大学内で制度化されたプログラムにおいては難しいことであり，非制度のなかでの活動だからこそ実現できるのだろう。一方で現行の多くのプレ FD プログラムは，ここまで述べたとおり，授業として実施されるものや，授業外であっても大学が提供しているものがほとんどである。大学がプログラムを提供することの利点は，大学院授業開講型の場合はカリキュラム内に位置づけられておりコンテンツの質保証がなされていること，TA 制度型においては，実際の授業と連動しており，理論と実践が統合されていること，また課題プログラム型を含むすべてのプログラムにおいて，組織長のサインが入った修了証等が発行され，プログラムで身につけた能力を証明できるといったところにある。ミカタの活動は，学部・研究科から認知はされているものの，カリキュラムに含まれないかたちで運営されている。非制度下で実施されるミカタが，

大学院生が自発的にプログラムを運営するプレ FD として共同性を創発し，非常に意義のある活動であることは誰もが確信できるだろう。また，ミカタには，高い共同性のなかでの活動において，メンバーが学ぶための環境（ここには，教育技術をはじめ，コミュニティづくりなど多くの意味が包含されている）や，学部生が研究に十全参加するための知見等，コミュニティとしての実践知がたくさん蓄積されていることも認められる。

　ただし，非制度のなかでの活動にはいくぶん不安定な要素があることも事実である。定期的に報告書等でコミュニティに蓄積された実践知は形式知として表れているが，メンバーの大学院生も数年で修了を迎えることになり，高い熱量をもって活動するメンバーが常に複数名いるとは限らない。活動は長期的に続けばよいというものではないが，せっかく蓄積した知見を継続的に拡張していくには，不安な側面がある。また，大学院生と学部生のすばらしい共同体のなかで，お互いにとってよい学びが生起されているが，制度化することでこれらの議論を同研究科に所属する教員へと広げると，さらに研究や教育の連続性が生じて，異なる見え方が生まれるかもしれない。ミカタの活動は，今後 SoTL に基づいて，学術的に発信することで，その意義はより高まるかもしれない。ぜひとも，ここまで蓄積してきた知識を活用できるような仕組みを構築し，さらに教育技術だけではなく，学者の信念に関わるような知識を積み重ねていかれることを期待したい。

　非制度のなかの活動にはメリットとデメリットが共存してはいるものの，プレFD としてミカタの活動をみたときに，教育・研究にかかわらず，学者（集団）として自分自身やコミュニティの活動の幅を今後さらに広げ，各分野の教育を切り拓くリーダー的存在として大学教育を牽引されることを渇望する。

【引用・参考文献】
潮木守一（2009）.『職業としての大学教授』中央公論新社
大山牧子（2018）.『大学教育における教員の省察──持続可能な教授活動改善の理論と実践』ナカニシヤ出版
大山牧子・根岸千悠・浦田　悠・佐藤浩章（2022）.「大学教員の学識を学ぶプレFD プログラムの評価──大阪大学未来の大学教員養成プログラム「大学授業開発論Ⅲ」を事例に」『大阪大学高等教育研究』10: 21-31.
大山牧子・根岸千悠・佐藤浩章（2017）.「SoTL に基づいた教育実践研究計画を作成するプレFD プログラムの試行と評価」『日本教育工学会論文誌』*41*(suppl): 225-228
加藤かおり（2008）.「英国高等教育資格課程（PGCHE）における大学教員の教育職能開

発」『高等教育研究』*11*(0): p.145-163.

吉良　直 (2014).「大学院生のための段階的な大学教員養成機能に関する研究——アメリカの研究大学から日本への示唆」『教育総合研究』*7*: 1-20.

今野文子 (2016).「大学院生を対象とした大学教員養成プログラム（プレFD）の動向と東北大学における取組み」『東北大学高度教養教育・学生支援機構紀要』*2*: 61-74.

田中一孝・畑野　快・田口真奈 (2014).「プレ FD を通じた大学教員になるための意識の変化と能力の獲得——京都大学文学研究科プレFD プロジェクトを対象に」『京都大学高等教育研究』*20*: 81-88.

田中毎実 (2011).『大学教育の臨床的研究』東信堂

溝上慎一 (2014).『アクティブラーニングと教授学習パラダイムの転換』東信堂.

文部科学省 (2008).「学士課程教育の構築に向けて」『中央教育審議会答申』

文部科学省 (2019).「大学設置基準の一部改正について」〈https://www.mext.go.jp/b_menu/shingi/chukyo/chukyo0/toushin/1420274.htm（最終確認日：2022 年 4 月 26 日）〉

吉田　塁・栗田佳代子 (2015).「大学院生版アカデミック・ポートフォリオの開発」『日本教育工学会論文誌』*39*(1): 1-11.

Ben-David, J. (1977). *Centers of learning: Britain, France, Germany, United States*. New York: McGraw-Hill.（＝天城　勲［訳］(1982).『学問の府——原典としての英仏独米の大学』サイマル出版会）

Boyer, E. L. (1990). *Scholarship reconsidered: Priorities of the professoriate*. The Carnegie Foundation for the Advancement of teaching, Jossey-Bass.（＝有本　章［訳］(1996).『大学教授職の使命——スカラーシップ再考』玉川大学出版部）

Jones, F., I. Roll, A. Han, & G. Briol (2014). A hands-on workshop on evaluating teaching enhancement projects. CWSEI end-of year.

Shulman, L. S., & P. Hutchings (1999). The scholarship of teaching: New elaborations, new developments. *Change*, 31(5): 10-15.

Tagg, J. (2003). *The learning paradigm college*. Bolton, Massachusetts: Anker.21

Teichler, U., A. Arimoto, & W. K. Cummings (2013). *The changing academic profession: Major findings of a comparative survey*. New York: Springer.

第 13 章

ソーシャルアクションとしての「総人のミカタ」

成瀬尚志〔哲学・高等教育〕

1 ソーシャルアクション[1] としての「総人のミカタ」

　TED でのデレク・シヴァーズの「社会運動はどうやって起こすか」という講演の
なかで，次のような動画が紹介されている[2]。とある草原で，多くの人が各々座っ
たり寝転んだりして休んでいる。そこに，ある男が上半身裸になり踊り出した。何
か名前のついたダンスでも何でもなく，また特徴的なダンスでもかっこいいダンス
でもない。ただただ，酔っ払いのように踊り出したのである。周りで見ていた人た
ちも「なにやってんだあいつ」といった感じで見ていたが，そこで突然その踊りを
まねする者が現れた。最初に踊り出した男はそのフォロワーに丁寧に踊り方を教え
始めた。そうすると，また別のフォロワーが現れた。次々とそうしたフォロワーが
現れ，気づいたときにはその場はその踊りをする人たちであふれてしまった。

　多くの共同的な活動では目的を共有しその目的の実現を果たすことが目指される。
しかし，この映像の事例では，誰も目的を共有していない。というより，そもそも
明確な目的すら存在しない。にもかかわらず，この状況は，単に個人作業の集積と

---

1)「ソーシャルアクション」という用語はもともと社会福祉の文脈で「世論を喚起するな
　　どして立法・行政機関に働きかけ，政策・制度の改善をめざす組織行動」(『大辞林』)
　　という意味で用いられてきたが，ここではそれとは別の意味で用いる。本章におけるソー
　　シャルアクションの分析は，2015 年から中村征樹氏・石川雅紀氏と開催してきた「ソー
　　シャルアクション研究会」の成果である。また，小山虎氏からもソーシャルアクショ
　　ン研究に関して多大なる助言を得た。ソーシャルアクションについては崎山ほか
　　(2022) でも詳しく説明しているのでそちらも参考にしていただきたい。
2) https://www.ted.com/talks/derek_sivers_how_to_start_a_movement/transcript?langu
　　age=ja#t-11885 (最終確認日：2022 年 4 月 26 日)。

捉えるよりも共同の実践として捉えるのが適切であろう。何よりも一人で踊ったことが楽しいのではなく,「みんなと一緒に踊った」というまさにそのことが,楽しさの源泉であることは間違いないからである。

　私は「楽しさや魅力に惹かれて周りの人が巻き込まれていく活動」のことをソーシャルアクションと名づけ,その研究をしている。このダンスの事例はソーシャルアクション的な伝播の仕方をうまく表している。「この指止まれ」的に誰かが立ち上がり,そのもとに,次から次へとフォロワーが現れるというのは「総人のミカタ」(以下,ミカタ)の活動にも通じるところがあるだろう。私はミカタのこうしたソーシャルアクション的な点に興味を引かれた。

2 「何か面白そう」がなぜ本質的であるのか：ワクワク感とリスクの縮減

　ミカタに参加する理由として,明確な理由はないものの「何か面白そう」と思ったから,という説明がシンポジウム（☞第11章）でもあった。この「何か面白そう」というのは,ソーシャルアクションに参加する理由として最もよく耳にするものである。では何に面白さを感じるのだろうか。

　ミカタのような共同活動は,単に友達何人かと街に遊びに行く,といったことと決定的に異なる点が二つある。一つ目は,おそらく自分の知らない人も参加するだろうということを理解したうえで参加するという点である。ミカタも含め,共同は一人や二人ではできないため,ある程度の人数を誘う必要がある。自分以外の人も同じように誘われているということを,誘われた時点で理解しているという点がまずは重要である。二つ目は,別に参加しなくても特に問題がない,という点である。もちろん参加した場合のメリットもあるが,参加しなくとも,単位を落とすことになるわけでもなく,強制力はない。この2点について以下で詳しくみてみよう。

　ソーシャルアクションの本質は「誰かと一緒に何かをする」という点である。一人で,あるいは知り合い同士で何かをするのではなく,知らない人と何かを一緒にするのである。もし,一人で何かをする場合や,知っている人だけで何かをする場合は,予測不可能なことは生じにくい。しかし,見知らぬ誰かと出会い,その人と何かを共に行うということには不確定性から生じるワクワク感が生まれる。ソーシャルアクションの「何か面白そう」は,こうした出会い（あるいは不確定性）によるワクワク感であるといえる。

　しかし,見知らぬ誰かと何かをすることは,リスクも伴う。まったく知らない人

のなかには気の合わない人もいるかもしれないし，また，何らかの危害を加える人もいるかもしれない。一方，そうしたリスクをとらなければ（つまり一人あるいは身内だけで何かをやるなら），不確定性がなくなり，ワクワク感も生まれない。よって，ワクワク感を感じるためには，そうした不確定性から生じるリスクを適切に縮減 [3] する必要がある。

　では，見知らぬ誰かと一緒に何かをする際に，どのようにすれば安心して一緒に取り組める仲間をみつけることができるだろうか。ソーシャルアクションは，「社会課題×アクション」のかたちで示される点がポイントである。講演やシンポジウムでも言及した「シャルソン」の場合は，「地域の魅力の再発見×走る（マラソンをする）」というかたちで提示される。この活動の規定の仕方がそのまま募集ポリシーとなる。つまり，「○○したい人この指止まれ」のように，参加者を募る際のメッセージとなる。このように，「社会課題×アクション」のかたちで募集ポリシーが提示されることで，社会課題に関心のある人，アクションに興味のある人，かけ算の結果に興味のある人といった多様な人びとが集まるきっかけとなる。ソーシャルアクションでは，その活動自体が多様な人が集まるような募集ポリシーとなっているのだ。

　ミカタについてみてみると，「総人（総合人間学部）の改革（社会課題）×授業をする（アクション）」というかたちで提示されていたと考えられる。ミカタへの参加理由も，総人改革に興味をもったから，授業をやってみることに興味をもったから，かけ算の結果になんとなく興味をもったからなど多様であることがわかる。ソーシャルアクション的な募集ポリシーが多様な関心の人たちを集める要因となっていたと考えられるだろう。

　また，「総人の改革×授業をする」という募集ポリシーからは，強制力や明確なメリットは見出せない。参加しなければ単位を落とすわけでもなく，また，「総人の改革」という目標設定も学生からするとかなり壮大なものであり，かつ，そこにいたるまでの計画も十分デザインされているようにはみえなかったのではないだろうか。つまり，参加者からすると「別に参加しなくてもよい」活動であり，その点こそが，知らない人同士で安全に楽しむために重要だったと考えられる。というのも，社会課題の解決に向けた計画が綿密に練られているなら，その解決に向けた活動のみが

---

3) 以下の「リスクの縮減」については，酒井・高（2018）を参考にした。そこでは「信頼が社会的な複雑性を縮減する」というニクラス・ルーマンの著書『信頼──社会的な複雑性の縮減メカニズム』について検討されている。

推奨されることになる。それは参加者からすると少し息苦しさを感じるかもしれない。しかし，ミカタの場合は，そうした活動も推奨されるものの，それだけではなく，参加度合いの温度差も含め，多様な関わり方が認められているように思われる。当初設定されていた「総人改革」はミカタの活動の目標というよりは，交流のための「きっかけ」程度に思えるほどである。

　ミカタも含め，ソーシャルアクションに参加することは，わりと面倒である。ミカタの場合も，講義を担当したり，ミーティングに参加したりと，ある程度の時間がとられることは予測できる。それに加えて，明確に楽しいということも，明確に社会に役立つということも保証されていない。それらが保証されていないにもかかわらず，こうした面倒なことに「わざわざ」参加する人となら変なことにはならないのではないか。そう思わせるのがソーシャルアクションのポイントである。つまり，ソーシャルアクションには，そもそもこうしたことを面白がってくれる人しか集まらないのだ。ソーシャルアクションの募集ポリシーに含意される「わざわざ」さが，「誰とやるか」を重視するメッセージとなっており，見知らぬ人同士で何かをする際のリスクをうまく縮減し，多様な人たちが安心して交流するために機能しているのだ。

　この点を考えるにあたって，シンポジウムでの「理念」についての話を振り返っておこう。杉谷の「理念を誰も信じていない」という発言と，それに対する谷川の「リクルート」の話は，今回の共同性について考えるうえで非常に重要なポイントである。

　まず，杉谷は「理念」を達成されるべきゴールとして捉えていることがわかる。「駄目になったらすごい格好悪いし自分が傷つく」というフレーズはその点を示している。理念について，共同活動を始めるためのモチベーションであるとともに，共同活動が目指すべきゴールであると杉谷はみなしている。一方，谷川のリクルートの話は，理念のようなものは少なくとも勧誘する際にはまったく機能していなかったと告白している。理念は語るものの，その理念に共感して人が集まってきているわけではないというのは，私もソーシャルアクションを実践するなかで実感していることである。

　ミカタに参加した学生の動機は，シンポジウムへの感想（☞ 199 頁）のなかで「「なんか面白そう」だったので」と述べられていたとおり，理念に深く共感したというより，実際のところは「なんか面白そう」といったものなのではないだろうか。これはなにも，この参加者の参加動機が不純なわけではなく，ソーシャルアクションというものはそもそもそうやって広がっていくものなのだと捉えるべきである。つまり，理念や目的を共有し，それをしっかりと理解したうえで参加するようなも

のではなく，「なんか面白そう」と思った人同士が集まって何かをする，これがソーシャルアクション的な共同を捉える第一歩なのである．

3　「総人のミカタ」の魅力

　ミカタの活動に意義があると思うのは，当初設定されていた「総人改革」を実現したから（あるいはその実現に近づいたから）だろうか．おそらくそうではなく，この活動が，予想以上の広がりをみせ，主体的な活動をする参加者を数多く生み出せたからではないだろうか．

　現在，さまざまな場面で「課題解決」ということが叫ばれる．「地域の課題解決」も大学の役割として求められるようになってきており，「課題解決力」をディプロマポリシーに掲げている大学も少なくない．こうした課題解決（のみ）を重視する「課題解決アプローチ」では，ミカタの魅力は語れない．ミカタの魅力を語るためにも，われわれは新たな語彙や概念を必要としている．

　ミカタの魅力は，その活動の広がりにあるといえる．参加度合いの濃淡はあるものの，予想外の広がりがあったのだと思われる．しかし，単独のイベントベースで考えると，もっと多くの参加者を集めた活動もほかにたくさんあったのではないだろうか．ソーシャルアクションでは，課題を解決できたかどうかではなく，活動が広がったかどうかを重視する．では，どのような場合にソーシャルアクション的に「活動が広がった」といえるのか．

　ミカタの場合，発起人である真鍋以外の「フォロワー」が，主体的に活動を推し進めた点が特徴的である．当初設定されていたプレFDとしての授業を実現するだけでも相当な苦労があったと思われるが，それ以外にも，今回のこうしたシンポジウムを開催したり，学会で発表したりといったことは，当初の計画にはまったく含まれていなかったと考えられる．そうした取り組みは，当初設定されていた目標や理念のようなものから生まれたというよりは，参加者自身が内発的に動機づけられて行われたといえるだろう．この「内発的動機づけ」を生み出せるかどうかこそが，ソーシャルアクション的な活動の広がりにおいて決定的なポイントとなる．この観点からみると，ミカタの活動は大きく成功しているといえる．

　内発的動機づけを「生み出す」ことは容易ではない．指示や強制や命令によって生み出すことは原理上不可能である．また，Aというイベントの後に，そのイベントに参加した人に内発的動機づけが生じた場合，それがそのAによって生み出さ

234

れたかどうかも明確ではない。ミカタの場合，「総人の改革×授業をする」という
（ある意味ゆるい）フレーム（あるいはフック）で，内発的動機づけをナッジした
と考えられる。参加者は，自分自身でそのフレーム内で何をしたいかを考え行動す
る。それぞれの参加者が内発的動機づけによって多様な活動をするものの，それら
を「同一の活動である」とみなすことができるという点で先のフレームは機能して
いる（その同一性が担保されていなければ，活動の広がりが説明できなくなる）。

　ある活動の動機が，強制によるものなのか，あるいは内発的動機づけによるもの
なのかについては，外部の人間には判別しにくい。しかし日常的には，われわれは
「楽しそうである」という状態が内発的動機づけに付随していると考える。ミカタ
の参加者が楽しそうにしていることに私は最初興味をもったが，それは，楽しそう
という徴表[4]から彼らの内発的動機づけを見出したからだと考えられる。

　以上の点をまとめよう。われわれが通常「プロジェクト」に取り組んでいる場合，
目標に向けた活動（行為）はその目標を達成できたかどうかという観点から評価や
意味づけがなされる。その場合，その行為を評価する基準は，その行為者の外側で
事前に決まっているといえる。プロジェクトの参加者は，その目標を達成するため
の手段として位置づけられ，目標達成に向けての効率性に違いはあるものの，その
人でなければならないというわけではない。一方，ソーシャルアクションでは，参
加者に内発的動機づけが生み出されたかどうかが重要である。たとえ活動の参加者
が多かったとしても，内発的動機づけが生み出されなければソーシャルアクション
的には価値はない。ミカタの意義は，単に参加者を集めたことにあるのではなく，
各参加者が内発的に動機づけされた点にあるのであり，その意義は，従来の課題解
決アプローチでは取りこぼされてしまうのだ。

　ミカタの活動を通して，課題解決的なアプローチと，ソーシャルアクション的な
アプローチとをみてきた。その二つのアプローチを念頭に置くとシンポジウムでの
議論もこの二つのアプローチが混在していることがわかる。

4）プロジェクトにおいて「楽しさ」は重要だといわれる。嫌々やらされるより，楽しくや
　る方がよいというのは当然だろう。しかしながら，だからといって「楽しくやれ！」と
　いう強制では楽しさは生み出されない。本章で述べたとおり，楽しさは内発的動機づけ
　に付随する徴表であるとすると，それ自体は強制もできないし，目標にもなりえない。
　楽しさはうまくいった結果である点に注意すべきである。

4　火種はどのようにして生まれるのか

　シンポジウムでも火種の問題が議論された。ソーシャルアクション的な活動には震源地ともいえるような，その活動に対して情熱をもった人の存在は欠かすことができない。

　ミカタの活動に関していえば，真鍋の発案に対して，複数のフォロワーが現れ，そのフォロワーが内発的動機づけによって活動を広げるとともに，新たな火種として参加者を増やしていった。参加者が増えていくことは火種の熱量をさらに増すことにつながっていただろう。しかし，最初のフォロワーが現れていなければ，真鍋の熱意も火種とはなりえなかったであろう。極端な言い方をすると，フォロワーの存在自体が，火種を火種として生み出したともいえるかもしれない。

　火種の話は，まさしく「熱量」が内発的動機づけというかたちで伝播しているといえる。ただ，その内実はばらばらである。ある種の「誤解」[5] も含めながら，個々人の内発的動機づけを尊重することでソーシャルアクションは広がっていくのである。

　シンポジウムでは「不合理な情熱の人」や「謎の情熱をもった人」の話があったが，なぜ，そうした人が，「不合理」や「謎」にみえるかというと，目標達成のための合理的な計画や理論をもっていないからである。そこには，「信念」あるいは「夢」に近いものしか読み取れないのだ。先の誤解による伝播の話も踏まえると，こうした「夢」に対して周りが様々な可能性を読み取ることで，火種が伝播していくのかもしれない。

　シンポジウムで「ミカタは何を残すのか」という話題があった。ソーシャルアクション的にみれば，多数の参加者に内発的動機づけを生み出せたので十分ではないかともいえるかもしれない。つまり，当初の目標や理念を追求し続けなくても十分ではないか，ということである。しかし，そのように，募集ポリシーのなかに含ま

5）ここで，みうらじゅんの言葉を借りよう。彼は，『「ない仕事」の作り方』のなかで，「マイブーム」という言葉が広がっていった理由について説明している。もともと「マイブーム」の「マイ」は「みうらじゅん自身」を指す言葉として彼は用いはじめたのだが，その言葉がブームとなるなかで，だんだん誤解して（「みんなの」という意味で）使う人が出てきたと述べている。また，そうした誤解を訂正しなかったからこそブームが起きたと説明している。ソーシャルアクション的な伝播について考える際に，この「誤解」の話は非常に示唆的である。ソーシャルアクションの文脈で述べると，創始者の意図やねらいや理念があったとしても，そこからずれたかたちで人びとが集まることがあるのである。

れるソーシャルな課題（ミカタでいえば「総人の改革」）を放棄してしまうと，単な
る「交流会」になってしまう。交流することに大きな価値があるとはいえ，それ自
体を目的とするとソーシャルアクションにはならない。やはり，大義名分としてだ
けでなく，実際にあるソーシャルな課題を目指しているということが，活動に緊張
感を与える点で重要なのである。社会課題を目指しながらも，その目標達成だけが
すべてではない，という微妙な緊張関係のうえにソーシャルアクションは成り立っ
ているのだ。

5 「人間の条件」としてのソーシャルアクション

　最後に，ミカタのようなソーシャルアクションは，「特殊な活動」なのではなく，
われわれ人間にとって非常にプリミティブであることを確認しておこう。
　ソーシャルアクションにおけるアクションは，ハンナ・アレントが『人間の条件』
のなかで述べている活動（action）そのものである[6]。アレントは人間の基本的な
活動力を「労働」「仕事」「活動」に分け，「活動」は「物あるいは事柄の介入なし
に直接人と人とのあいだで行われる唯一の活動力であり，多数性という人間の条件
［…］に対応」（アレント，1994: 20）するものとしている。また，活動は公共的な領
域のなかで表れてくると述べている。少し長いが引用しよう。

> 言論と活動は，人間が，物理的な対象としてではなく，人間として，相互に現
> われる様式である。この現われは，単なる肉体的存在と違い，人間が言論と活
> 動によって示す創始（initiative）にかかっている。しかも，人間である以上止
> めることができないのが，この創始であり，人間を人間たらしめるのもこの創
> 始である。（アレント，1994: 287）

> 人びとは活動と言論において，自分がだれであるかを示し，そのユニークな人
> 格的アイデンティティを積極的に明らかにし，こうして人間世界にその姿を現
> わす。（アレント，1994: 291）

6）このソーシャルアクションとアレントの「活動」との類似性についてはソーシャルアク
　ション研究会での中村征樹氏の報告を参考にした。

「この言論と活動の暴露的特質は，［…］他人とともにある場合，つまり純粋に人間的共同性におかれている場合，前面に出てくる。人が行為と言語において自己を暴露するとき，その人はどんな正体を明らかにしているのか自分でもわからないけれども，ともかく暴露の危険を自ら進んで犯していることはまちがいない。［…］活動が完全に姿を現わすのには，私たちがかつて栄光と呼んだ光輝く明るさが必要である。そして，このような明るさは公的領域にだけ存在する。(アレント, 1994: 292–293)

　このようにアレントの「活動」概念はソーシャルアクションそのものであるといえる。目標達成に向けて，人間を手段として捉えるのではなく，われわれ個々人を尊重することこそが，ソーシャルアクションのポイントであり，人間の条件である。
　ミカタの活動は，総人の改革というソーシャルな課題を掲げながらも，「授業を行う」という具体的なアクションを伴っている。その課題とアクションとのつながりについては，本書のなかで議論されているとおりではあるが，よくよく考えてみると大きな乖離がある。しかし，その乖離こそが，多様な参加者を集めるとともに，参加者の内発的動機づけを生み出したのではないだろうか。「総人の改革」という公共的な問題に取り組むなかで，多様なバックグラウンドをもつ参加者同士の共同性が発揮されたことは，学際性を考えるうえでも重要な要素を含んでいると考えるべきであろう。

【引用・参考文献】
アレント, H. ／志水速雄［訳］(1994).『人間の条件』筑摩書房
酒井泰斗・高　史明 (2018).「行動科学とその余波――ニクラス・ルーマンの信頼論」小
　　山　虎［編］『信頼を考える――リヴァイアサンから人工知能まで』勁草書房
﨑山直樹・二宮　祐・渡邉浩一［編］(2022).『現場の大学論』ナカニシヤ出版
みうらじゅん (2015).『「ない仕事」の作り方』文藝春秋

第 14 章

「探求の共同体」を現出させるために

リチャード・ローティのアカデミア論における「関心」概念を検討する

朱喜哲〔哲学〕

1 「探求の共同体」と「関心」

　どんな分野であれ研究者というものは，自分が所属する個別の組織，たとえば大学やその部局等とはまた別に，時間と空間を越えて連綿と続いているはずのコミュニティの一員であることを自負している。すなわち，私たちは「探求の共同体」に連なっているのだ，と。

　これは個々の学術ディシプリンについての場合には，いくらか事実的，歴史的な言明とも解せるだろうが，どちらかというと規範的ないし理念として用いられるスローガンというのが実情に近いだろう[1]。理念があえて明示されるのは，それを掲げて新しい試みに踏み出す場面であり，また往々にして危機的な事態において立ち返るべきものを再確認する場面でもある。とりわけ後者の場面においては，現実を照応しつつ，まさに理念自体が試されることになるだろう。

　今回，「総人のミカタ」という実験的かつ新奇な学際 FD プロジェクトの現在地を振り返る文脈において，当事者とともに「共同性」について検討し，議論できたことは，いつになく切実に，あらためてこの「探求の共同体」という理念を考えなおす好機だった。白熱したシンポジウムでの議論は，本書に収録された書き起こし（☞第 11 章）をぜひご参照いただきたい。また，筆者を含むゲスト登壇者の発表内容についてもアブストラクトが収録されている。本章では，それらも踏まえつつ，

---

1) たとえば「探求の共同体」の用例として，子どものための哲学（P4C）の創始者であるリップマン（2014）は，こうした理想的な共同体を一時であれ現出させ，体験させることそれ自体を P4C の眼目として掲げている。

「共同性」について，さらにもう一歩踏み出して考えてみたい。

　まず，筆者自身が発表において中心的に扱い，シンポジウムにおいてもキーワードの一つになっていた「関心（interest）」とその共有について，いくらか補足を交えて再導入するところからはじめよう。それは，哲学者リチャード・ローティに由来するのだが，彼自身が焦点化している用語でもなく，ごくそっけなく使われている。登場するのは次の一節だ。

> 私が今名前を挙げた哲学者〔カルナップ，オースティン，デイヴィドソン，ルイスなど〕は，ある共通の専門母型（disciplinary matrix）に属したか，あるいは少なくともそのなかで教育を受けた［…］。そのような教育を受けた哲学者たちは，共通の方法を実践するわけではない。彼らを一つにまとめているのは，「もし思考と実在の関係に関する古い哲学的問いを，言語と実在に関する問いに変形させるとすれば，何が起こるか」という問いへの共通の関心（shared interest）である。（ローティ，2011: 158＝Rorty, 2007: 142，強調および括弧内の挿入は引用者による）

　前後の文脈を補いつつ，敷衍しよう。ここでローティは，いわゆる「分析哲学」と呼ばれる学術ディシプリン共同体について論じている。分析哲学とは，ごく教科書的にいえば，おおむね20世紀を通じて隆盛をきわめ，英語圏を中心として今日では主流となっている哲学分野である。言語や論理を研究対象とし，科学と親和的であることを旨としていることでも知られている。そのため，いわゆる「哲学史」と区別して用いられることもあったが，近年では「分析哲学史」が脚光を集め，歴史的な研究の対象にもなりつつある[2]。ローティのテキストも，こうした文脈で書かれている。

　引用の直前の箇所では，相互に相容れない議論を展開する複数の哲学者の名前を例示したうえで，それでもこうした哲学者たちが同じ「分析哲学」なるディシプリンに属するといいうるのはなぜなのかを，ローティは問うている。なぜ，あるいは何をもって相互に対立しうる哲学者たちは同じ「探求の共同体」に属しているとい

---

2) 本章ではこれ以上詳細には立ち入らないが，関心をもった読者が日本語で読める文献として，日本における分析哲学の第一人者である飯田隆の近刊（飯田，2020）を挙げておく。

えるのか。また，そのとき何が共有されているのか。

　ローティがまず斥けるのは，この問いに対してかつては標準的な見解だった，「分析哲学ディシプリンを特徴づけるのは，言語ないし概念の分析という共通の方法である」という見解である。分析哲学史の研究動向が進んだことで，分析哲学の黎明期において，こうした「共通の方法」と呼べるようなものがなかったということは，ローティに限らずほぼコンセンサスを得ている[3]。続いて，引用の最後の文において「共通の問いを問うこと」，言い換えれば共通の目的を掲げることとも違った，別の提案がなされている。つまり，共有されるのは問いそのものではなく，それをめぐる「関心（interest）」だというのである。

　このテキストにおいて，問いそのものとそれをめぐる関心とを区別していることは長らく気になっていたのだが，あまり論点化して考えたことはなかった。それが今回，全2回のシンポジウムでの議論を通じて，一つの理解が像を結んだのである。補助線になったのは，第1回の「学際性」をめぐるシンポジウム（☞第5章）において提題者のひとりである高梨克也が述べたことだった。

　高梨は，自身がコミュニケーション研究でのフィールド調査において心がけることと重ねつつ，「学際性」が育まれるための下地として，「他者が気になっていること（interest, concern）が何であるかを気にしよう」という態度を指摘する[4]。フィールドワーカーと調査対象コミュニティ，あるいは分野の異なる研究者同士が，まったく同じ関心を抱くわけもない。両者は出自が異なるし，それぞれに異なる目的を有しているのだから，当然のことである。しかし，相手の関心が何であるのかについての関心，いってみれば「二階の関心」や「メタ関心」とでもいうべき態度をもつことは可能であるし，むしろそれは，フィールド調査はもちろん学際研究においても必要不可欠ではないか，と高梨は示唆する。

　この，相手の関心──利益，利害（interest）といってもよいだろう──への関心を一方が他方にもちあわせるとき，さらに理想的には双方が互いに関心を重ね合わせるとき，異なる目的を抱える者同士のあいだに何らかの「共同性」が立ち現れるともいえるのではないか。この着想を，「分業」と「協業」というマルクスから拝借した用語を援用しつつ，ビジネスにおける実践と照らし合わせて論じたのが，筆者

3）特に黎明期に関する分析哲学史の動向について日本語で読めるものとしては，笠木（2019）が参考になる。
4）本書第5章収録のアブストラクトおよびシンポジウム書き起こしを参照されたい。

242

のシンポジウムでの提題だった。アブストラクトおよび充実したシンポジウム再録において，こうした実践にひきつけての話題展開はすでに十分だろうから，本章ではこれ以上論じない。

　ここで行いたいのは，この「関心」についての補助線から，前出の引用でローティが述べていることを解釈し直し，さらなる帰結を引き出すことである。すなわち，次のようなことだ。ローティは，「分析哲学」という一つのディシプリン内部においてさえ，わかりやすく共有される「方法」や「目的」はないと述べる。ただし，一つの問いをめぐる「関心」が共有されていることによって私たちは共同体たりうるのだ，と。この「関心」のゆえに，相互に相容れない回答を提出し合う研究者同士は，意見の一致をみることがないままに，それでも一つの「探求の共同体」を形成しうるというのである。

　このように解釈したならば，ローティはこの箇所において，学際分野のみならず，一つのディシプリン内部においてさえ，そこに「共同性」を生じせしめ，育み合うための前提として「関心」の共有があったという事実認識を披歴しているといえよう。そしてまた同時に，哲学分野が共同体たりうるためには，目的や方法において一致しない同僚とのあいだでも相互に「関心」を重ね合わさねばならないのだ，という規範的主張を展開していると読むことも可能になるだろう。

　冒頭にも述べたように，理念が求められるのは往々にして危機的な状況においてである。ローティもまた，当時の分析哲学の置かれた状況について大いなる懸念を抱いている[5]。これは総人のミカタに関わる論点とも重なりうるものであるため，節を改めて論じたい。

2　リサーチ・プログラム化するアカデミア

　前節でのローティの主張は，初出の2004年当時のアメリカにおける分析哲学の状況を背景としてなされている。ひとことでいえば，それは哲学の「リサーチ・プログラム」化である。ここでのリサーチ・プログラムとは，問題（リサーチ・クエ

5）ローティと「分析哲学」ディシプリン，ひいてはアメリカ哲学界との長きにわたる関わりと，ここでの「懸念」の背景にあるキャリア変遷については，現在の分析哲学史研究の一端としても進行している。グロスによる評伝（Gross, 2008）はその決定版の一つであり，特にここでの文脈においては8章が参考になる。また日本語で読めるものとしては，自伝の翻訳を含むローティ（2018）を参照のこと。

スチョン）を立て，それに挑むための特定の「方法」と理論的道具を明示し，一群の研究者からなるリサーチ・チームがその目的をタスクとして細分化し，分業することで挑む一連のプロセスを指す。

たとえば分析哲学においては，伝統的な哲学の問題──「思考と現実はどのように関係するか」といった問題──に対して，独自の方法論ないし方針──「言明を分析し，その意味を引き出す」──を立てていることをディシプリン内の共有事項と考えていた時期があった。先ほどローティが真っ先に斥けたのがこの見解だったことを思い起こそう。

たしかに分析哲学には，初期にはカルナップによる構文論のプログラム，1970年代から1980年代にはクリプキやデイヴィドソンが各々提唱した意味論のプログラムなどが有望な方法論と目され，多くの哲学者や言語学者が分業してリサーチ・プログラムに挑んできた経緯がある。結果は必ずしもはかばかしいものではなかったし，今も問いは未決のまま残っているのではあるが，分析哲学の歴史は，こうした「流行」といっても差し支えのない数々のリサーチ・プログラムが輝かしく立ち現われては衰退していく過程でもあった[6]。

こうした状況をより深く理解するには，ローティ自身が明示的には触れていない論点を補うことが有益だろう。それは，20世紀後半の北米アカデミアにおいては，いわゆる「競争的資金」駆動型の大学経済への移行が著しく進展し，哲学分野もまた例外ではなかったという点である[7]。こうした研究をめぐる経済構造が何をもたらすのかは，アメリカの後を追うように競争的資金駆動型に移行した日本の研究者にも想像が容易だろう[8]。つまり，研究費の申請に際しては研究課題に対して自身の専門性に裏づけられた方法論がいかに他よりも有望であるかを示し，計画と段階的目標を設定し，また事後に到達度を評価するという一連のプロセスに対応する必要が生じるのである。

---

6) 分析哲学の台頭を契機としたアメリカにおける哲学の「専門職化」については，思想史家ククリックが長いタイムスパンから描き出した労作（ククリック，2020）における第14章が参考になる。1960年代以降に急拡大したアメリカの哲学アカデミアの動向と，そこで指導的な役割を担ったアメリカ哲学会（APA）の働きについて簡明にまとまっている。

7) ローティの論考が記された2000年代前半におけるアメリカのアカデミアがいかに競争的資金に駆動されたものであったかは，菅（2004）に詳しい。

8) 日本における「大学改革」と競争的資金化の動向については多数の文献があるが，特に人文社会科学分野の状況を批判的に扱ったものとして福井（2018）と山口（2017）が参考になる。

244

また，競争的資金は近接分野をまたいで競争させるものであるから，おのずと自身のディシプリン，さらにはそのなかでも細分化された専門性をアピールする必要性も高まる。また，それゆえに個々のディシプリン内部においても，より体系的で大がかりな——つまり労働集約とそのための研究費を必要とする——理論の構築をリサーチ・プログラムとして掲げ，推進することのインセンティブが高まる。ローティにいわせれば，分析哲学においては次のような動向が生じた。

　〔哲学の〕専門化は，〔意味についての〕全体論者よりも原子論者を優位に立たせ［…］る。というのも，言語や思考の基本的構成要素についての理論，および，それらの構成要素がどのように組み合わされるかについての理論を手にする哲学者〔原子論者〕は，すべては文脈に対して相対的であると言う哲学者〔全体論者〕よりも，体系的であるように見え，したがってより専門的であるように見えるからである。（ローティ, 2011: 162-163＝Rorty, 2007: 145, 強調および括弧内の挿入は引用者による）

　興味深いことに，ここでローティは哲学ディシプリン内で競合する二つの陣営のあいだの優劣が，学術的な議論と中立的な決定手続きに基づいて決められたわけではなく，一種のニーズ——それも競争的資金という観点を補うなら，文字どおり「市場ニーズ」——によって決されたと述べている。より申請書映えがして，大勢の後進を雇用しうるリサーチ・プログラムを立てられる研究こそがよい研究なのだ。かくして，リサーチ・プログラム化した哲学アカデミアは次のように評される。

　リサーチ・プログラムは，哲学にとって本質的なものではない。それはもちろん，哲学がアカデミックな専門分野として専門化するうえで，大きな恵みではある。しかし，一国の経済力や軍事力が文明に対するその国の貢献と混同されてはならないように，専門化の増大は，知的進歩と混同されてはならない。（ローティ, 2011: 162＝Rorty, 2007: 145）

　この批判がもし哲学において成立するとしても，他分野やあるいは学際研究においても当てはまるかどうか，筆者には評価することができない。しかし，少なくとも現代のアカデミアに携わる人間が，特定のディシプリンや学際的な「探求の共同体」を構想するとき，どうしても問いの共有と方法論の共有ないし住み分けに基づ

いた分業という「リサーチ・プログラム」型フォーマットで考えてしまう，という傾向性を指摘することは妥当だろう．具体的に総人のミカタでの議論にひきつけるならば，第1回の「学際性」をめぐるシンポジウムでも言及されたように，総人のミカタにおける大学院生・ポスドクの学際的な交流が「共同研究には発展しなかった」ことをもって，「もったいなかった」と評価するような傾向性である．

　ただちに付言すれば，こうした感慨を抱くことは，アカデミアの経済原理に拘束される研究者にとってはごく自然なことであり，それ自体は批判される筋合いのものではない．しかし，第2回のシンポジウムでの議論にひきつけたならば，また少し違うことがいえるかもしれない．つまり，「共同性」を育み合う学際的なコミュニティにおいて，そこでの協業が「リサーチ・プログラム」化されなかったことは何らの瑕疵でもない．むしろ，分業モデルに陥らず「関心」によってのみ結びつく共同体を立ち上げていたことの証左とさえ評価できるのである．少なくとも私には——第2回のシンポジウムの議論での表現を借りれば——，こうした総人のミカタの「インフォーマル」な側面にこそ，アカデミアにおける「共同性」を再考する際に何度でも参照されるべき価値が存するように思われてならない．

3　「何らかの全体論的な見方」から「総人のミカタ」をみる

　ここまで，総人のミカタにおける「学際性」と「共同性」をテーマとした全2回のシンポジウムでの討議から触発されつつ，ローティのアカデミア論における一節を着想源とするアイデアとその帰結を論じてきた．研究者たちが自らをある学術コミュニティ——特定の専門分野(ディシプリン)であれ，学際分野(インターディシプリン)であれ——に属していて，そこに仲間がいるのだというときに必要なのは，同じ目的——典型的には問いへの正しい回答を提出すること——の共有でも，手法や方法論における一致でもない．必要なのは「関心」の共有であり，個々の関心内容そのものは異なっていることを前提に，相手の抱いている関心／利害に対して関心をもつことだった．

　こうした関心によって紐帯された「探求の共同体」のあり方は，アカデミアの市場原理や現行制度において支配的な「リサーチ・プログラム」に駆動されるタイプのそれとは異なるものである．後者からみると，前者は非生産的と映りさえするだろう．冒頭に確認したように「探求の共同体」とは理念にほかならない．しかし，総人のミカタとは，まさにこうした関心によって紐帯された学術共同体が現出した例と捉えることができるのではないだろうか．

246

発足メンバーのひとりである萩原が，二度のシンポジウムで繰り返し語るところでは，総人のミカタの活動は，総合人間学部／人間・環境学研究科という実験的な新学部・大学院が掲げる学際的な理念と，その実態とのギャップを目の当たりにしての失望という，いわば組織的なアイデンティティの危機において立ち上がったという。危機的状況に立ち返られる理念は，えてして純化されたかたちで招来される。制度化されがたい「学際性」あるいは「共同性」を育み合うという見果てぬ理念が，少なくとも一時において総人のミカタという場で現出したであろうことは，特に第2回シンポジウムでの議論の射程が，大学制度を超えて，ビジネスにおける協働の現場へ，そしてさらに広くソーシャル・アクション全般にまで届きえたという事実が物語っていると思う。

もちろん，総人のミカタはプレFD（ファカルティ・ディベロップメント）にカテゴライズされる活動であり，リサーチ・プログラムに体現される今日のアカデミアの市場力学と密接に関わってもいるだろう。以下ではここまでの議論を踏まえつつ，FDの観点を補足することをもって稿を閉じたい。

総人のミカタの初期メンバーでもある谷川（2018: 110）は，FDの概念と実践を次のように整理している。大学に求められる教育機能は，その主たる「人材輩出先」である産業界，ひいては社会的なニーズによって変遷してきた。今日，アカデミアにおいて涵養されることが目指される能力とは，不安定性と流動性が高まった産業界と人材市場のニーズに対応しうる「柔軟な適応力」にほかならない。

そうした人材を輩出するためには，教員側にも授業内容と教授法について，従来からの改善が求められる。そこに大学という職場の内部施策としてのFDの眼目があるというわけだ。谷川はまた，「教授法の改善」といういわば「教師としての大学構成員」のみにフォーカスしたFD理解は，その発祥の地である北米においてはすでに過去のものになっていることも指摘する（谷川, 2018: 108）。参照されるのは，北米最大のFDネットワーク組織POD（Professional and Organizational Development Network in Higher Education）におけるFDの定義である[9]。

---

9) なお，まさに教員中心のFDからの脱却の意図から，PODではFD活動全般をED（Educational Development）と称する。EDの定義は以下Webサイトに掲載されている〈https://podnetwork.org/about-us/what-is-educational-development/（最終確認日：2022年4月26日）〉。また，谷川による訳出もWebサイト〈https://note.com/mircea_morning/n/n9c47c88921d8（最終確認日：2022年4月26日）〉で公開されている。本章でもこの訳文を用いた。

　この定義において印象的なのは，まずこうしたカリキュラムの対象となるのが，「個別の教授者ないし将来教員を構成するメンバー（individual instructor or future faculty member）」とされており，狭義の正規大学教員（faculty）にメンバーシップを制限せず，ポスドク・大学院生もまたメンバーシップを有することが明記されている点である。さらに，FD に関するプログラムは「教員」としてのメンバーに向けられた教授法の改善だけにとどまらない。メンバーは教員であると同時に研究活動に従事する「学者であり専門家としての教授者（the instructor as a scholar and professional）」でもあり，かつまた福利厚生や個人の幸福を追求する「人としての教授者（the instructor as a person）」でもある，と続くのである。

　あるべき FD は，このように多面性をもつ教員・ポスドク・大学院生を全人格的な存在として扱い，その一面だけを切り取ったカリキュラムでは不十分だとみなす。そして，ここで採用されているのは，教員とその候補者に対する「何らかの全体論的な見方（a holistic view）」なのだということが宣言されている。このフレーズは，本章の経た議論を踏まえるとなおのこと印象深い。

　「総人のミカタ」の活動は，日本型の教員中心の FD 観においての「プレ FD」，つまり正規教員ならざるポスドク・大学院生による自らのための教授法訓練の場という役割ももった，制度化されざるプログラムである。しかし同時にまた，ミカタの活動は，「何らかの全体論的な見方」に照らしてもあるべき FD であるということ，つまり教員候補者が教授法を改善するためだけの場所などというものではまったくないということは，本書の読者にはすでに自明だろうと思われる。

　そして，こうして「全体論的な見方」から自身と仲間たちを把握するような共同体であるからこそ，「教員候補者」や「それぞれ分野の違う研究者」という一面だけにおいては生じえないような相互への関心が育まれうる学際的環境が成立しているのだろう。つまり，各人が研究者として立てる「問い」自体を専門的に理解することができないとしても，その人に興味をもつがゆえに，議論を重ねられ，次第に立てられた「問い」自体を面白がる回路さえ形成されるのである。

　将来を約束されざる教員候補たち，学際的な新設組織という制度的に分断された孤独を抱えつつ各々のアウトプットに向かう若手研究者たち，そしてそれぞれの個人史を備えた一人ひとりの人格たち。こうした者たちが，いくつもの面から相互に関心を重ね合わせ，多分に属人的に結びついて時おり現出する「探求の共同体」。それがいかにえがたく，また制度的に維持・再生産されがたいものであるかは，本書の収録原稿から明らかだろう。

こうした場は，単にその希少性ゆえに価値をもつのではない。目的でも手法でもなく「関心」によって紐帯される共同体，今日のアカデミアのように生産性を求められる場にありながらメンバーの全人格性を捨象せず「全体論的に」捉えること，そうした理念を現出せしめた場が，たとえ一時であれ存立したというその事実のゆえにこそ価値を有するのである。

【謝　辞】
本章の執筆にあたっては，総人のミカタのスタッフや参加者のみなさん，とりわけ谷川嘉浩さん，萩原広道さん，真鍋公希さんと重ねたディスカッションから多大な示唆を受けた。記して感謝したい。本章は論文というにはいささか情感過多な文体になっている自覚はあるのだが，それはひとえに交流の過程を通じて筆者自身がミカタの皆さんに理想的な「探求の共同体」を感じ，一時とはいえそれに加われたという個人的な体験に起因するものであることも弁明として書き添えておきたい。

【引用・参考文献】
飯田　隆（2020）.『分析哲学 これからとこれまで』勁草書房
笠木雅史（2019）.「ケンブリッジ分析学派の興亡──「言語論的転回」はいつ起こったのか？」『科学哲学』*51*(2): 3-27.
ククリック，B.／大厩　諒・入江哲朗・岩下弘史・岸本智典［訳］（2020）.『アメリカ哲学史──一七二〇年から二〇〇〇年まで』勁草書房
菅　裕明（2004）.『切磋琢磨するアメリカの科学者たち──米国アカデミアと競争的資金の申請・審査の全貌』共立出版
谷川嘉浩「効果的なファカルティ・ディベロップメントの条件を考察する──デューイの反省的注意とセネットのクラフツマンシップ」『人間・環境学』*26*: 107-118.
福井憲彦［編］（2018）『対立する国家と学問──危機に立ち向かう人文社会科学』勉誠出版
山口裕之（2017）.『「大学改革」という病──学問の自由・財政基盤・競争主義から検証する』明石書店
リップマン，M.／河野哲也・土屋陽介・村瀬智之［訳］（2014）.『探求の共同体──考えるための教室』玉川大学出版部
ローティ，R.／冨田恭彦・戸田剛文［訳］（2011）.『文化政治としての哲学』岩波書店（＝Rorty, R.（2007）. *Philosophy as cultural politics*. Cambridge: Cambridge University Press.）
ローティ，R.／冨田恭彦［編訳］（2018）.『ローティ論集──「紫の言葉たち」 今問われるアメリカの知性』勁草書房
Gross, N.（2008）. *Richard Rorty: The making of an American philosopher*. Chicago: The University of Chicago Press.

「総人のミカタ」と私①

金澤木綿〔日本中世史〕

　私が「総人のミカタ」に初めて関わったのは，まだ学部生の頃，参加者としてだった。それが気づけば，運営していた当時の大学院生の方々にポンと肩を叩かれ，今や運営側である。時の速さに愕然とする。

　この原稿を依頼されるにあたり，また，これから今年度のミカタを始めようとするにあたって，学部生の私が何を考えてミカタの門を叩いたのかを思い出した。今のミカタが，かつての私の期待にどれほど応えられているかも含め，書いてゆきたい。

　京都大学は，一般的には「変な大学」といわれている。奇抜な発想をもつ学生が多く在籍していて，独創的な研究も多く発表され，さすがノーベル賞を多く輩出する大学だ，などといわれている。だが，蓋を開ければそんなこともない。いわゆる普通の学生もたくさんいる。時々，学風はこう揶揄される。「一握りの天才を引き抜くための大多数の学生」と。

　行動力があって，年上の研究者にも物怖じしない。そんな人びとにスポットライトが当たるなかで，普通を脱したい，実はもっと研究に触れてみたい，でもどうすればいいのかわからない，そんな学生は結構多いのではないだろうか。かくいう私がそうだった。その私が，気軽にふらっと立ち寄れたのが総人のミカタだったのだ。毎週木曜日，いつでも立ち入ることができて，黙っていてもいい。ひと握り勇気を出せば，参加者も大学院生も気軽に話をしてくれる。

　だが，COVID-19の流行や，運営メンバーの減少から，ミカタのありようも変化を余儀なくされている。他講義と同様に，ミカタの授業もオンラインでの開講となった。しかし，このオンラインが結構な曲者だ。一度に多人数が発言できないため，打ち解けていない仲でのオンライン懇親会は誰かの演説会のような様態になりかねない。

　また，マイクのミュートを外す，カメラをつけるというひと手間に，意外と勇気が要る。相手は見知らぬ大学院生だ。初めて訪れる研究室のドアをノックするようなものだろう。今や，総人のミカタは気軽な場ではなくなってしまったのではないか。そんな危惧を覚えている。

　気軽に参加できなくなったのは大学院生も同様だ。話をしてみればミカタの活動に賛同する大学院生は意外といるのだが，メールを送って参加申請をしてミーティングURLをもらって，と工程が多く，ちょっと様子を見に，ができなくなっている。活動存続も含め，新規メンバーの加入も大きな課題だ。

　大きな遺産を引き受けてしまったというのが正直なところだ。だが，守り伝える意義があるからこその遺産だ。形は変われども，かつての私に味方をしてくれた，総人のミカタを続けてゆきたい。

「総人のミカタ」と私②

浪花晋平〔触媒化学〕

　私は京都大学大学院人間・環境学研究科（人環）の博士課程在学中に，2020年度「総人のミカタ」の運営を行った。2020年といえば，2021年夏現在なお猛威を振るっている新型コロナウイルス感染症の感染拡大が始まった年である。大学の講義は軒並みオンライン授業となり，実験系の演習ですらオンラインで実施するという異例の事態となった。総人のミカタも例外ではなく，講義や講義後の検討会など，活動はすべてオンラインで行った。加えてこの年度から，私も含めほとんどの運営スタッフが新規メンバーとなったこともあって，さまざまな面で不安を抱えながら活動していたのを覚えている。ここでは，比較的新しく総人のミカタに参加した大学院生として，私が何を期待して総人のミカタに参加したのか，参加して実際どうだったのかを共有することで，今後総人のミカタをよりよくするために必要なこと，さらには総人のミカタの意義について考えてみたい。少し強い言葉を使っているが，総人（総合人間学部）・人環のあり方についてそれほど真剣に考えているということだと思って，ご容赦願いたい。

　私が総人のミカタに参加したのは2019年，私が博士課程に進学した年であった。人と違う何かがしたいと思い総人に入学したものの，その思いを消化できずに燻っていた私にとって，総人のミカタは，その思いをぶつけられる，そして総人・人環に入った意味をみつけられる場所に思えた。実際，異なる分野の大学院生との議論は面白く，議論を通じて自分の専門分野の学問的な位置づけを考えることができたことは，人環ならではの醍醐味であった。また，同じ悩みをもつ友人ができたことは少なからず私のフラストレーションを解消してくれた。しかし一方で，若干の物足りなさを感じていたのも事実である。というのも，私が本当に欲していたのは，総人・人環ならではの具体的な研究成果だったからである。他分野の人と交流したり悩みを共有したりといったことは，実は総人・人環では交流会などを通じて定期的に行われており，私はこういった交流の場にある種退屈していたのである。もちろん異分野の人と議論することは，研究科の教育上の目的にあるよう，「人間および環境の問題に対して広い視野」をもつために重要なことであろう。しかし研究科がそのような教育目標を謳うのであれば，広い視野をもつことでしかなしえない研究成果があってもいいのではないだろうか。総人・人環がいまいちどのような学部・研究科かわからないのは，売りにしている学際性を「視野」や「知識」などの曖昧な概念の一点押しにしているからであると考える。学際性に基づく具体的な研究成果が出れば，おのずと学部・研究科の特徴も具体的になり，進路に悩む総人生・人環生も減るはずである。これは総人のミカタの問題というよりは総人・人環の問題であるが，総人・人環の教育体制に対する大学院生の問題意識から生まれた「総人のミカタ」という団体だからこそ，現状の教育体制ではなしえない，具体的な成果が生まれる場として機能してもいいのではないかと考えている。それによって，総人のミカタという団体の存在意義もより強固なものになるはずである。ただ，実際にそのような研究成果を出すのは非常に困難であろう。大学院生はまず自身の専門研究があり，総人のミカタにどれだけ労力を割くことができるかが問題である。大学側からより大きなサポートが得られれば，あるいは可能かもしれない。

　以上，長々と書いたが，私は総人のミカタに参加することができてよかったと思っている。総人のミカタを通じて，初めて人環に残った意味を見出すことができた。この団体を，大学側に認知されるほどに成長させた方々には深く敬意を表する。将来，総人・人環で学んだからこそなしえたといえる仕事をすることが，総人のミカタを通してつながった友人や，総人・人環に対しての恩返しになると信じて，これから生きていこうと思う。

「総人のミカタ」と私③

萩生翔大〔身体運動制御学〕

　当研究科に教員として着任した際，学際教育を推進していくという立場で，ミカタの活動に関与させてもらうこととなった。初めてミカタ主催のシンポジウムに参加した際には，一見さんは一歩引いてしまうのではないかと思うほど，学際に対する考え方が洗練されているという印象を受けた。学生主体の運営を尊重しつつ，教員という立場でどう関わっていくべきか，若干の不安もあったが，初期メンバーからの代替わりの年であったこともあり，一緒に学んでいこうという気持ちで関わり始めた。また，総人ゼミ（総合人間学部が開講している形式に囚われない少人数ゼミ。単位認定はない）としての開講認定を得た年であったため，総人ゼミ「総人のミカタ」の最初の担当教員となった。ただ，担当教員というのは名ばかりで，企画や運営は従来どおりすべて学生が担当し，私は一参加者として講義を楽しませてもらっていた。

　ミカタと大学とをつなぐなかで個人的に驚いたのは，ミカタの活動に対する大学側の反応がすごくよいということだ。ミカタの件で問い合わせた際の学部教務掛や大学院掛の方々の反応をみても，発足メンバーが大学側といい関係を築きながら活動を進めてきたことがうかがえた。

　最近は，コロナ禍も相まって満足のいく運営ができていないように感じる。講義の参加者も決して多いとはいえず，また，臨場感のある講義や議論が難しいオンラインでの実施という，もどかしい状況が続いている。学生自身各々の研究活動があるなかで，ミカタの運営に半ば義務的に携わっている姿や，特定の人に負担が偏っているところをみると，不憫さを感じることもある。しかし，できればこのまま活動を続けてもらいたい。文字どおり，学生や初学者のミカタ（味方）としての意義はもちろんのこと（講義によっては初学者が内容を理解するのは少し難しいかなと感じることもあるが……），運営する学生自身の研究成果の発信や教育活動についての訓練（いわゆるプレFD）の場として，機能的な意義を感じる。毎回の講義後の反省会を経て，次の講義時にはグンとプレゼンがよくなる場合が多く，学生たちの研究者・教育者としての成長を実感できた。研究に対する考え方だけではなく，スライドの作法もまったく違う異分野の学生同士が関われる具体的な場は，実に貴重である。誰も引き継がなかったら私が授業として実施したいと思うほど，すばらしい取り組みだと思っている。

「総人のミカタ」とは何だったのか

真鍋公希〔社会学〕

1 はじめに

　この活動を計画している段階で，最も難航したのは企画名を決めることだったと思う。だいたいのことは一回のミーティングで決まっていたが，これだけは一向にいい案が浮かばず，何度も持ち越して議論していた。それだけに，一人が「総人のミカタ」(以下，ミカタ) という案を口にした瞬間には，かかっていた霞が一気に晴れたように感じたのを覚えている。「それぞれの専門分野のものの見方を伝える／比べることで，総人生・人環院生[1] の味方になる」という活動の主旨を，これほど端的に表した名前というのは，なかなかないだろうと感心した（ちなみに，関西地区では『正義のミカタ』というテレビ番組もあるが，この存在を当時は知らなかった）。なんとなく，企画が軌道に乗りそうだと思った瞬間でもあった。

　「見方」と「味方」の掛詞。その名の由来からわかるとおり，ミカタは二つの目的をもっている。一つは，とりわけ大学院生にとって，他者との対話を通して自分の専門分野を相対化する契機となることであり，もう一つは，総人・人環という組織やそこにいる学生のアイデンティティの問題に寄与することである。本書を構成する「学際性」と「共同性」という二つのテーマは，この活動目的に対応している。

　さて，本書ではこれまで，この二つの目的を志向したミカタの活動がいかなる意義と可能性をもち，どのような限界を抱えているのかについて，さまざまな観点か

---

1)「総人生」は京都大学総合人間学部（総人）の学生，「人環院生」は京都大学大学院人間・環境学研究科（人環）の大学院生のことをいう。以下，必要に応じて「総人」「人環」という略称を用いる。

ら論じてきた。また，私自身の考えについては，2018 年度に刊行された活動報告書
（真鍋, 2018）のなかで示したとおりである（この報告書はオープンアクセスなので，
興味をもたれた方はそちらを参照してほしい）。そこで，本章では，2 回のシンポジ
ウムを終えたあとに，あらためてミカタの活動を振り返って考えたことのいくつか
を紹介することにしたい。他の章に比べてまとまりを欠いた内容になってしまった
が，それでも，これまでの議論とは少し異なるミカタの側面に光を当てられればと
思う。

2 「公式の動機」とそれぞれの動機

　本書でも何度か言及されたとおり，ミカタの活動動機の一つとして，総人・人環
という組織のアイデンティティの脆弱さや，そこでなされている教育への不満を挙
げることができる。結局は各専門分野ごとの指導が行われているという現実，いか
にも「京大らしい」放任主義的な学生対応，あるいは，その荒野を生き抜いた一握
りの成功者を教育成果として誇る素朴さ。こうした実態を学部生の頃に経験し，そ
れに違和感を覚えたメンバーの思いが，ミカタを駆動させてきたことは間違いない
だろう。しかし，注意が必要なのは，第 10 章を担当した杉谷がそうだったように，
この動機はミカタに参加した大学院生全員が抱いているものではないということだ。
講義担当者の半数以上が総人以外の学部を卒業していることに鑑みれば，この動機
を抱いているのはむしろ少数派といわなければならない。
　実際，日々の活動のなかでは，これとは違う動機が語られることもたくさんある。
にもかかわらず，先のシンポジウムや報告書での論考を含めて，これまでのミカタ
を語る公式の機会では，この動機のみが強調されすぎてきたように思われる。たし
かに，「学部生を相手に模擬講義をする」「学年や分野を超えた交流の場である」「大
学院生が立ち上げた自主的な活動である」といったミカタの特徴が，総人・人環の
抱える諸問題への一つの応答であることは間違いない。そのため，この動機が「公
式の動機」として機能するのは，ある意味で当然なのかもしれない。ただ，これま
で「公式の動機」ばかり取り上げてきたことで，ミカタに参加したことのない読者
に，この動機が多くのメンバーに共有された中心的なものだという印象を与えてし
まっているとしたら，それは多様なメンバーに支えられながら活動してきたミカタ
の現実からかけ離れてしまう点で望ましいことではないだろう。そこで，ここでは，
この「公式の動機」とは異なる動機のうちの一つに注目して，話を展開してみるこ

とにしたい。というのも，実は私がミカタの構想を思い立ったときも，この「公式の動機」を強く意識していたわけではないからだ。

　この企画を思いついた直接のきっかけは，2016 年の夏に行われた「大学院生のための教育実践講座」という京都大学のプレ FD 研修に参加して，文学部で行われている「人文学入門」の実践を知ったことだった[2]。人環ではその年の冬に教養教育実習のパイロット版が始まったばかりだったこともあり，私はこの文学部の取り組みを聞いて，何だか先を越されたような感覚と，「人環でもこのくらい本格的なことをしたらいいのに」という素朴な感想を抱いた。きっかけは，このきわめて些細な出来事だったのである。後に「ミカタ」となる企画のあり方が総人・人環の抱える問題と対応づけられていったのは，企画の原案を練り始めてからのことであった。このように振り返ってみると，ミカタという活動にかたちを与えたのは間違いなく総人・人環の抱える問題なのだが，そのスタート地点にあったのは，現在の大学教育のあり方に関する漠然とした関心だった，というのが適切なようにも思える。この漠然とした関心に導かれて参加したプレ FD 研修でたまたま抱いた感想をある程度現実化できるとは，当時は思ってもみなかったが。

　もっとも，大学教育に対するこの漠然とした関心も，自分のなかに元来より存在していたものかといえば疑わしい。というのも，前年にはいわゆる「文系学部廃止」騒動が世間で大きなニュースとなっていたし（室井, 2015; 吉見, 2016），そうでなくとも大学設置基準の大綱化や大学院重点化，国立大学の法人化などの大学改革によってもたらされた歪みは，大学のなかにいる人間にとっては明らかなものとなっていたからである。博士後期課程への進学を検討している大学院生ならば，こうした状況にまったく無関心であることのほうが難しいだろう[3]。ただ，それは裏を返すと，もう少し希望がもてる状況だったならば，私は大学教育に対してさほど関心をもたなかったかもしれない，ということでもある。

　要するに，私がミカタを始めた動機の一つは，この時代の雰囲気のなかで醸成された，大学教育に対する漠然とした関心だったというわけだ。そして，おそらく，「公式の動機」を共有していないメンバーのなかには，この関心を共有できたから参

---

2) これは，京都大学文学研究科で学んできた若手研究者が行うリレー形式の講義であり，他大学の学生も受講できるしくみとなっている。詳細は田口ら（2013）を参照されたい。

3) 専門分野も活動内容も大きく異なるうえに，教育観に至っては正反対であるにもかかわらず，〈予備校のノリで学ぶ「大学の数学・物理」〉という YouTube チャンネルに私が共感するのは，動機の根底にこうした経験があるからなのであろう。

加したという人も少なくない。その意味で，ミカタは総人・人環が抱える固有の問題に起源をもつと同時に，この時代の産物でもあった[4]。

　もちろん，この感覚もまた（少なくとも数名に）共有されていた動機のなかの一つにすぎない。この関心とも「公式の動機」とも違う動機で参加しているメンバーだって，実際にはたくさんいるのだから。そして，こうした多様な動機を包摂し，それらを語ることで互いを刺激できるような空間であったからこそ，ミカタは活動を積み重ねてこれたのだと思う。それゆえ，もしミカタが今後も続いていくとすれば，それは「公式の動機」を合言葉のように反復するのではなく，それぞれの動機を自由に語りながら，それらを重ね合わせていくことを通して以外にはありえないだろう。

3　個別の知識を超えること

　前述の報告書の論考（真鍋, 2018）を準備していて驚いたことが一つある。それは，総人・人環の前身である教養部の頃から，この組織のあり方について幾度となく議論されているはずなのに，毎回，過去の議論がほとんど忘れ去られてしまっているということだ（ただし，後年に林哲介（2013）が教養部改組までの議論の変遷をまとめている）。そのため，いくつかの資料に目を通していると，少し時間が経ったあとで以前の議論がかたちを変えて現れてきているだけような気がしてくる。単に私の読み筋が悪いだけなのかもしれないが，1988 年の『教官部会ニュース』には，「1970 年代の「大検委」では，こうした問題が，いろいろ検討されたのに，その後，棚ざらしになっている。もう一度その討論を見直したらいいのではないか」（京都大学職員組合教官部会, 1988: 1）という意見も掲載されているから，私の印象もあながち間違いではあるまい。加えて，総人設立後の「総合人間学を目指して」というリレー講義に関する取り組み（有福, 1999; 津田・小川, 2000）や，それをめぐ

---

4) ここで述べた大学教育に対する関心は，学術をめぐる社会的なコンセンサスの再構築を目指すものとも言い換えられる。ところで，この種のコンセンサスがほとんど失われてしまったように思える今日において，「だから何」「それがどうした」という問いは，第2章で高橋がいうように，いまだに「ときとして」直面する「不躾」なものなのだろうか。否，そうではあるまい。実際，日常の私的な会話から研究費申請といった公的な場面まで，私たちはいつもこれらの問いにさらされつづけている。この状況において「だから何」「それがどうした」という問いと格闘した結果，得られた答えの一つが，専門分野のものの見方を伝えること——それを通して社会的なコンセンサスを再構築しようとすること——であった。

るいくつかの考察（藤岡・杉原, 2002; 溝上, 2002; 杉原, 2004）も，現状ではほとんど忘れ去られてしまっているといわざるをえない。ミカタを始める前にこれらの歴史を知っていたら，おそらく，今日のミカタとは違ったかたちで活動が展開されていただろう。

　ところで，丸山眞男（1961）は日本の論争史を「これだけの問題は解明もしくは整理され，これから先の問題が残されているというけじめがいっこうはっきりしないままに立ち消えになって［…］何かのきっかけで実質的に同じテーマについての論争が始まると，前の論争の到達点から出発しないで，すべてはそのたびごとにイロハから始まる」（丸山, 1961: 7）と批判した。私の印象に照らすと，教養部－総人・人環での議論もこの丸山の批判の例外ではなかったわけだ。いや，丸山は，日本の思想が抱える問題の核心を，さまざまな立場が存在しつつも相互に関連づけられない雑居状態に求めたのだから，教養部－総人・人環はその典型例というべきなのかもしれない。だがいずれにせよ，この状況を少しでも進めるために，報告書の論考では教養部からの議論の系譜にミカタを位置づけることを試みたのだった。

　しかし，今になって思うと，報告書で描いた教養部－総人・人環の歴史についての「〈教養教育〉と〈学際〉の二つの焦点をもった楕円軌道」という要約は，これまでなされてきた議論の表層をなぞっただけだったのかもしれない。もっとも，表層の変化を記述するのも，堂々巡りを自覚してそこから抜け出すためには必要なのだが，「けじめ」をつけておくべきはほかの点だったように思えるのだ。では，それは何か。まだ十分に概念化できていないが，ひとまずここでは，それを「個別の知識を超えること」と呼ぶことにしたい。説明のために一例を挙げておこう。

　　教養教育にとって不可欠なもの，それは，知性を触発する話が語られ，聴かれるという事態そのものである。触発がなければ，教養教育自体が姿を消す。このことへの敏感さが失われ，「ともかく教養という情報の束を右から左へ，つまり教員から学生へ移せばよい，ともかく学生に注入しさえすればよいのだ」ということになったとたん，教養教育は死んでしまう。右から左へ移すことが大事なのではなく，それが聴く側の知的関心を刺激するかたちでなされることが大事なのだ。（高橋, 2013: 55）

　引用したのは，総人・人環の学部長・研究科長在職時に「研究を語る」という教育理念を提起し，本書第2章を執筆した高橋由典が教養教育について語っている一

節である。ここでは，教養教育の核心が，「教養という情報の束」をただ伝えるのではなく「聴く側の知的関心を刺激する」ことにあると主張されている。それぞれの専門分野の知識や技能といった個別の知識の教授／習得を超えて，知的な触発を生じさせるということ。これと相同的な論理は，実は，「個別科学」的な教育研究ではなく「学問の全体性」を志向した教育研究を目指した教養部での議論にも読み取ることができる（真鍋, 2020）。

　また，この論理はなにも教養部－総人・人環での議論に限られたものではなく，教養（教育）をめぐる議論でもしばしば目にするものである。

> 重要なのは，この種の不毛な二項対立〔引用者注：「読む」ことに力点を置く教養語学と「話す」ことに力点を置く実用語学〕を超え，英語であれ他の外国語であれ，それを習得することによって何らかの限界から解放されたという喜びを学生たちに味わわせること，そして異文化の広がりと深みへといざない，世界の驚くべき多様性を肌で実感させることである。そうした知の地平を切り拓く「リベラルアーツとしての語学教育」を実践することこそが，これからの大学には求められているのではなかろうか。（石井, 2019: 16）

> 日本の高等教育における初年次教育は，いまやスキル重視の方向へ偏重してしまったのだ。ただし，学生の学力低下という現実を目の当たりにして，「入学者として受け入れた学生の教育に責任をもつ」という点において，自ら教材開発に乗り出す教員は良心的なのではないかという反論もあるだろう。もちろん良心的であることに異議はないのだが，教材やカリキュラムに現れるプログラムの着地点が，学問の文脈から切り離されたスキル教育になっているようでは批判せざるをえなくなってしまう。（東谷, 2019: v）

　外国語の読み書きを習得させるよりも「異文化の広がりと深みへといざない，世界の驚くべき多様性を肌で実感させる」ことにアクセントを置く第一の言説も，スキル偏重の現状を批判して初年次教育に「学問の文脈」を再導入せよと主張する第二の言説も，「個別の知識を超えること」を目指している点では共通している。もちろん，それぞれの議論が置かれた文脈は異なるし，各論者が個別の知識を超えた先の到達点に何を想定しているかも違うだろうから，こうしたまとめ方は大づかみなものにすぎない。それでも，個別の知識それ自体の教授／習得と「個別の知識を超

えること」を区別し，前者よりも後者を重視する論理が，京都大学の事例のみなら
ず，教養（教育）をめぐる言説を構成する重要な枠組みになっていることはおそら
く間違いないだろう 5)。

　そして，「扱う内容は古典でも自分の研究でも何でもよいから，それを通して専門
分野のものの見方を伝えることを目指す」というミカタの根幹をなすコンセプトも，
もちろんこの論理に対応している。ミカタにおける個別の知識を超えた先の到達点
こそ，それぞれの専門分野の「ものの見方」なのである。とはいえ，このコンセプ
トを毎回の講義で達成できたわけではない。むしろ，このコンセプトを掲げて活動
していくなかで私たちが直面したのは，個別の知識それ自体の教授／習得と「個別
の知識を超えること」のバランスをどう調整するか，というきわめて当然の問題で
あった。実際，個別の知識を伝達することが中心の授業の後に行われた検討会では
「何を伝えたかったのか」が議論となり，初学者の興味を引きやすい題材を扱って
パースペクティブを提示しようとした授業に対しては「何を習得してもらいたかっ
たのか」が問われてきた。もちろん，この葛藤の「落としどころ」は一義的に決め
られるものではないから，検討会でいくら議論したところで，何らかの結論が得ら
れたわけではない。私たちは，ただ，自分とは異なる専門分野の，自分とは異なる
スタイルで進められる授業で生じる葛藤を，議論の俎上に載せることで共有しただ
けである。

　さて，上述のような教養（教育）をめぐる言説において，この種の葛藤が取り
上げられることは稀といえる。京大の教養部－総人・人環での議論も同様で，1970
年代にみられた「専門の基礎，下請け的なものと知的活動一般の基礎としての一般
教育というふたつの面を，どう調和させ両立していくのか」（『教官部会ニュース』
(17) 1979.10: 2，傍点は引用者による）という問題意識は，その後，後者の側面を
強調していくなかでほとんど忘れ去られてしまったように思える。

　現実に直面するはずの葛藤を棚上げして「個別の知識を超えること」だけを強調
する。そうすることによって，軽視されがちな「教養（教育）」の意義を強調したり，
大学教育の現状を批判的に捉えたり，あるいは多様な専門分野の教員がいる組織に
統一感をもたらしたりすることはできたのかもしれない。だが，それは同時に，大

5) このようにみたときに，教養部－総人・人環での議論がユニークなのは，関心のさまざ
　まな初学者が相手になるという教養教育の状況を，個別の知識を超えるための積極的な
　条件に読み替えているところだろうが，これについては拙稿（真鍋, 2020）を参照しても
　らいたい。

講義室での授業，語学，基礎科目——さらに最近であればリメディアル教育やPBL
（Project Based Learning）などを含めてもよいかもしれない——といった授業ごと
の形態や目的，そして専門分野によっても異なるはずの葛藤の「落としどころ」の
差異を不可視化することでもある。それゆえ，これらの語りは，ともすれば容易に，
萩原のいう意味での「学問の共生」（☞第3章）を脅かす事態に横滑りしてしまうだ
ろう。

　さまざまな教育場面に共通する「個別の知識を超えること」の重要性の（再）発
見が，教養部−総人・人環での議論の，あるいはほかの教養（教育）をめぐる言説
の一つの到達点であるとするなら，ミカタの活動が気づかせてくれたことは，個別
の知識それ自体の教授／習得と「個別の知識を超えること」を調和させることの困
難さ，そして，その「落としどころ」の多様性であった。これらに目を向けるなら
ば，おそらく次に求められるのは，多様な「落としどころ」のあり方を認めたうえで，
自らが一度設定した「落としどころ」を不断に問い直しつつ実践を積み重ねること
だろう。こうしたけじめのつけ方がどこまで妥当かはわからないが，せめて，議論
が再びイロハから始まることを避ける一助になればと思う。

4 「ものの見方」は細部に宿る

　教育スキルの向上，自分の専門分野に対する反省的な視点の獲得やそれに伴う専
門性の深化，あるいは異分野の特質を把握する力の涵養。これまで論じてきたとお
り，ミカタの活動は，さまざまな観点で大学院生の能力開発につながるものである。
この本書の主張に対して，読者のなかには次のように思う人もいるかもしれない。
「理屈としては正しいことを言っているかもしれないが，たった2回の模擬講義と
ディスカッションを経験したところで，いったいどれだけ効果があるのだろうか」。
この種の批判に対しては，以下のように答えておきたい。「この批判は，ミカタにお
ける検討会の意義を軽視したものである。模擬講義やディスカッションを担当する
ときだけが，能力開発の機会なのではない。なぜなら，講義を担当していない大学
院生にとっても，毎回の検討会は訓練の場として十分に機能しているからだ」。

　この答えには，さらに次のような反論が返ってくるだろう。「検討会の主目的は，
その日の講義についての意見交換なのだから，講義担当者にとっては有益だろうが，
講義を担当していない大学院生に求められているのは，せいぜい気づいた改善点を
述べたり，理解できなかった用語を確認したりする程度のことなのではないか。学

会やゼミではないし，基本的には専門分野さえ違うのだから，こうした質問はさほど緊張せずにできるはずだ。いったいどこに，講義を担当していない大学院生にとっての訓練の要素があるのか」と。

　この反論への答えとしては，次の二つを挙げることができる。第一に，他の大学院生が指摘する講義の講評や改善点を聞くことで，教授法のレパートリーを広げられるということ。第二に，「専門分野のものの見方を伝える／比べる」というミカタのコンセプトが検討会でも意識されることで，初歩的な質問にとどまらないコメントをするという動機づけが形成されていること。

　まずは，第一の点からみていこう。検討会では，参加した大学院生全員が順番にコメントをしていく。そのため，他の大学院生のコメントで自分が気づかなかった点が取り上げられたり，自分の指摘した部分に異なる改善方法が提示されたりすることも稀ではない。こうしたコメントは，講義を担当した大学院生だけでなく，担当していない大学院生にもさまざまな示唆を与えるものだといえる。たとえば，ある講義内でさまざまな話題が取り上げられた結果，全体の流れが読み取りにくくなっていたとしよう。この問題点を改善しようとすれば，どのような方法を取ればよいだろうか。考えられる改善策としては，取り上げる話題を絞る，最初に目次を紹介して全体の流れを事前に意識させる，中間部分にまとめを入れて話を整理しながら進める，本筋から外れる部分は余談であることを伝えてメリハリをつける，などがありえよう。いずれもちょっとした教授法の工夫のように思えるかもしれないが，これらを適切に取り入れられるかどうかで，講義のわかりやすさは大きく変わる。だが，このように複数の方法を最初から思いつく大学院生は決して多くはない。それゆえ，自分が思いつかなかった方法に目を向けさせてくれる他の大学院生のコメントは，講義を担当しているかどうかに関係なく貴重なものだといわねばならない。

　もちろん，他者の講義に対してなされた指摘をすべて自分の講義へと応用できるわけではない。しかし，教授法のレパートリーを増やしておくことで，その後のキャリアで実際に講義を担当するようになったときに，より柔軟な対応を取れるようになることが期待できる。大学のユニバーサル化が進み，さまざまな関心や能力をもった学生を相手に講義をすることが求められている現状に鑑みるならば，この意義は決して小さくない。以上のことから，講義を担当していない場合であっても，検討会が大学院生の教育スキル向上に資する訓練の場になっていることがわかるだろう。

　次に，第二の点を確認しよう。先述した講義のテクニカルな改善点を指摘する以外には，検討会では用語の確認のような初歩的な質問が議論の俎上に載せられることが多い。初学者向けの講義についての検討会であることを踏まえれば，これらの質問もさまざまな気づきを与えてくれることは間違いない。だが，初歩的な質問しかしないのであれば，講義を担当していない大学院生が検討会で緊張感をもって発言する必要はほとんどないのではないか。これが先ほど提示した反論の要点であった。こうした疑問は無理もないが，その想像に反して，実際には講義を担当していない大学院生も緊張感をもって毎回の検討会に臨んでいる。なぜなら，「専門分野のものの見方を伝える／比べる」というコンセプトによって大学院生同士の競争心が刺激され，ものの見方に関連した「いい指摘」をすることへの意欲が高められるからである。

　「初歩的な質問も必要だが，やはりコメントするからには，他の大学院生が気づいていない改善点を指摘したり，その日の講義で語られたものの見方に通じるような論点に言及したりしたい。あるいは，自分の専門分野に引きつけて，それと対比しながらコメントしてもよい。少なくとも，ありきたりな一般論や当たり障りのない感想だけで終わるのは嫌だ」。こうした気持ちで毎回の検討会に出席していたのは，おそらく私だけではあるまい。むろん，こう思っていたところで，毎回「いい指摘」ができるわけではない。しかし，この競争心が検討会に緊張感をもたらし，講義を担当しない大学院生にも思考を促していたのは間違いない。この講義では何を伝えたかったのか／伝えればよいのか，どこを改善すればよりわかりやすい講義になるのか，自分と相手の専門分野の共通点／相違点はどこか。「ものの見方を伝える／比べる」というコンセプトに方向づけられた問いに，他の大学院生とは少し異なる観点で答えようとすることで，ミカタでは常に，各章で論じたような自己相対化の契機が生じていた。

　「いい指摘」をめぐって互いに差異化しようとする斥力と，教授法の些細な工夫や何気ない気づきを共有する引力とがせめぎ合う場。検討会に満ちているこのダイナミズムこそが，大学院生の能力開発という機能を根幹で支え，ハードであってもそこに身を置きたくなるミカタの魅力の源泉だった。それゆえに印象的なエピソードもたくさんあるのだが，ここではそのなかの一つを紹介することにしよう。

　ここで取り上げる講義は，「フラクタルと呼ばれる図形」（担当：伊縫寛治，専門：数学（解析系））である。講義の概要や当日の雰囲気の詳細については報告書（人間・環境学研究科院生による総合人間学部向け模擬講義企画「総人のミカタ」

運営委員会編, 2018: 88-89）を参照してもらいたいが，一言でいうなら，フラクタル図形を扱いながら，最終的には次元（長さなら1次元，面積なら2次元，体積なら3次元）の一般化——数学の用語でいえばハウスドルフ次元——を紹介する内容であった。もっとも，タイトルからわかるとおり，話題の中心はむしろフラクタル図形にあり，シェルピンスキー・ガスケットの「面積」はどのように求められるのか／定義できるかということに時間を割いて，結論としてこの図形の次元が非整数値となることを示すというのが，この講義のおおまかな流れだったと記憶している。

　この講義に対して，私は次のような指摘をした。「シェルピンスキー・ガスケットという題材は親しみやすかったが，背景になっている次元の一般化をもっと強調したほうがよかったのではないか。というのも，なじみ深い整数次元を非整数へと拡張するという点は，数学らしい「ものの見方」の一つといっても過言ではないからだ。それから，「単位」をどう設定するかというのが今回の計算におけるポイントになっていたわけだから，1次元の単位は m，2次元の単位は㎡，3次元の単位は㎥であるのに対して，シェルピンスキー・ガスケットの単位＝次元は m の指数部分が非整数値になっている，という説明をすれば，学部生もより理解しやすくなるだろう」。

　正直なところ，このコメントを思いついたときの私には，模擬講義の大枠をきちんと理解したうえで的確な教授法の工夫を提案している自信があった。実際，検討会に出席している他の大学院生のほとんどは私の指摘に納得した表情を浮かべていたので，その様子をみた瞬間は，我ながら「いい指摘」をしたものだと一人悦に入ってしまったくらいである。ところが，肝心の伊縫と，同じく解析系が専門の須田の二人の反応だけは芳しくなかった。なにか大きな勘違いをしていたのかと不安になったが，彼らが難色を示したのは，講義に対する私の理解ではなく，次元の一般化を単位表記の指数部分に喩える教授法の工夫のほうだった。彼らによれば，メートルのような実際の単位を使うのは「具体的すぎてよくない」のである。講義を理解しやすくするための工夫として提案しているにもかかわらず，この点を譲ろうとはしない二人に驚きを感じたのは私だけではなかったはずだ。

　そして，この場面で二人に「具体的すぎてよくない」と感じさせたもの，すなわち厳密性と抽象度を重んじる性向こそが，数学的な「ものの見方」のより根本的な部分だったのだろう。講義内容の大枠を理解できていても，私は数学のことをまったく「わかって」いなかったわけだ。ただ，この不調和なやりとりは，それを通して数学者とのあいだにある隠れた断絶を明るみにしたという意味で，予見できる程

度の調和的な着地点で落ち着くよりもよっぽど「ものの見方を比べる」ことに成功している。このエピソードが印象に残っているのは，この意図せざる成功——「いい指摘」だと思っていたものが，まったく想定外のかたちで「ものの見方」を浮き彫りにした——ゆえである。

しかし，本当にこれが成功なのかと，さらに問いを投げかける人もいるかもしれない。「他者とのあいだに横たわる断絶が露呈するだけでいいのか。真鍋はそれを乗り越えて数学者の「ものの見方」をわかろうとすべきではなかったのか。数学者はその「ものの見方」を言語化して教育の場に持ち込む工夫を考えるべきではないのか。差異を乗り越えることを目指さずに「ものの見方を比べる」だけで，本当に十分なのであろうか」と。

「ものの見方を伝える／比べる」というコンセプトは，互いの特徴や差異についてのコミュニケーションを私たちに促す反面で，特徴や差異が表出した時点で私たちを満足させ，コミュニケーションを止めてしまう効果をもっている。だからこそ，この不調和なやりとりはそれを乗り越えることなく，不調和なままで終わってしまった。また，実際には，もっと浅いところで，お互いの表面的な違いを確認するだけで終わってしまったコミュニケーションも数多くあったはずだ。そしておそらく，ミカタはこの限界から逃れることができない。

それでも，このことを悲観する必要はないだろう。ミとファのあいだの音をもたないピアノが，まさにそれによって無限の楽曲を奏でられるように，ミカタもこの限界を背負っているからこそ，細部に宿るものの見方に気づくチャンスを得ることができるのだから。

5 「総人のミカタ」は「味方」になれたのか

さて，ミカタのコンセプトの一つは，「活動を通して進路に迷いがちな総人生の味方になる」ということであった。果たして，私たちはこのコンセプトをどれほど達成できたのだろうか。正直なところ，はじめに想定した意味では，この問いには否と答えざるをえない。「大学受験で進路を決めきれずモラトリアム的に総人に進学したはいいものの，結局はその後の選択肢の多さに立ち止まってしまう」という，当初の段階で念頭に入れていたタイプの学部生の参加は，ほとんどみられなかったからだ。それどころか，3年目の最後のディスカッションのあとには，参加した1回生から「なんとなくこの分野がいいなと思っていたのだけど，ミカタに来ているとまたわ

からなくなっちゃいました」という話も聞いた。リーチしたいと思っていた層に届かなかったのみならず，少なからず方向性のみえていた学部生をかえって迷わせてしまったわけだから，当初の意図は完全に失敗したというほかないだろう。

　しかし，「またわからなくなっちゃいました」といった学部生の表情をみると，そのことに困っているわけではなさそうな印象を受けた。もちろん，来年度の履修科目やそれ以降の進路にも関わってくる問題なのだから，全然困っていないというと嘘になるだろうが，それでも，その表情にはどこか明るさを感じさせるものがあった。もっとも，この発言の真意を本人に確認したわけではないので，本当のところはわからない。だが，迷いの原因になっているにもかかわらず，その学部生はミカタに継続的に参加していたわけだから，私の感じた印象も，都合のいい勝手な解釈とまではいいきれないだろう。そこで以下では，このエピソードを念頭におきながら話を進めることにしたい。

　まずは，ミカタが想定していた学部生の迷いとはどのようなものか，もう一度確認しておこう。学部生が抱く進路選択の迷いにはさまざまなものがあるが，ここでミカタが想定していたのは「自分の興味を優先するか，それとも就職に有利な専門分野にするのか」というようなものではない。「自分の関心がわからないから選択肢を絞り込むことができない」といった，どちらかというとより消極的な迷いである。このように自分の関心がわからない学生に対して，おそらく多くの人は「じっくり考えて自分の関心をみつけるとよい」などとアドバイスをするのではないだろうか。実際，私も「自分の関心がわからない」と相談されたらこのように答えていたように思うし，ミカタの趣旨もまた，ものの見方を比べることで自分の関心とマッチする専門分野をみつけること（すなわち，各専門分野のものの見方が自分に合うと感じるか否かで自分の関心をみつけること）にあった。それだけでなく，就職活動や「自分探し」においても，これと同じようなアドバイスがなされることは稀ではあるまい。このように，「選択を迫られた人が最初になすべきは，自分の興味・関心をみつけることである」というのは，今日では社会で広く共有されているアドバイスのように思われる。

　この種のアドバイスは，「曖昧だったりみつかっていなかったりしたとしても，何らかの関心はすでにもっているはずだ」という仮定を含んでいるといえる。だが，この仮定はいささか素朴すぎるだろう。たしかに，内省や他者との対話，あるいは本を読むなどの経験を通して自分の関心を明確化する過程で，最初はまったく意識していなかった関心に気づくということは少なくない。漠然とした違和感の正体，

何気なく抱いていた志向性の根源はこれだったのか，と雷に打たれたような思いをすることもあるだろう。このような瞬間に，自分の関心を「みつけた」と感じる気持ちはよくわかる。

とはいえ，もし本当に，すでにもっていた関心を発見しただけならば，相談する相手が違っていたり，異なる本を手に取ったりしていても，最終的には同じ関心に到達しなければならないことになる。これに自信をもって同意できる人が，いったいどれほどいるだろうか。おそらく，多くの人は，もし違った経験をしていれば今とは異なる関心をみつけて違う選択をしていただろうと考えるのではないか――そして，もし違う経験をしていたら違う方向に進んでいただろうと思えるからこそ，ほかでもない今もっている関心に実存的な意味まで読み込んでしまうのではないか。だとすれば，私たちは内省や他者との対話などの経験を通して「自分の関心をみつけている」のではなく，さまざまな相互作用を経て「自分の関心を作り出している」といったほうが適切だろう。

さて，関心が作り出されるものであるとすれば，私たちは自分の関心を常に変化する動的なものとして捉えなければならない。もっとも，ここでいう関心の変化には，関心の内容に加えてその強さも含まれる。たとえば，一度作り出された関心がある選択を方向づけ，その選択によってより関心を抱くようになる，といった循環が生じた場合を考えてみよう。ここでは，たしかに関心の内容は変化していないが，関心の強度が変化しているのは誰の目にも明らかである。一般的には，この場合を関心が変化したとはいわないだろうが，関心が作り出されるという立場からすれば，これも一つの変化であることに違いない。そして，こうした関心の強化は，「選択できない」という迷いの解消に貢献することができる。

それに対して，関心の内容が変化した場合には，迷いは増幅されることになる。「Ａがいいと思っていたけど，Ｂもおもしろそうだな」といった移り気を引き起こすからだ。冒頭で紹介した学部生に生じた関心の変化はこれであろう。関心の内容を変化させてしまったために，ミカタはかえってその学部生を迷わせてしまったわけだ。だが，このことは裏を返すと，ミカタがその学部生の関心を変化させるだけの影響力をもっていたということでもある。つまり，その学部生が迷ってしまったのは，毎回の模擬講義や院生質疑，あるいは異分野ディスカッションが，関心を喚起しないようなクオリティの低いものではなかったことを示しているのである。さまざまに工夫を凝らした実践が積み重ねられていたからこそ，逆説的にも，ミカタは学部生の迷いを解消する手助けをし損なってしまった。

　このように，ミカタに参加してさまざまな専門分野の話を聞き，自分の関心を何度も再構築することは，たしかに迷いを生み出す。しかし，それは決して不快なものではない。それどころか，こうした関心の変化を感じることは，ある種の快楽を伴うようにさえ思える。だからこそ，その学部生は継続的に参加してくれたのだろう。さまざまな専門分野の話を聞き，そこで語られた他者の関心の断片を自分の関心へと取り込んでいく。ミカタは，いわば関心のブリコラージュを作る時間であった。

　こうした時間を無駄な寄り道だと考える人もいるかもしれない。たしかに，自身が抱える迷いは膨らんでいく一方なのだから，この考えにも一理あるとはいえる。だが，他者に喚起されて自分の関心が変化していくさまを楽しめないのであれば，自分の関心は意思決定のための単なる一手段に成り下がってしまうだろう。本来，自分の関心とは，そこから未来の目標を引き出して合理的に選択を進めるための指針を与えるものであると同時に，合理的な計画を台無しにするような方向に自身を駆り立て，ときに他者までも巻き込む非合理な力の源泉でもあるはずだ——ミカタが経験した逆説には，こうした関心の両義性が端的に表れている。それゆえ，関心を前者の側面に切り詰めようとすることは，効率性ばかりを追求する現代の規範に囚われすぎであるといわざるをえない。そして，関心を意思決定の手段へと引き下げて，その変化を受け入れなくなってしまうからこそ，選択の失敗を恐れて「自分の関心がわからない」状態で立ち止まってしまうのではなかろうか。

　他者の関心に共鳴し，その断片を取り込むことで自分の関心を作り上げていくこと。そうして変化する関心に身をゆだねながら，いくつかの可能性を渡り歩いていくこと。こうした振る舞いは，客観的には迷っている状態にしかみえないであろうが，「上手な迷い方」と呼んでもいいものなのかもしれない。この「上手な迷い方」を肯定することは，おそらく，ミカタが当初想定していたタイプの学部生，すなわち自分の関心がわからずにしり込みしてしまう学部生の背中を押すことにもつながるだろう。それゆえ，潜在化したままであったとはいえ，はじめに想定した意味での「進路に迷いがちな総人生の味方になる」可能性は，意図せざるかたちで，しかし確実にミカタに備わっていたのである。博士後期課程を修了した今となっては，どのようなかたちであれ，総人・人環でこの可能性が芽吹くのを願うばかりだ。

　関心のブリコラージュを作る時間。上手に迷うための空間。「なんとなくこの分野がいいと思っていたのだけど，ミカタに来ているとまたわからなくなっちゃいました」と言って笑っていた学部生が，実際には何を考えていたのかわからないけれど，今にして思えば，それが私にとってのミカタの味わい方であった。

268

【引用・参考文献】

有福孝岳［編］(1999).『リレー講義録・総合人間学を求めて　1 認識と情報』京都大学
　　学術出版会

石井洋二郎 (2019).「リベラルアーツとしての語学教育」『IDE 現代の高等教育』(611):
　　13-16.

杉原真晃 (2004).「大学授業における教官の言動と制度の表象により生じる齟齬とそこか
　　らの脱却の可能性——教養科目における学生のアイデンティティ形成に着目して」
　　『日本教育工学雑誌』27: 233-236.

高橋由典 (2013).「教養教育について今考えていること」安達千李・新井翔太・大久保杏
　　奈・竹内彩帆・萩原広道・柳田真弘『ゆとり京大生の大学論——教員のホンネ，学
　　生のギモン』ナカニシヤ出版, pp.52-56.

田口真奈・出口康夫・京都大学高等教育研究開発推進センター［編］(2013).『未来の大学
　　教員を育てる——京大文学部・プレFD の挑戦』勁草書房

津田謹輔・小川　侃［編］(2000).『リレー講義録・総合人間学を求めて　2 生命と環境』
　　京都大学学術出版会

東谷　護 (2019).「スキル重視の初年次教育からの脱出——教養を意識した表現教育を手
　　がかりとして」東谷　護［編］『表現と教養——スキル重視ではない初年次教育の探
　　求』ナカニシヤ出版, pp.i-ix.

人間・環境学研究科院生による総合人間学部生向け模擬講義企画「総人のミカタ」運営
　　委員会［編］(2018).『「総人のミカタ」活動報告書 2017 年度前期〜 2018 年度前期』
　　京都大学大学院人間・環境学研究科学際教育研究部

林　哲介 (2013).『教養教育の思想性』ナカニシヤ出版

藤岡完治・杉原真晃 (2002).「リレー式講義「総合人間学を求めて I」における学生の学
　　び——学生のレポート分析を中心に」『京都大学高等教育叢書(2002)』(14): 27-53.

真鍋公希 (2018).「「総人のミカタ」について——部局の歴史における位置づけと中心的
　　理念をめぐって」人間・環境学研究科院生による総合人間学部生向け模擬講義企画
　　「総人のミカタ」運営委員会［編］『「総人のミカタ」活動報告書 2017 年度前期〜
　　2018 年度前期』, 5-15.

真鍋公希 (2020).「教養教育の理念をめぐる一考察——京都大学教養部を事例として」『社
　　会システム研究』(23): 49-61.

丸山眞男 (1961).『日本の思想』岩波書店

溝上慎一 (2002).「学生の経験世界から見た「総合人間学を求めて」の授業構造化と学生
　　の学び——学生による知の越境へのアプローチ」『京都大学高等教育叢書(2002)』
　　(14): 54-78.

室井　尚 (2015).『文系学部解体』角川書店

吉見俊哉 (2016).『「文系学部廃止」の衝撃』集英社

京都大学職員組合教官部会 (1988).『教官部会ニュース』33.

事項索引

人名索引

執筆者紹介 (執筆順, ＊は編者)

①現所属，②執筆時所属

萩原広道＊（ハギハラ　ヒロミチ）
①東京大学国際高等研究所ニューロインテリジェンス国際研究機構 特別研究員／日本学術振興会 特別研究員 PD
②京都大学大学院人間・環境学研究科 相関環境学専攻 博士後期課程2回生／日本学術振興会 特別研究員 DC1
専門分野：発達科学，作業療法学
担当：序章・第3章・第5章

須田智晴＊（スダ　トモハル）
①慶應義塾大学理工学部 訪問研究員／日本学術振興会 特別研究員 PD
②京都大学大学院人間・環境学研究科 共生人間学専攻 博士後期課程3回生／ 日本学術振興会 特別研究員 DC1
専門分野：応用数学・力学系
担当：第1章

高橋由典（タカハシ　ヨシノリ）
①京都大学名誉教授
②京都大学名誉教授
専門分野：社会学
担当：第2章

近藤望（コンドウ　ノゾミ）
①愛媛大学地球深部ダイナミクス研究センター 特定研究員
②愛媛大学地球深部ダイナミクス研究センター 特定研究員
専門分野：地球化学・実験岩石学・メルト構造解析
担当：第3章コメンタリー

ワナ・ロレダナ・スコルシ（Oana Loredana Scorus）
①甲南大学マネジメント創造学部 講師／関西大学教育推進部 講師
②京都大学大学院人間・環境学研究科 共生人間学専攻 博士後期課程3回生
専門分野：造園学
担当：第3章コメンタリー

寺山慧（テラヤマ　ケイ）
①横浜市立大学大学院生命医科学研究科 准教授
②理化学研究所 革新知能統合研究センター 特別研究員／理化学研究所 医科学イノベーションハブ推進プログラム 特別研究員／京都大学大学院医学研究科 特定助教
専門分野：未だ定まらず
担当：第3章コメンタリー

村上絢一（ムラカミ　ジュンイチ）
①和泉市教育委員会 生涯学習部文化遺産活用課 主事
②京都大学大学院人間・環境学研究科 共生文明学専攻 博士後期課程3回生
専門分野：日本史学
担当：第4章

三宅香帆（ミヤケ　カホ）
①書評家
②会社員（2019年3月 京都大学大学院人間・環境学研究科 共生文明学専攻 博士後期課程中退）
専門分野：国文学（萬葉集）
担当：第4章コメンタリー

三升寛人＊（ミマス　ヒロト）
①会社員
②京都大学大学院人間・環境学研究科 共生人間学専攻 修士課程2回生
専門分野：分析哲学
担当：第4章コメンタリー

山守瑠奈（ヤマモリ　ルナ）
①京都大学フィールド科学教育研究センター 瀬戸臨海実験所 助教
②京都大学大学院人間・環境学研究科 相関環境学専攻 博士後期課程3回生
専門分野：海洋生物学（理学）
担当：第4章コメンタリー

磯部洋明（イソベ　ヒロアキ）
①京都市立芸術大学美術学部 准教授
②京都市立芸術大学美術学部 准教授
専門分野：宇宙物理学
担当：第5章・第6章

高梨克也（タカナシ　カツヤ）
①滋賀県立大学人間文化学部人間関係学科 教授
②京都大学大学院情報学研究科 研究員
専門分野：コミュニケーション科学
担当：第5章・第7章

佐野泰之＊（サノ　ヤスユキ）
①立命館大学文学部 非常勤講師／日本学術振興会 特別研究員 PD
②京都大学大学院人間・環境学研究科 特定助教
専門分野：哲学・倫理学
担当：第5章・第8章

真鍋公希*（マナベ　コウキ）
①関西国際大学社会学部 講師
②京都大学大学院人間・環境学研究科 共生人間学専攻
　博士後期課程3回生
専門分野：社会学
担当：第5章・終章

谷川嘉浩*（タニガワ　ヨシヒロ）
①京都市立芸術大学美術学部・大学院美術研究科デザ
　イン科 プロダクト・デザイン専攻 特任講師
②京都大学大学院人間・環境学研究科 共生人間学専攻
　博士後期課程3回生
専門分野：哲学・観光学
担当：第9章・第11章

金澤木綿（カナザワ　ユウ）
①京都大学大学院人間・環境学研究科 共生文明学専攻
　博士後期課程2回生
②京都大学大学院人間・環境学研究科 共生文明学専攻
　修士課程1回生
専門分野：日本中世史
担当：第9章コメンタリー・「総人のミカタ」と私

伊縫寛治（イヌイ　カンジ）
①慶應義塾大学理工学研究科 基礎理工学専攻 研究員
②京都大学大学院人間・環境学研究科 共生人間学専攻
　博士後期課程3回生
専門分野：確率論・力学系・フラクタル
担当：第9章コメンタリー

北川裕貴（キタガワ　ユウキ）
①国立研究開発法人産業技術総合研究所 研究員
②京都大学大学院人間・環境学研究科 相関環境学専攻
　博士後期課程1回生
専門分野：無機材料化学
担当：第9章コメンタリー

杉谷和哉*（スギタニ　カズヤ）
①岩手県立大学総合政策学部 講師
②京都大学大学院人間・環境学研究科 相関環境学専攻
　博士後期課程3回生
専門分野：公共政策学
担当：第10章・第11章

杉山賢子（スギヤマ　ヨリコ）
①京都大学フィールド科学教育研究センター 森林生態
　系部門 助教
②京都大学大学院人間・環境学研究科 相関環境学専攻
　博士後期課程1回生
専門分野：菌類生態学
担当：第10章コメンタリー

近藤真帆（コンドウ　マホ）
①京都大学大学院人間・環境学研究科 共生人間学専攻
　博士後期課程3回生
②京都大学大学院人間・環境学研究科 共生人間学専攻
　博士後期課程3回生
専門分野：臨床心理学
担当：第10章コメンタリー

橋本悠（ハシモト　ユウ）
①京都大学大学院人間・環境学研究科 共生文明学専攻
　修士課程2回生
②京都大学総合人間学部 国際文明学専攻4回生
専門分野：戦後日本社会論
担当：第10章コメンタリー

大山牧子（オオヤマ　マキコ）
①神戸大学大学教育推進機構大学教育研究センター 准
　教授
②大阪大学全学教育推進機構 助教
専門分野：教育工学・大学教育学
担当：第11章・第12章

成瀬尚志（ナルセ　タカシ）
①大阪成蹊大学経営学部 准教授
②大阪成蹊大学マネジメント学部 准教授
専門分野：哲学・高等教育
担当：第11章・第13章

朱喜哲（チュ　ヒチョル）
①大阪大学社会技術共創研究センター 招へい教員
②大阪大学大学院文学研究科 招へい研究員
専門分野：哲学
担当：第11章・第14章

渡邉浩一（ワタナベ　コウイチ）
①福井県立大学学術教養センター 准教授
②大阪経済法科大学教養部 准教授
専門分野：哲学史
担当：「総人のミカタ」へのコメント

浪花晋平（ナニワ　シンペイ）
①京都大学大学院工学研究科分子工学専攻 助教
②京都大学大学院人間・環境学研究科 相関環境学専攻
　博士後期課程1回生
専門分野：触媒化学
担当：「総人のミカタ」と私

萩生翔大（ハギオ　ショウタ）
①京都大学大学院人間・環境学研究科 准教授
②京都大学大学院人間・環境学研究科 准教授
専門分野：身体運動制御学
担当：「総人のミカタ」と私

〈京大発〉専門分野の越え方

対話から生まれる学際の探求

2023 年 3 月 31 日　　初版第 1 刷発行

編著者	萩原広道・佐野泰之・杉谷和哉・須田智晴・
	谷川嘉浩・真鍋公希・三升寛人
編集協力	総人のミカタ
発行者	中西　良
発行所	株式会社ナカニシヤ出版

☎ 606-8161　京都市左京区一乗寺木ノ本町 15 番地

	Telephone　　075-723-0111
	Facsimile　　075-723-0095
Website	http://www.nakanishiya.co.jp/
Email	iihon-ippai@nakanishiya.co.jp
	郵便振替　01030-0-13128

印刷・製本＝ファインワークス／装幀＝赤井佑輔（paragram）

Copyright © 2023 by H. Hagihara, Y. Sano, K. Sugitani, T. Suda,
　　　　　　　　 Y. Tanigawa, K. Manabe, & H. Mimasu
Printed in Japan.
ISBN978-4-7795-1697-9